养老服务蓝皮书

中国社会保障学会养老服务分会 ◎ 编

中国养老服务发展报告

（2021）

主　编　青连斌　江　丹
副主编　杨立雄　谢　红

中国劳动社会保障出版社

图书在版编目(CIP)数据

中国养老服务发展报告. 2021/青连斌，江丹主编. -- 北京：中国劳动社会保障出版社，2021

ISBN 978-7-5167-5028-5

Ⅰ.①中… Ⅱ.①青…②江… Ⅲ.①养老-社会服务-研究报告-中国-2021 Ⅳ.①D669.6

中国版本图书馆 CIP 数据核字（2021）第 258179 号

中国劳动社会保障出版社出版发行

（北京市惠新东街1号 邮政编码：100029）

*

北京市艺辉印刷有限公司印刷装订 新华书店经销
787 毫米×1092 毫米 16 开本 23.5 印张 294 千字
2021 年 12 月第 1 版 2022 年 5 月第 2 次印刷
定价：128.00 元

读者服务部电话：（010）64929211/84209101/64921644
营销中心电话：（010）64962347
出版社网址：http://www.class.com.cn

版权专有　　侵权必究

如有印装差错，请与本社联系调换：（010）81211666
我社将与版权执法机关配合，大力打击盗印、销售和使用盗版图书活动，敬请广大读者协助举报，经查实将给予举报者奖励。
举报电话：（010）64954652

《中国养老服务发展报告（2021）》编委会

主　编　青连斌　江　丹
副主编　杨立雄　谢　红

成　员　江　丹　青连斌　杨立雄　谢　红
　　　　　邓　微　席　恒　吴昂坪　黄恒学
　　　　　李志明　戴卫东　李　静　李　超
　　　　　郭　林　郭红霞　沈　非　李　彤
　　　　　刘天昊　朱振宇

主编简介

青连斌，中共中央党校（国家行政学院）/湖州师范学院二级教授、博士生导师。中央党校创新工程首席专家，兼任国家有关规划编制工作专家委员会专家、国家社科基金评委、《中国社会发展战略》副总编辑等。主要研究领域为民生保障、社会治理、养老服务和社会保障。长期担任省部级干部进修班、地厅级干部进修班、中青班等各类干部进修班、培训班主讲教师。公开发表论文、研究报告和其他文章400多篇，出版学术专著12部。主持国家社科基金课题4项，其中重点课题2项。主持完成国家高端智库课题、中央党校课题10多项。参加了国家"十四五"规划教育文化卫生体育领域专家代表座谈会，并提交书面发言。

江丹，中国红十字会总会事业发展中心主任，曾任中国红十字基金会副理事长、中国老龄事业发展基金会副理事长，从事"一老一小"公益服务事业20余年。先后在《人民日报》《学习时报》《中国社会报》《中国红十字报》等发表署名文章10多篇，出版《情系"一老一小"》等著作，主编《曜阳养老人文关怀的探索与实践》《曜阳养老机构指导丛书》，主持编写了《曜阳养老护理员培训教材》。团结带领事业发展中心团队，打造了"曜阳养老"和"拔萃教育"两大品牌。与中国社会保障学会长期战略合作，共同打造了养老服务学界与业界共同交流的重要平台"中国养老服务业发展高层论坛"。

中国养老服务政策体系建构的合理取向

郑功成[①]

《中国养老服务发展报告（2021）》作为第一部养老服务发展年度报告，即将由中国劳动社会保障出版社公开出版，这是在中国社会保障学会养老服务分会会长青连斌教授主持和江丹名誉会长支持下由多位专家学者共同完成的集体成果。它通过总报告和有关行业发展、地区发展、典型案例等多个子报告，系统地回顾和总结了21世纪以来特别是党的十八大以来我国养老服务发展的情况，剖析了当前面临的新情况老问题，对如何落实积极应对人口老龄化国家战略提出了相应的政策建议。毫无疑问，本书的出版，不仅能够对我国养老服务发展实践提供有意义的指导，而且可以为我国养老服务政策体系的建构提供重要参考，我对这一成果的出版表示热烈祝贺！

借此机会，我也分享一下自己对中国养老服务政策体系建构的基本看法。

我们已经处在世界百年大变局时期，而人口老龄化正在全球范围内以不可逆转的态势向前发展，中国更表现出世界最大规模、最快速度的人口

[①] 中国社会保障学会会长，中国人民大学教授。

老龄化显著特征。第七次人口普查数据的公布,更加凸显出我国人口老龄化速度之快与规模之大,从轻度老龄化走向中度老龄化已迫在眉睫,这既是社会经济持续发展取得的最具综合意义的积极成果,也是必须妥善应对的严峻挑战。因为长寿是人类追求的目标,但人口结构老化却必然全面、深刻、持久地影响到消费结构、产业结构、就业结构等经济形态,进而向文化、政治生态延伸。在这样的背景下,谁来为数以亿计的老年人提供照料服务,客观上成了中国面临的世纪难题,而构建合理的养老服务政策体系无疑是积极有效地应对老龄化的必要举措,因为政策是行动的先导,更是行动的依据,合理的政策措施能够解决问题,不合理的政策措施却可能适得其反。因此,如何顺应新时代人口结构变化和扎实推动共同富裕的要求,真正建构起完整合理的养老服务政策体系,既是政策层面的重大任务,也是理论学术界的共同责任。

在养老服务政策体系建构中,我认为迫切需要抓住重点做好顶层设计,确保政策措施精准、资源投向高效。具体而言,应当着重考虑以下取向。

一、关注重点人群,以切实解除失能老人与空巢高龄老人的后顾之忧为目标

伴随居民收入来源日益多元化和社会保障制度日益健全,过去重点面向低收入老人的养老服务政策取向已不合时宜,因为低收入老人涉及的是救助问题,而需要照料的却是失能老人和空巢高龄老人,这是两种需求,也是社会救助政策与养老服务政策需要厘清边界的核心问题。现实中,无论贫富,人一般不会害怕年老,但普遍担忧年老失能无人照料,因此,养老服务政策既不能延续以往限于"三无"或困境老人的格局,也不宜"大水漫灌""普惠全体",而是必须以帮助解决失能老人和空巢高龄老人的照料问题为核心目标,并围绕这一目标制定相关政策、配置公共资源、

采取有效行动。为此，应当改变简单地以年届60岁为标准的基本养老服务供给政策，代之以失能评估和空巢高龄为享受相应养老服务的基本依据，即低龄、健康老人可以且应当自立，失能老人和空巢高龄老人的照料需要则应当满足，从而应将发展护理型床位及相关照料服务列为养老服务的目标指向，这是免除所有老年人后顾之忧的根本所在。如果养老服务政策重点指向失能老人和空巢高龄老人，则应对老龄化挑战的被动局面就会转化为主动，并在确保满足最有需要者的需要同时，使社会养老负担得以减轻，还可以有效地推进健康老龄化。

二、聚焦居家养老，为老年人居家养老提供有力支持

中国老人喜欢在自己家中安享晚年（甚至子女家中也住不习惯），欧美国家的老人也是如此，这表明居家养老最符合人性，也是老年人的普遍意愿。养老服务政策设计应充分尊重这种人性和意愿，以支持和帮助老年人居家养老为主攻方向，尽可能地通过养老服务机构和社区服务中心将老年人需要的相关服务送入千家万户，包括开设老人日间照料中心等。换言之，接收老人进入机构养老不应是我国养老服务发展的主流和重点，它只能是居家养老的补充机制，明确了这一点就能够更加有效地配置资源，避免目前失能老人不能获得相关服务而养老机构的床位又大量空置的错位现象。强调这种政策取向，不是不要发展养老机构，而是需要对养老机构适当分流，让少部分机构接收有需要的失能老人和空巢高龄老人，大部分机构宜就近为居家老人提供相关服务。

三、坚持立足社区，促进养老服务机构连锁化

强调养老机构建设应当立足社区，是因为社区最了解老年人的需求，社区养老机构可以就近提供照料服务，从而最符合老年人居家或就近养老的意愿。然而，调查发现，目前的养老机构大多并未立足社区，普遍处于

发展困境，服务质量也不高，投资者动力不足，消费者难满意，这种局面主要还是养老机构往往脱离社区且规模有限所致。从未来发展来看，坚持立足社区发展养老服务是符合国情的正确取向，同时还要走向连锁化，只有在连锁化的条件下，养老服务业才能走向规模化，并由此带来服务质量和经济效益双提升。因此，养老服务政策应当加大对社区养老服务机构或设施的支持力度，并引导市场主体和社会力量举办的养老机构或设施走向连锁化、规模化，最好能够形成有生命力的中国特色养老服务民族品牌。

四、推广公建民营，走出中国特色的养老服务发展之路

一方面是养老服务需求伴随老龄化加速发展而持续高涨，另一方面却是投资者因难以获得应有的投资回报而对养老服务投资较为消极，或者异化成变相的房地产开发，而政府又不可能包办养老服务。要化解这种困境，就必须走出中国特色的养老服务发展之路，即充分利用土地公有制和社会主义制度一盘棋、集中力量办大事的优势，大力推广公建民营模式，由政府建设养老设施委托民营机构经营养老服务，或者由政府直接补贴民营机构将社区中的废旧闲置房屋改建成养老设施，以此减轻投资者的成本投入。借此可以增强投资者进入养老服务领域的信心，同时因无须投入巨资开展设施建设而使举办者可以改善护理人员待遇，并给接受服务的老年人带来实惠，最终形成良性循环的发展局面。

五、重视服务质量，补上人文关怀短板

养老服务质量不高是现实写照，它使老年人在享受养老服务时仍充满着后顾之忧，进而抑制着养老服务消费。因此，提高养老服务质量具有紧迫性。一方面，需要建立一套适用的养老服务标准体系。考虑到城乡之间、地区之间发展不平衡，不同层次老年人的诉求也会有较大差异，制定全国统一、完备的养老服务标准在短期内并不现实，目前适宜的政策取向

应当是确定全国养老服务标准的底线，倡导养老机构与养老服务行业制定和不断完善自己的养老服务标准体系。在国家层级，宜确定养老服务的最低标准，关键是确保养老服务的安全性，提供服务基本规程，维护老年人的尊严；倡导养老服务行业制定超过最低标准的适度标准，这里不是指一个行业组织，而是不同地域、不同养老机构自发组成的行业性组织如联盟的形式，开发自己的养老服务标准体系；鼓励和支持先进养老机构形成优质标准体系，发挥引领效应。另一方面，需要加快培育壮大一支合格的专业护理队伍。根据欧洲及日本等国一个失能老人需要1.2~1.5个全日制工作人员提供照护的经验，我国需要千万计的养老服务工作者，这支队伍的打造除了依循传统思路持续加大青年专业人才培养的力度，还应大力挖掘老年人力资源以促进以老养老，同时提升家庭成员的服务及护理技能，并激发老年人自立自强。应当将养老服务专业人才的培养列为职业教育中的重中之重，同时有序推进养老服务高等教育的发展，还应当畅通养老服务专业人才的职业上升通道，并确保不低于社会平均工资的收入水准，以此造就一支素质不断提升的养老护理人员队伍，最终带动整个社会的养老服务质量提升。此外，针对现行制度安排中缺少人文关怀的精神、在服务标准体系中缺乏人文关怀的标准、在具体实践中缺乏人文关怀的情怀等现象，新时代的养老服务业应当尽快弥补人文关怀的短板，用人文关怀的精神来塑造新型制度体系和社会氛围，当务之急是要真正构建起养老、孝老、敬老融为一体的政策体系与社会环境，在制定养老服务的标准时不能只重视硬件设施的建设标准，还应当同时重视养老服务过程中的人文关怀标准，如尊重老年人的主体性，努力提高老年人的参与程度，服务供给不得损害老年人的尊严，服务过程维护老年人的体面，等等。唯有如此，才能真正满足老年人的精神诉求、维护老年人的尊严，进而促使养老服务业健康持续发展。

六、提升组织化程度，多管齐下地破解农村养老难题

从现在起到21世纪中叶，农村养老问题将是应对老龄化进程中的最大难题。因为农村青壮年大规模地进入城镇，越来越多地将未成年子女也带入城镇，老年人则基本留守在乡村。与城镇相比，农村老年人居住分散，既缺乏养老服务公共资源，也缺乏人力，医疗卫生条件也普遍较为落后，因此，解决农村养老问题应当是积极应对老龄化的重中之重。为此，国家应尽早制定乡村养老服务发展纲要并纳入乡村振兴行动之中，以满足重点人群需要为目标，增加专项投入，有组织、有计划、有步骤地充分利用乡村闲置或废旧房屋，为农村养老服务发展提供低成本场所，同时强化农村的组织化程度，使老年人有相应的组织依托，并建立新型互助机制，发动农村健康、低龄老人照顾失能、空巢、高龄老人，这将是破解农村养老难题的必由之路。

总之，"十四五"是我国应对人口老龄化的关键性窗口期，我们亟待理清思路，根据人口结构变化规律和发展变化中的国情，尽快重构我国养老服务政策体系，而养老服务实践中积累的经验和理论学术界积累的理性结晶，应当为政策体系的建构提供有益的支撑。这正是本书出版的意义所在。

2021年11月8日于北京

序二

江丹[①]

2000年,我国正式进入人口老龄化社会。进入21世纪,我国老年人口数量和规模迅速扩大。第七次全国人口普查结果显示,截至2020年年底,我国60岁及以上的老年人口达2.64亿人,占总人口的18.7%,未来5年还将以每年约1 000万人的速度增长。据预测,到2025年左右,我国将由轻度老龄化迈进中度老龄化。到2050年,老年人口将接近3.8亿人,占总人口的近30%。也就是说,每3个人中大概会有1个老年人。由此可以看出,从现在起到21世纪中叶,将是我国人口老龄化高速发展的时期。

党中央高度重视应对我国人口老龄化工作。2016年5月,习近平总书记在主持中共中央政治局第三十二次集体学习时强调,要"坚持党委领导、政府主导、社会参与、全民行动相结合,坚持应对人口老龄化和促进经济社会发展相结合,坚持满足老年人需求和解决人口老龄化问题相结合,努力挖掘人口老龄化给国家发展带来的活力和机遇,努力满足老年人日益增长的物质文化需求,推动老龄事业全面协调可持续发展"。党的十九大报告明确提出,要"构建养老、孝老、敬老政策体系和社会环境,推

[①] 中国社会保障学会养老服务分会名誉会长,中国红十字会总会事业发展中心主任。

进医养结合，加快老龄事业和产业发展"。2020年11月公布的《中共中央关于制定国民经济和社会发展第十四个五年规划和二〇三五年远景目标的建议》也指出，要"实施积极应对人口老龄化国家战略，积极开发老龄人力资源，发展银发经济。推动养老事业和养老产业协同发展，健全基本养老服务体系，发展普惠型养老服务和互助性养老，支持家庭承担养老功能，培育养老新业态，构建居家社区机构相协调、医养康养相结合的养老服务体系，健全养老服务综合监管制度"。为推动我国养老服务的高质量发展、可持续发展，党和政府陆续出台一系列养老服务发展的政策、文件、标准和措施，都在强化顶层设计，养老服务在党和国家工作大局中的地位和作用更加突出。

中国红十字会是党和政府在人道领域联系群众的桥梁和纽带。自成立以来，中国红十字会始终弘扬"人道、博爱、奉献"的红十字精神，向最易受损群体提供灾害救援、应急救护和人道救助等公益服务，组织开展捐献血液、捐献造血干细胞、捐献人体器官等公益工作。近年来，随着我国人口老龄化形势的迅猛发展，中国红十字会主动协助党和政府积极有效地应对人口老龄化，动员全系统参与养老服务工作，在养老护理员技能培训、养老志愿服务、兴办公益养老机构、救助困难老年人等方面开展了大量的工作，取得了有目共睹的成绩，不仅拓宽了新时代中国红十字会事业发展的路子，而且彰显了红十字会在参与社会治理、增进民生福祉中的独特作用。

中国红十字会总会事业发展中心（以下简称"中心"）是中国红十字会总会直属事业单位，长期致力于公益养老、教育助学、扶贫济困、文化宣传等公益事业，开展了一系列工作，打造了"曜阳养老""拔萃教育""博爱中国"三个品牌。在公益养老服务领域，中心结合红十字组织的性质和优势，探索公益性服务与市场化运作相结合的新型社会养老服务模式，不断强化"曜阳养老"公益品牌的党建引领、人文关怀和医养结合特色，逐步形成了曜阳养老模式。经过20年的努力和探索，曜阳养老的服务内容不断拓展，社会影响越来越广，中心由公益养老服务的实践者逐渐成长为公益养老服务的引领者。

在开展养老服务工作的过程中，我们发现，我国各地区养老服务工作存在质量和水平良莠不一、地区差异较大的特点；部分养老机构面临资金不足，入住率偏低，服务质量低，管理和服务不规范等生存及发展困境；社区居家养老服务虽然在快速发展，但仍处于起步阶段，缺乏统一的管理和服务标准及专业化的服务队伍，基础设施相对薄弱，服务项目和质量有待提高，在一定程度上限制了社区居家养老服务的持续健康和高质量发展。为了更好地为广大城乡老年人服务，提升养老服务水平，中心借鉴全国各地和养老机构开展养老服务的有益经验和特色做法，经过长期的探索与实践，初步形成了机构养老、社区居家养老和农村养老的框架体系，为发展我国养老服务事业和产业趟出了一条路子。

没有科学理论指导的实践是盲目的。中心坚持理论与实践相结合，与中国社会保障学会一直保持着长期紧密的合作关系，重视运用我国养老服务领域的前沿研究成果指导中心开展养老服务工作。一是从2015年起连续七年成功联合举办"中国养老服务业发展高层论坛"。组织相关部门领导、专家学者及养老院院长数千人次，围绕养老服务业发展的时代主题，探讨和交流我国养老服务业发展取得的成绩及面临的主要问题。论坛得到了有关国家领导同志的高度肯定，得到了党政部门、科研院所和社会各界的积极支持，得到了广大养老机构负责人的热情参与。二是联合编辑出版了《中国养老服务业发展高层论坛演讲选编（2015—2019）》，力求帮助养老服务及相关领域的科研教学人员、养老服务行业的管理者和从业人员更好地了解和把握我国社会养老服务体系的发展历程，借鉴有关领导和专家学者的观点建议，推动我国社会养老服务体系的高质量发展。三是联合开展了多期养老机构管理人员、护理员培训班，并组建了专业的师资队伍。中国社会保障学会为中心的养老服务标准培训教材编写、网课课程体系制定、线上培训系统评审、网络课程录制等工作给予了大力支持，特别是学会的青连斌教授、谢红副教授在工作特别繁忙的情况下，挤出时间赴全国各地的培训班授课，培训班的学员能够直接听到顶级的养老服务专家的课程，开阔了视野，拓宽了思维，有力地提升了中心组织的养老从业人员培训质量。

2021年7月，中国社会保障学会成立了养老服务分会，并且特邀我作为分会的名誉会长，我深感荣幸，又倍感责任和压力。养老服务分会肩负着组织开展养老服务理论与政策研究以及推进养老服务实务发展的使命，其成立意义重大，不仅标志着我国养老服务研究领域的学术共同体正式诞生，而且为中心与学会进一步深化合作提供了重要契机。我们将充分发挥养老服务分会平台的积极作用，通过相互学习和实践探索，加大力度共同推动我国养老服务业的发展。

定期组织编写《中国养老服务发展报告》，是分会成立之初就已经列入议程的工作之一。《中国养老服务发展报告（2021）》是中国社会保障学会养老服务分会与中国红十字会总会事业发展中心联合组织编写的第一部养老服务蓝皮书，旨在把学术研究、实务研究和政策研究相结合，搭建养老服务学术交流的平台、构建养老服务学术共同体，搭建学者与业界交流合作的平台、推动养老服务业高质量发展，搭建学术研究向政策转换的平台、发挥智库的决策参谋作用。因为是第一部养老服务蓝皮书，带有尝试和积累经验的性质，本书难免存在这样或那样的不足甚至错误，敬请各位读者批评指正。

2021年9月

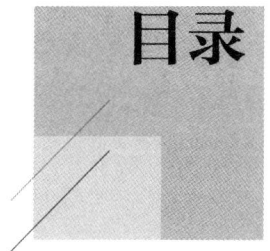

目录

1. 总报告

中国养老服务发展总报告　　　　　　　　青连斌　王羽/002

2. 行业篇

2.1　社区居家养老发展报告　　　　　黄恒学　云美丽　李梅杰/038
2.2　机构养老发展报告　　　　　　　　　　　谢红　朱丹/062
2.3　养老服务创新发展报告　　　　　　　　　　李志明/100
2.4　长期护理保险试点发展评估报告　　　　　戴卫东等/115
2.5　曜阳养老品牌的打造　　　　　　　　　　　　沈非/144

3. 地区篇

3.1　京津冀养老服务发展报告　　　　　　　　　杨立雄/162
3.2　长三角养老服务发展报告　　　　　　　　　　李静/184
3.3　黄河流域养老服务发展报告　　　席恒　李东方　翟绍果/220

4. 案例篇

4.1　河北滦南县社区居家养老和志愿服务

　　　　　　　　　　　　　　　　　　　　　　刘天昊/252

4.2 北京海淀西三旗养老服务中心标准化管理

朱震宇　苏明薇/269

4.3 江苏扬州国际老年公寓养老服务模式

李彤　何美兰/283

4.4 湖北英山县水口村养老模式　　郭林　谌基东/295

5. 附录

5.1 党的十八大以来养老服务政策摘编

郭红霞/308

5.2 2000年以来中国养老服务领域大事记

李超/323

5.3 养老服务主要数据　　　　　　李超/335

6. 后记

中国养老服务
发展报告
(2021)

1. 总报告

中国养老服务发展总报告

青连斌　王羽

2020年是我国"十三五"收官之年,2021年是我国"十四五"开局之年。我国在全面建成小康社会取得胜利之后,已全面开启建设社会主义现代化国家新征程。在此背景下,全面回顾、总结2020年以及"十三五"以来、党的十八大以来、21世纪以来我国养老服务发展的历程、成就和经验,理性地分析、判断"十四五"时期,乃至今后更长一个时期我国养老服务发展的新形势新情况新问题、发展的重点和突破口、可能需要采取的政策举措,具有重要的现实意义和学术价值。

一、我国养老服务发展的总体分析与判断

大体上讲,2000年前,我国在养老保障体系建设方面的重点是建立和完善养老保险制度。进入21世纪后,在继续完善养老保险制度并不断提高养老金水平的同时,才把养老服务体系建设摆到了应有的重要位置。

---

① 中国社会保障学会养老服务分会会长、中共中央党校(国家行政学院)教授;中共中央党校(国家行政学院)研究生院博士生。

但在"十二五"期间,养老服务体系建设的重点实际上是放在机构养老方面,为此出台了包括建设补贴和运营补贴等激励措施,支持养老机构的建设和增加床位供给。"十三五"时期,发展养老服务的政策思路有所调整,居家养老的基础地位得到更多重视,居家社区机构相协调的养老服务体系初步形成。党的十八大以来,国家密集出台了加快发展养老服务业、全面放开养老服务市场等一系列政策措施,民间力量参与养老服务发展的积极性得到发挥,养老服务机构尤其是公办养老机构改革发展不断取得新进展,养老服务体系建设取得显著成效。但是,目前养老服务仍然存在发展不平衡、总体质量和水平不高、养老服务的供给与老年人的养老服务需求脱节等问题。

(一) 如期实现"十三五"规划养老服务发展的目标

为积极开展应对人口老龄化行动,推动老龄事业全面协调可持续发展,健全养老体系,根据《中华人民共和国老年人权益保障法》和《中华人民共和国国民经济和社会发展第十三个五年规划纲要》,国务院于2017年2月28日印发了《"十三五"国家老龄事业发展和养老体系建设规划》。这是继养老服务业在纳入"十二五"国民经济和社会发展规划纲要后,再次纳入国民经济和社会发展规划纲要,养老服务业成为国民经济和社会发展的重要组成部分。

《"十三五"国家老龄事业发展和养老体系建设规划》就我国养老体系建设的指导思想、基本原则和发展目标,从夯实居家社区养老服务基础、推动养老机构提质增效、加强农村养老服务等方面健全养老服务体系,从推进医养结合、加强老年人健康促进和疾病预防、发展老年医疗与康复护理服务、加强老年体育健身等方面健全健康支持体系,从丰富养老服务业态、繁荣老年用品市场等方面繁荣老年消费市场,从推动设施无障碍建设、改造营造安全绿色便利生活环境、弘扬敬老养老助老的社会风尚等方面推进老年宜居环境建设，从发展老年教育、繁荣老年文化、加强老年人精神关爱等方面丰富老年人精神文化生活，从培育积极老龄观、加强老年人力资源开发、发展老年志愿服务、引导基层老年社会组织规范发展等方面扩大老年人社会参与，从完善老龄事业法规政策体系、健全老年人权益保障机制、加大普法宣传教育力度等方面保障老年人合法权益，从强化工作基础保障、强化规划实施保障等方面，作出了全面规划，提出了一系列导向性指标，特别是约束性指标，主要是政府运营的养老床位数占当地养老床位总数的比例不超过50%，护理型床位数占当地养老床位总数的比例不低于30%。

根据民政部数据，截至2019年年底，全国共有各类养老机构和设施20.4万个，养老床位合计775.0万张，比上年增长6.6%，每千名老年人拥有养老床位30.5张。其中，全国共有注册登记的养老机构3.4万个，比上年增长19.9%，床位438.8万张，比上年增长15.7%；社区养老照料机构和设施6.4万个（其中社区养老照料机构8 207个），社区互助型养老设施10.1万个，共有床位336.2万张。①

根据国家卫生健康委的数据，截至2020年年底，全国设有国家老年疾病临床医学研究中心6个，设有老年医学科的二级及以上综合性医院2 642个，设有临终关怀（安宁疗护）科的医院510个。全国医疗卫生机构与养老服务机构建立签约合作关系的共有7.2万对；两证齐全（指具备医疗机构执业许可或备案，并进行养老机构备案）的医养结合机构共有5 857家。联合工业和信息化部、民政部开展第四批智慧健康养老应用试点示范工作，确定50家示范企业、72个示范街道（乡镇）、17个示范基地。

总体上来看，"十三五"规划确定的养老服务体系建设规划顺利推进，

---

① 民政部. 2019年民政事业发展统计公报［EB/OL］. http://images3.mca.gov.cn/www2017/file/202009/1601261242921.pdf.

各项指标基本完成甚至超额完成。

(二) 养老服务政策体系更加完善

自《国务院关于加快发展养老服务业的若干意见》(国发〔2013〕35号) 颁布以后,国务院办公厅又相继发布了《关于全面放开养老服务市场提升养老服务质量的若干意见》(国办发〔2016〕91号) 和《关于推进养老服务发展的意见》(国办发〔2019〕5号) 等纲领性文件。《关于推进养老服务发展的意见》提出了28条具体举措,包括从提供基本服务、满足多元需求、提升支付能力、支持社会参与、保护合法权益等方面解决养老服务"住不上""住不起""住不好"等问题的政策措施;进一步放宽行业准入,进一步扩大投融资渠道,完善养老服务设施供地政策,推动居家、社区和机构养老融合发展,持续优化营商环境,为社会力量参与养老服务集中"清障"的政策措施;完善工作机制,建立综合监管,完善标准体系等,破解养老服务行业良莠不齐、监管薄弱难题的政策措施;解决养老机构消防审验问题、推行养老服务行业消防安全标准化管理和实施民办养老机构消防安全达标工程等,从政策上守住养老机构消防安全底线;建立完善养老护理员职业技能等级认定和教育培训制度、大力推进养老服务业吸纳就业、建立养老服务褒扬机制等,提升从业人员的培养和社会认同的政策措施。这些政策举措,直接为养老服务打通"堵点"、消除"痛点",让老年人及其子女的获得感、幸福感、安全感显著提高。民政部及相关部门配套出台了50多个具体指导性文件,涵盖了养老服务各领域。

2020年11月,针对"不少老年人不会上网、不会使用智能手机,在出行、就医、消费等日常生活中遇到不便,无法充分享受智能化服务带来的便利,老年人面临的'数字鸿沟'问题日益凸显"的问题,结合新冠肺炎疫情常态化防控的社会背景,国务院办公厅发布了《关于切实解决老年人运用智能技术困难的实施方案》(国办发〔2020〕45号),强调要持续推动充分兼顾老年人需要的智慧社会建设，坚持传统服务方式与智能化服务创新并行，切实解决老年人在运用智能技术方面遇到的困难；要适应统筹推进疫情防控和经济社会发展工作要求，聚焦老年人日常生活涉及的高频事项，做实做细为老年人服务的各项工作，增进包括老年人在内的全体人民福祉，让老年人在信息化发展中有更多获得感、幸福感、安全感；要坚持传统服务与智能创新、普遍适用与分类推进、线上服务与线下渠道、解决突出问题与形成长效机制相结合的原则，重点做好突发事件应急响应状态下对老年人的服务保障、便利老年人日常交通出行、便利老年人日常就医、便利老年人日常消费、便利老年人文体活动、便利老年人办事服务、便利老年人使用智能化产品和服务应用等方面的工作。文件明确提出从健全工作机制、完善法规规范、加强督促落实、保障信息安全和开展普及宣传等方面采取措施，保障老年人运用智能技术困难问题的有效解决。要在政策引导和全社会的共同努力下，让广大老年人更好地适应并融入智慧社会。

特别值得一提的是，2020年12月，国务院办公厅发布了《关于促进养老托育服务健康发展的意见》（国办发〔2020〕52号）。在之前一系列重要文件的基础上，针对当前社会普遍关注的"一老一小"突出问题，就更好发挥各级政府作用，更充分激发社会力量活力，更好实现社会效益和经济效益相统一，促进养老托育服务的健康发展提出了一系列重大政策举措。强调要分层次加强科学规划布局、统筹推进城乡养老托育发展、积极支持普惠性服务发展、强化用地保障和存量资源利用、推动财税支持政策落地、提高人才要素供给能力等，扩大多方参与、多种方式的服务供给，打造创新融合、包容开放的发展环境，完善依法从严、便利高效的监管服务，持续提高人民群众的获得感、幸福感、安全感。

(三) 养老服务体系基本形成

我国的养老服务体系建设总体框架和思路，经历了从居家为基础、社区为依托、机构为支撑到居家为基础、社区为依托、机构为补充，再到居家为基础、社区为依托、机构为补充、医养相结合，再到构建居家社区机构相协调、医养康养相结合的养老服务体系的转变。2016年起开展居家和社区养老服务改革试点，五年共计安排50亿元，前三批共确定了北京市丰台区等90个试点地区。开展智慧健康养老应用试点，两批共创建79家示范企业、130个示范街道（乡镇）和29个示范基地。[①] 助餐、助浴、助急、助医等居家社区养老服务普遍推开，大多数养老机构开展了医养结合服务。截至2018年年底，共确定两批90个国家级医养结合试点单位，我国506家三级中医类医院中有200家设立老年病科。[②] 推动"养老服务+老年人用品产品""养老服务+金融""养老服务+教育""养老服务+文化""养老服务+旅游""养老服务+餐饮"，探索"物业服务+养老服务"的融合发展，不断创新服务业态。以居家为基础、社区为依托、机构为补充、医养康养相结合的养老服务体系已经基本形成。

(四) 服务市场逐步放开

"十三五"期间，在全面放开养老服务业市场、深化放管服改革方面取得了较大进展。养老机构内设医疗机构设置审批改为备案制，营利性养老机构改为先照后证管理。放开境外投资者在华投资养老服务，实行同等优惠。着力解决养老机构消防审批楼层设置限制等问题。2018年12月29日，第十三届全国人大常委会第七次会议审议通过修正的《中华人民共和

---

① 民政部. 民政部对"打造精准化社区养老服务模式"的答复（民函〔2019〕702号）[EB/OL]. http://www.mca.gov.cn/article/gk/jytabljggk/rddbjy/201911/20191100020893.shtml.
② 民政部. 民政部对"加强养老服务体系建设的建议"的答复（民函〔2019〕708号）[EB/OL]. http://www.mca.gov.cn/article/gk/jytabljggk/rddbjy/201911/20191100020900.shtml.

国老年人权益保障法》，正式取消养老机构设立许可。持续推进养老服务业综合改革、居家和社区养老服务改革、公办养老机构改革、智慧健康养老、医养结合等重大试点，通过建立产业引导基金、发行专项企业债券、实施PPP项目等政策措施，引导社会资本投入。

(五) 长期护理保险试点顺利推进

为积极应对人口老龄化，妥善解决失能老人长期护理保障问题，按照中央决策部署，2016年人力资源社会保障部组织在安庆等15个城市开展长期护理保险制度试点，探索建立以社会互助共济方式筹集资金、对符合条件的长期失能人员的基本生活照料和与基本生活密切相关的医疗护理提供资金或服务保障的社会保险制度。参保人群主要覆盖职工基本医疗保险，随制度探索完善，综合平衡资金和保障需要等因素，合理确定参保范围并逐步扩大。同时，探索护理需求认定、等级评定等标准体系和管理办法，并根据护理等级、服务提供方式等制定差别化的待遇保障政策。目前试点工作总体进展顺利，取得了阶段性成效。2019年9月国务院常务会议强调"加快推进长期护理保险试点"。国务院职能部门改革后，长期护理保险归国家医疗保障局管理。2020年9月，国家医疗保障局和财政部联合颁布《关于扩大长期护理保险制度试点的指导意见》（医保发〔2020〕37号），第二批新增14个试点城市，试点期限2年。2021年5月31日，习近平总书记主持召开中共中央政治局会议，会议提出"十四五"时期要"探索建立长期护理保险制度框架"（以下简称"长护险"）。目前长护险国家级试点城市29个，加上地方省级试点共有49个城市，参保人数达1.34亿人，累计享受待遇人数152万人。①

---

① 国家医保局、民政部出台长期护理失能等级评估标准 [EB/OL]. 2021-08-03. http://www.nhsa.gov.cn/art/2021/8/3/art_14_5693.html.

（六）服务质量明显好转

从 2017 年开始开展为期四年的全国养老院服务质量建设专项行动，从排除安全隐患、规范基本服务入手，逐步向标准化、系统化、信息化的长效监管过渡。2017 年整治服务质量隐患近 19.7 万处，2018 年整治 16.3 万处，颁布了国家标准《养老机构服务质量基本规范》《养老机构等级划分与评定》，养老机构服务质量显著改善。制定出台了《城市道路和建筑物无障碍设计规范》《无障碍设计规范》《无障碍建设指南》《社区老年人日间照料中心设施设备配置》《养老设施建筑设计规范》《养老机构安全管理》和《养老机构基本规范》等标准，将老年人无障碍环境改造建设纳入标准内容。目前，住房城乡建设部正在推进研究编制《无障碍通用规范》《无障碍及适老建筑产品基本技术要求》等，形成了较为完善的无障碍建设标准体系。在服务质量监测工作方面，在全国 31 个省份持续开展公共服务质量监测，引导地方政府不断改善公共服务质量供给水平。监测结果显示，全国养老服务质量总体满意度为"比较满意"。[①]

（七）老年人关爱服务体系建设持续推进

为落实《国务院关于印发"十三五"国家老龄事业发展和养老体系建设规划的通知》（国发〔2017〕13 号）和国办发〔2019〕5 号文件要求，建立健全了定期巡防独居、空巢、留守老年人工作机制，积极防范和及时发现意外风险。进一步强化家庭主体责任，以经济困难家庭的高龄、失能和空巢留守老年人为重点服务对象，开展精准关爱服务。支持家庭成员和亲友对留守老年人给予生活照料和精神关爱，提高子女或其他赡养人的守法意识，鼓励邻里乡亲为留守老年人提供关爱服务。各地因地制宜，

[①] 民政部. 民政部对"打造精准化社区养老服务模式"的答复（民函〔2019〕702 号）[EB/OL]. http://www.mca.gov.cn/article/gk/jytabljggk/rddbjy/201911/20191100020893.shtml.

将关爱服务体系建设纳入养老服务体系,纳入脱贫攻坚战略,纳入基层治理体系中统筹落实,并及时总结推广典型经验。加快推动信息系统建设,研发全国统一的留守老年人信息管理系统,运用大数据分析农村留守老年人的需求,为精准帮扶、精准关爱提供数据支撑。利用移动互联网、物联网等现代技术搭建高效、便捷、适用的智能服务网络平台,畅通留守老年人与子女之间的亲情沟通的渠道。

(八)农村养老服务短板有所补齐

"十三五"以来,国家发展改革委组织实施了社会服务兜底工程,安排中央投资重点支持老年养护院、医养结合的养老设施等。"十三五"期间,中央财政支持居家和社区养老服务改革试点工作,每年投入10亿元用于推进包括农村居家养老服务在内的居家社区养老服务试点。中央财政每年均安排福利彩票公益金支持城镇社区福利机构、社区养老服务设施、农村五保供养设施、光荣院等设施设备更新改造,2016—2018年共安排彩票公益金41.1亿元。目前,初步形成了以家庭赡养为基础、养老机构和农村幸福院为依托、农村老年协会参与、乡镇敬老院托底的农村养老服务供给格局。普遍建立了针对经济困难的高龄、失能等老年人补贴制度,农村困难老年人生活保障体系不断完善。高龄老年人津贴制度已实现省级全覆盖,养老服务补贴和护理补贴制度分别覆盖30个省份、29个省份。初步形成了老年人社会救助、老年人福利补贴相衔接的农村困难老年人生活保障体系。各省份均制定了加强农村留守、空巢老年人关爱服务体系的专项政策文件或实施细则,定期巡访独居、空巢、留守老年人,积极防范和及时发现意外风险。

近年来,农村养老服务的发展涌现了一批有特色的典型案例,如河北省滦南县的农村养老"小食堂"。滦南县委、县政府通过调研发现,居家老人吃饭难问题是困扰大多数老人的难题,而吃饭难的最大原因,"不是说他们吃不起饭,而是有钱变不成饭"。从 2019 年开始,滦南县委、县政府决定以开办居家养老助餐为突破口,积极引导镇村开办居家养老小食堂,先后指导西胡、沈营、康中河等 23 个村开办了农村居家养老小食堂,为 75 周岁以上低保户、五保户、贫困边缘户和残疾人提供餐饮制作和专送服务。滦南县农村社区居家养老助餐服务采取"四个一点",即"政府补一点、个人出一点、社会捐助一点、志愿者奉献一点"的运行模式。"政府补一点",就是县政府为各村开办居家养老小食堂补贴一部分资金。"个人出一点",就是就餐人员出一点伙食费,每人每日收费 8 元。"社会捐助一点",就是社会爱心人士的款物捐助。"志愿者奉献一点",就是志愿者根据家庭自身情况轮流为老人奉献服务。"小食堂"解决了村里老人"吃饭难",真正把民生践行到了老百姓的饭碗里,把社会的温暖送到了老百姓的餐桌上,用热腾腾的饭菜温暖了最朴实的心灵,引发社会各界和全国各大新闻媒体的强烈反响与共鸣。人民日报、中央电视台、中国报道、中国社会报和央视网、长城网等国家和省市十余家主流媒体纷纷关注和报道。国家老龄委等部门也充分肯定了这一做法,并在全国范围内推广。目前,山东曲阜、容城以及河北乐亭等地,也都建立了农村社区居家养老小食堂。

(九) 养老服务人才队伍建设力度持续加大

实施养老服务人才培养工程,采用财政补贴、购买服务等方式,对养老服务人才培养培训、技能鉴定、从业补贴、表彰奖励等予以支持。教育部发布《中等职业学校专业目录(2010 年修订)》,设立"养老护理员"职业,2019 年又增设智能养老服务专业。教育部 2018 年发布了 92 个本科专业类的教学质量国家标准,要求设置护理学等养老服务相关专业的高等学校开设老年医学、社区护理学等养老服务相关课程。2019 年,教育部、国家发展改革委、财政部、国家市场监管总局联合印发《关于在院校实施

"学历证书+若干职业技能等级证书"制度试点方案》(教职成〔2019〕6号),在老年服务与管理领域启动"1+X"证书制度试点工作,深化复合型技术技能人才培养培训模式和评价模式改革。根据《职业技能提升行动方案(2019—2021年)》(国办发〔2019〕24号),将养老服务相关职业纳入培训范围,扩大培训规模,提高培训质量。不断完善养老服务从业人员激励政策,建立养老服务褒扬机制,开展养老护理员关爱活动,让养老护理员的劳动创造和社会价值在全社会得到尊重。

(十)区域性养老服务一体化发展格局初步形成

党的十八大以来,随着国家深入实施京津冀协同发展、长江经济带发展、粤港澳大湾区建设、长三角一体化发展、黄河流域生态保护和高质量发展等区域重大战略,区域内各地加强养老服务领域的合作和协调,初步形成了各具特色的区域性养老服务一体化发展格局。最典型的如京津冀、长三角养老服务一体化协同发展等。

2015年11月,京津冀三地签订《京津冀民政事业协同发展合作框架协议》。2016年,《京津冀养老工作协同发展合作协议(2016年—2020年)》《京津冀区域养老服务协同发展实施方案》等相关规划和政策出台,合力破解跨区域老年福利和养老服务方面的身份和户籍壁垒,构建环京津健康养老产业圈,形成"一省两市"养老服务发展新格局,引导京津社会资本向河北养老服务领域流动,并设立京津冀养老服务协同发展试点机构,按照"养老扶持政策跟着户籍老人走"原则,逐步实现京津冀三地老年人异地养老无障碍。2021年7月14日,京津冀三地民政部门共同签署《京津冀民政事业协同发展三年行动计划(2021—2023年)》,明确将在养老服务、社会事务、社会组织、干部人才交流等重点领域持续推进协同发展。

2018年5月11日,首届"长三角民政论坛"在上海举行,论坛发布了《长三角区域养老合作与发展·上海共识》，长三角养老服务一体化协同发展被提上三省一市政府重要议事日程。在各界的广泛关注与大力推动下，长三角养老服务一体化协同发展进行了诸多探索，出台了一系列重要举措。经过三年的快速发展，区域内养老服务体系相对完善，依托名牌高校成立了4家跨区域联合职业教育集团，为养老服务人才队伍建设奠定了基础；城市医院协同发展联盟成员已覆盖长三角30个城市112家三甲医院，跨区域社会保障便利化程度明显提高，目前参保患者跨省异地就医直接结算近23.6万人次、结算医疗费用约54亿元。同时，养老服务协商协作机制初步建立，养老服务资源初步共享。

2020年4月3日，国家发展改革委印发《2020年新型城镇化建设和城乡融合发展重点任务》，提出要加快实施黄河流域生态保护和高质量发展战略。为响应国家"黄河流域生态保护和高质量发展"重大发展战略，黄河流域沿岸九省区成立了推动黄河流域生态保护和高质量发展领导小组、黄河流域生态保护和高质量发展核心示范区等，旨在加强主题协同、资源联动以及政策响应。黄河流域省际的政策响应、区域联动、资源互通，是黄河流域养老服务走向整体高质量发展的必由之路。2020年11月，由陕西省民政厅养老服务处指导的"黄河流域旅居养老发展论坛"在西北大学举行，来自黄河沿岸省份的上百名专家学者、相关部门的工作人员共同探讨新时代黄河沿岸省份养老服务事业繁荣发展问题。同年12月，呼和浩特市、榆林市、平凉市等签署《黄河流域五省十市政务服务"跨省通办"合作框架协议》，协议涉及的社保、养老、医保等60个高频事项，可在西宁等10座城市政务服务机构实现通办，有效地促进了黄河流域养老服务的区域联动。建立去属地化的全域养老服务大格局，打造养老服务共通共享新局面是黄河流域九省区所共同面临的问题。未来，九省区需聚力协调发展，尝试将黄河文化融入旅居养老，打造黄河流域养老服务产业新业态，着力构建更加有效的养老服务区域发展新机制，积极响应黄河流域生态保护和高质量发展,全面融入国家区域发展战略,构建高质量发展的整体格局。

二、我国养老服务发展面临的新情况老问题

2021年,我国全面开启建设社会主义现代化国家的新征程。尽管经过多年的努力,我国养老服务体系建设取得了巨大进展,广大老年人"老有所养"问题得到了很大程度的缓解,老年人的获得感、幸福感、安全感持续提高,但是,我国养老服务的发展与新发展阶段的新情况不相适应的问题仍然凸显,老问题还没有完全解决新问题又凸显出来,而许多新问题实际上只是老问题以新的形式表现出来而已。

(一) 我国养老服务发展面临的两大新情况

进入建设社会主义现代化国家新阶段,我国养老服务发展面临的情况发生了新的重大变化。这突出体现在以下两个方面。

一是社会主要矛盾已经发生变化。中国特色社会主义进入新时代,我国社会主要矛盾已经转化为人民日益增长的美好生活需要和不平衡不充分的发展之间的矛盾。从党的八大提出我国社会主要矛盾是人民对于经济文化迅速发展的需要同当前经济文化不能满足人民需要的状况之间的矛盾,到党的十一届六中全会提出我国社会主要矛盾是人民日益增长的物质文化需要同落后的社会生产之间的矛盾,再到党的十九大提出我国社会主要矛盾已经发生重大变化,充分彰显了我们党不断顺应时代变化,善于抓住主要矛盾、解决突出问题的实践和理论品格。经过长期不懈努力,我国稳定解决了十几亿人的温饱问题,在2000年总体上实现了小康,2020年又如期全面建成了小康社会。随着时代的发展,人民美好生活需要日益广泛,不仅对物质文化生活提出了更高要求,而且在民主、法治、公平、正义、

安全、环境等方面的要求日益增长。同时,我国社会生产力水平总体上显著提高,社会生产能力在很多方面进入世界前列,但发展不平衡不充分的问题更加突出,已经成为满足人民日益增长的美好生活需要的主要制约因素。

从现在起到未来相当长一个时期,养老服务发展不平衡不充分与广大老年人对更加美好的老年生活的需要之间的矛盾,将是我国社会主要矛盾在养老服务领域的具体体现。老年人的需求是多方面、多样化、多层次的。同其他人群一样,老年人不仅对物质文化生活提出了更高要求,在民主、法治、公平、正义、安全、环境等方面的要求日益增长。作为特殊群体,他们不仅有生活照料的需要,而且有越来越强烈的精神慰藉需求、医疗护理和健康保健的需求,特别是参与社会公共事务、继续为社会做出贡献的需求也越来越强烈。尽最大努力化解养老服务发展不平衡不充分与广大老年人对更加美好的老年生活的需要之间的矛盾,是满足广大老年人对更加美好幸福生活的必然要求,也是把我们党以人民为中心的发展思想落到实处的必然要求,是践行我们党为中国人民谋幸福的初心的必然要求。

二是我国人口结构已经发生深刻变化。我国目前正在经历着世界上规模最大,同时也是速度最快的人口老龄化过程。历次全国人口普查数据显示,我国65岁及以上的老年人口占总人口的比重,1953年为4.41%,1964年为3.56%,1982年为4.91%,1990年为5.57%,2000年为6.96%,2010年第六次人口普查时已经高达8.87%。这说明,我国自2000年开始,就已经跨入了老龄化国家的行列。我国用较短的时间完成了人口再生产类型的转变,从年轻型人口国家转变为成年型人口国家,并继而转变为老年型人口国家。

2020年第七次人口普查数据表明,我国人口结构进一步发生深刻变化,老龄化与少子高龄化进程不断加快,人口流动变化与人户分离现象常态化,家庭结构越来越小型化。具体来讲,其一是我国人口老龄化的速度比原来估计的更为严峻。在全国人口中，0~14岁人口仅为2.53亿人，占17.95%；15~59岁人口为8.94亿人，占63.35%；60岁及以上人口为2.64亿人，占18.70%，其中65岁及以上人口为1.91亿人，占13.50%。与2010年第六次全国人口普查相比，0~14岁人口的比重虽然稍有上升，提高了1.35个百分点，但15~59岁人口的比重大幅下降了6.79个百分点，而60岁及以上人口的比重则上升了5.44个百分点，65岁及以上人口的比重上升了4.63个百分点。65岁及以上人口所占比重快速逼近14%这一节点，我国人口结构将在一个很短的时间内从轻度老龄化过渡到中度老龄化。事实上，除西藏外，其他30个省份65岁及以上老年人口比重均超过7%，其中12个省份65岁及以上老年人口比重已经超过14%，率先进入了中度老龄化阶段。其二是家庭越来越小型化。2020年人口普查数据表明，我国平均每个家庭户的人口只有2.62人，比2010年第六次全国人口普查的3.10人减少0.48人。其三是人口流动和人户分离常态化。2020年，在全国人口中，人户分离人口为4.93亿人，其中市辖区内人户分离人口为1.17亿人，流动人口为3.76亿人，其中跨省流动人口为1.25亿人。与2010年第六次全国人口普查相比，人户分离人口增加2.31亿人，增长88.52%；市辖区内人户分离人口增加0.77亿人，增长192.66%；流动人口增加1.54亿人，增长69.73%。我国人口结构的深刻变化表明，老年人赡养比进一步提高，而家庭养老功能进一步弱化，留守老人和空巢老人以及他们的养老难题进一步凸显，这给我国养老服务体系建设和发展提出了严峻的新课题。

（二）我国养老服务发展面临的三大主要问题

在我国养老服务发展面临上述两大新情况背景下，我国养老服务体系建设尽管成就很大，但目前存在的问题也不少。

第一，发展不平衡的问题仍然存在。既表现在区域发展的不平衡，也表现在城乡发展的不平衡，更表现在居家养老、社区养老和机构养老发展的不平衡，医养、康养发展的不平衡，养老机构一般性养老床位与护理型床位比例的失衡等方面。受经济社会发展水平、公共资源配置、地方政府重视程度等因素的制约，中西部地区社会养老服务发展的整体水平明显滞后于东部地区，而且同一区域内不同省份社会养老服务发展水平也存在比较大的差距。与城市相比，我国农村地区社会养老服务设施和养老服务供给严重不足，而且功能不完善、服务项目少、质量效益低、可及性差的问题仍然没有根本改变。

第二，养老服务的总体质量和水平仍然不高。养老服务质量和水平不高，同老年人日益增长的多层次、多样化、个性化的养老服务需求仍然存在比较大的差距。在国家强调养老服务机构和设施建设，特别是有关强制性规划和政策要求下，各地养老床位、社区日间照料中心、居家养老服务等设施建设逐步达标，但是服务质量低、服务方式单一等问题仍然比较突出。

第三，养老服务的供给与老年人的养老服务需求仍然存在脱节的问题。养老服务是特殊的服务，不能简单地以供给引导需求，不能是社会能提供哪些养老服务，老年人就被动接受哪些服务。目前一个比较普遍存在的问题，是老年人有养老服务需求的没有相应的供给，社会能够提供的养老服务供给却不一定有需求，需求与供给不匹配、相脱节。发展养老服务，不仅要考虑到满足老年人"大众化"的养老服务需求，也要充分考虑到老年人"小众化"的需求，充分做到有需求有供给，供需相匹配，以满足老年人对更加美好生活的需要和向往。

除上述问题外，我国养老服务体系建设还面临着人才队伍建设、行业规范建设等亟待解决的突出问题。在这些问题中，尤其发展不平衡、总体质量和水平不高、养老服务的供给与老年人的养老服务需求脱节等问题，既是进入新发展阶段后我国养老服务发展面临的突出问题，实际上也是我国养老服务发展长期以来想解决而没有解决好的老问题,但这些老问题在新发展阶段又有新表现形式,呈现出许多新特点。

三、落实实施应对人口老龄化国家战略的新要求

党的十九届五中全会通过的《中共中央关于制定国民经济和社会发展第十四个五年规划和二〇三五年远景目标的建议》,提出"实施积极应对人口老龄化国家战略"。这是首次在党的全会文献中把积极应对人口老龄化上升为国家战略,并作出了制定人口长期发展战略,优化生育政策,增强生育政策包容性,积极开发老龄人力资源,构建居家社区机构相协调、医养康养相结合的养老服务体系等重大战略部署,这为我们"十四五"时期乃至今后更长时期应对人口老龄化提供了基本遵循。

(一)积极应对人口老龄化要"两手抓"

人口老龄化不是由单一因素造成的,而是多种因素"合力"的结果,但其中起决定性作用的是人口预期寿命和生育率两个主要因素。

一方面,人口预期寿命延长的趋势是不可逆的。公元前欧洲人的平均预期寿命仅20岁左右,1850年左右才达到40岁。也就是说,在漫长的近2 000年时间,欧洲人的平均预期寿命仅仅延长了1倍,也即平均每100年增长1岁。但是,欧洲人口的平均预期寿命在工业革命以后得到了快速的增长。自1850年以来的1个多世纪,欧洲人的平均预期寿命增加了40多岁。从世界各主要国家来看,自1840年以来,人类预期寿命的延长是非常稳定的,延长的速度一直保持在每年增加3个月左右。随着人口预期寿命的不断延长,老年人口在总人口中所占的比重越来越高。新中国成立之初,我国人口的平均预期寿命只有35~40岁,2020年已经提高到77.6岁。短短70年时间,我国人口的平均预期寿命增长了1倍。人口平均预

期寿命的不断提高,本身也是一系列经济社会因素综合作用的"合力"结果,这种合力,包括经济的快速发展、居民生活水平的不断提高,也包括医疗卫生事业的发展进步。人口平均预期寿命的延长,是经济社会发展的一个重要标志。

另一方面,随着人们生活水平的提高、医疗技术的发展和卫生环境的改善,婴儿死亡率和孕产妇死亡率大大下降。2019年,我国孕产妇死亡率已经下降到17.8/10万,婴儿死亡率下降到5.6‰。这两项指标,已经达到中高收入国家和地区的水平。孕产妇死亡率和婴儿死亡率的下降,对人口增长是有利的,但问题在于生育率也是同时下降的,生育率下降对人口增长的负效应远远超过婴儿死亡率和孕产妇死亡率下降对人口增长的正效应,导致少儿人口在总人口中所占比重下降,老年人口在总人口中所占比重上升,人口老龄化程度不断加剧。

当前我国人口发展面临的问题,首要的是生育率过低,远远低于人口正常世代更替水平。人口的可持续发展,是社会可持续发展的重要前提。在人口预期寿命相对稳定的前提下,保证人口相对于上一代既不增加也不减少的世代更替,平均每对夫妇要生育两个以上孩子。因为各种原因,总有一部分小孩不能长大成人,因而人口正常世代更替率要大于2。国际上通常认为2.1是人口正常世代更替水平,也就是说,平均每对夫妇要生育2.1个孩子,才能保证人口正常世代更替。如果生育率高于世代更替水平,人口会增加,反之则会减少。当然,世代更替水平并不是一个常量,而是一个变量,因为婴儿死亡率、孕产妇死亡率、性别比等不同,处于不同发展阶段的国家的世代更替水平存在差异,但毫无疑问,必须大于2。

根据国家统计局数据,从2010年到2014年,我国的生育率分别只有1.18、1.04、1.26、1.24、1.28,平均为1.20。即使考虑到漏报因素,把这5年的生育率数据调高10%,平均生育率也只有1.32,远远低于人口正常世代更替水平;调高15%,平均生育率也不到1.4,仍然大大低于人口正常世代更替水平。不管对低生育率如何争论，我国已经进入低生育率时代是一个不争的事实，成为各界的共识。

在人口老龄化进程起决定性作用的人口预期寿命和生育率两个主要因素中，人口预期寿命的延长是不可逆转的趋势，因而只有生育率才是主动作为延缓人口老龄化进程的可变因素。在生育意愿和生育率双下降的背景下，只有采取各种综合措施抑制生育率的下降趋势，使生育率尽可能回归人口正常世代更替水平，才是主动作为有效延缓人口老龄化进程的根本之策。所以，积极应对人口老龄化，必须要"两手抓"。既要做好"一老"，即包括养老保险、长期护理保险，特别是养老服务在内的养老保障体系的顶层制度设计，确保全体人民"老有所养"，并削减人口老龄化给经济社会发展带来的负面影响；更要做好"一小"，即优化生育政策、促进人口长期均衡和可持续发展的顶层制度设计，主动作为有效延缓人口老龄化进程。

（二）优化生育政策，主动作为有效延缓人口老龄化进程

积极应对人口老龄化，从"一小"来讲，最主要的是通过优化生育政策，促进人口的长期均衡和可持续发展，主动作为，努力延缓人口老龄化进程，为做好应对人口老龄化的各方面准备工作争取更长的"窗口期"。党的十九届四中全会提出，要"优化生育政策，提高人口质量"。党的十九届五中全会再次强调，要"制定人口长期发展战略，优化生育政策，增强生育政策包容性"。

生育问题，不仅是事关延缓人口老龄化进程的大问题，是有效应对人口老龄化顶层制度设计的一个重要方面，更是事关国家长治久安，事关民族永续发展的根本战略问题。

近代以来，中国人口增长速度远低于世界平均水平，从而导致我国人口占世界总人口的比重不断下降，从1820年的36.6%，下降到1900年的

25.6%，再下降到 1950 年的 21.8%，1980 年曾上升到 22.1%，但随后又下降到目前的大约 18.7%。根据 2010 年人口普查数据，"80 后""90 后""00 后"新出生的人口分别是 2.19 亿人、1.88 亿人、1.47 亿人。从"80 后"到"00 后"不到一代人时间，出生人口就萎缩了 32%。如果生育率一直维持在 1.4 左右的水平，那么总人口数在达到峰值以后，将以每 50 年减少一半的速度萎缩。现在人口还没有萎缩，只是因为过去的生育率高于人口正常世代更替水平，且人口预期寿命不断延长。但长期低生育率，会造成未来几十年乃至上百年我国人口将急剧衰减，目前面临的人口老龄化问题将会更趋严重。所以，必须从国计民生和中华民族伟大复兴的高度，把优化生育政策，促进人口的长期均衡和可持续发展，提升到国家根本战略的高度来认识。

国际经验表明，在一个国家或地区的生育率过高时，可以采取强力措施控制人口过快增长，这比较容易做到；但是，当一个国家或地区的生育率过低时，寄希望于采取措施鼓励生育，提高生育率，预防或遏制人口负增长，就不一定能够达到理想的效果了。从北欧国家、苏联，以及我们的近邻韩国和新加坡等国家情况来看，都可以证明这一点。

由于各种原因，我国生育率实际上早就已经大大低于人口正常世代更替水平。因而，我们率先推出"双独两孩"政策、"单独两孩"政策，2016 年又实施了"全面两孩"政策。据国家相关部门统计，2017 年出生人口数为 1 723 万人，比 2016 年减少 63 万人；2018 年出生人口数为 1 523 万人，比上一年又减少 200 万人；2019 年出生人口数更是下降到 1 465 万人；2020 年出生人口数进一步下降到 1 000 万多一点。

事实上，"全面两孩"政策是不能维持人口正常世代更替的。因为即使全国平均每对夫妇都生育两个孩子，生育率仍然低于人口正常世代更替水平，从长远来看总人口数还是会缓慢减少的。更何况总有一部分夫妇不愿意生育二孩，甚至还有一部分夫妇连一个孩子也不愿意生。2017 年出生人口中，一孩只有724万人，比2016年减少249万人，近1 000万为二孩。这是近20年来首次出现二孩出生数高于一孩出生数的情况。这说明，2017年我国出生人口数的下降，最主要因素是很多育龄夫妇不愿意也没有生育一孩。因此，要促进我国人口的长期均衡和可持续发展，有效延缓我国人口老龄化进程，为国家经济社会发展和中华民族伟大复兴创造良好的人口条件，必须进一步优化生育政策，增强生育政策的包容性。

2021年5月31日，中共中央政治局召开会议，审议《关于优化生育政策促进人口长期均衡发展的决定》。会议指出，进一步优化生育政策，实施一对夫妻可以生育三个子女政策及配套支持措施，有利于改善我国人口结构、落实积极应对人口老龄化国家战略、保持我国人力资源禀赋优势。

针对我国生育成本越来越高、国民生育意愿下降、生育率持续走低的现实，要实现"全面三孩"政策的目标，促进我国人口长期均衡和可持续发展，必须制定和实施与生育政策相配套的一系列经济社会政策。为此，党的十九大报告就提出，要"促进生育政策与相关经济社会政策的配套衔接"，这是具有极为重大现实意义和针对性的政策导向。党的十九届五中全会提出，要"提高优生优育服务水平，发展普惠托育服务体系，降低生育、养育、教育成本"。

第一，要大力发展普惠托育服务体系。党的十九大报告把保障和改善民生的目标从"五有"拓展为"七有"，其中第一个"有"即"幼有所育"。"幼有所育"首先要解决的是学龄前儿童入园难问题。入园难入园贵，是许多育龄夫妇不愿生、不敢生第二个孩子，甚至一个小孩也不愿生、不敢生的重要原因。因为托育服务发展的滞后和供给不足，许多女性因为担心看护婴儿不得不放弃工作，或者无法全身心投入工作，将影响自己的职业发展，而选择放弃生育。《关于优化生育政策促进人口长期均衡发展的决定》明确提出，要"将婴幼儿照护服务纳入经济社会发展规划，强化政策引导,通过完善土地、住房、财政、金融、人才等支持政策,引导社会力量积极参与"。发展托育服务,必须坚持走公益性与市场化相结合的发展之路。政府应鼓励企业、机关事业单位、社区利用闲置场地举办托育机构,鼓励社会资本进入托育服务领域,对托育服务提供货币补贴和政策扶持。政府、市场和社会既要有分工,更要有合作,充分发挥多元主体的积极性和作用。

第二,要完善和严格落实带薪产假、陪产假制度。我国在法律制度上解决了带薪产假的制度安排,但关键是完善和落实。一些育龄夫妇不愿意生育,同担心休产假将影响职业发展、产假时间短等有关。《关于优化生育政策促进人口长期均衡发展的决定》提出,要"严格落实产假、哺乳假等制度。支持有条件的地方开展父母育儿假试点,健全假期用工成本分担机制"。完善和落实产假制度,应解决好三个问题。一是在避免过度影响企事业单位生产经营前提下适当延长假期。德国的产假时间,从1927年的6周,1992年延长到3年。俄罗斯的产假时间,则从原来的12周,延长到现在的4年半。瑞典规定,在孩子满8岁前,父母有权享有共计480天的育儿假。当然,我国产假时间延长到数年,目前是不现实的,但要认真研究应该且能够延长到多长时间。二是机关事业单位和企业应切实保障员工生育期间产假休假权利。这是机关事业单位和企业必须履行的法定责任和义务。全国人大和全国妇联有责任定期或不定期开展执法检查监督。三是政府通过税费减免等扶持政策补偿员工生育增加的企业成本。生育是女性对人类繁衍后代所做出的巨大贡献,生育行为成本不应该主要由用人单位承担,更不应该由女性及其家庭主要承担,而应该主要由全社会合理分担。最现实途径,就是政府对用人单位和家庭的生育成本进行补偿。

第三,借鉴国际经验,建立和实施生育津贴和育儿津贴制度,降低生育、养育、教育成本。为鼓励生育,许多国家都建立和实施了生育津贴、育儿津贴制度,或综合性的家庭津贴等制度。尽管各个国家的津贴名目不同，但目的都是减轻家庭在生育、养育、教育等方面的负担。其他国家在生育津贴、儿童津贴、家庭津贴方面的做法值得借鉴和学习，但不能照搬。建立和实施我国生育津贴、养育津贴或家庭津贴制度，应理顺和解决好三个问题。一是不能以生育保险取代生育津贴，也不能以建立了生育保险制度为由反对建立生育津贴制度。我国为有就业单位的女性劳动者建立了生育保险制度，没有就业、没有单位的女性则参加不了生育保险。生育保险属于社会保险范畴，其资金主要来自用人单位缴费形成的生育保险基金；生育津贴则属于社会公共福利范畴，资金主要来自国家财政。因此，两者不能互相取代，而应相互补充。二是生育津贴和养育津贴应作为两个独立的津贴项目。前者是对生育的父母在生育假期因为失去收入或收入减少而提供的一种社会补偿，后者是对家庭养育婴幼儿的成本提供的一种社会补偿，两者都是普惠性的社会福利。三是要更好地发挥这两项津贴制度的激励作用。鉴于我国尚处于社会主义初级阶段的基本国情，而制定和实施这两项津贴制度的目的是鼓励生育，因而既可考虑从"二孩"开始甚至只有"三孩"才能享受生育津贴和养育津贴，也可考虑"一孩"只能享有一半的津贴。

第四，个人所得税对多子女家庭实行税收减免或扣除。许多生育率低、人口老龄化严重的国家，在个人所得税设计上都对多子女家庭实行税收减免，一方面减轻了多子女家庭的经济负担，另一方面也是对多子女家庭在人口发展和种族繁衍方面做出的贡献的一种社会补偿，因而促进了社会公平。税收减免的具体方案主要有两种，一是根据家庭孩子的数量进行一定的税收抵免，二是对多子女家庭实施分等级税收制。近年来，在我国学术界甚至全国"两会"上，家庭抚养费用抵扣个税的呼声也越来越高。新近公布的个人所得税法修正案（草案）在专项附加扣除中把子女教育等支出纳入其中，显然是一大推进。必须把应对低生育率和人口老龄化的制度设计，体现到包括个人所得税等制度和政策制定与实施的全过程。《关于优化生育政策促进人口长期均衡发展的决定》明确提出,要"结合下一步修改个人所得税法,研究推动将3岁以下婴幼儿照护费用纳入个人所得税专项附加扣除"。

从许多国家和地区鼓励生育的政策、措施的制定和实施情况来看,政策、措施实施效果通常要5年到10年才能显现出来。面对我国目前生育率持续走低、人口老龄化加速的严峻现实,必须抓紧优化生育政策的顶层制度设计。

(三)坚持积极老龄化理念,积极开发老龄人力资源

必须更新理念,积极看待老年人、老龄化和老龄社会,以积极的态度、积极的政策、积极的行动,更加积极地应对人口老龄化。

在漫长的人类历史上,除蒙昧野蛮时代在一些部落和民族曾经发生过"弑老"的恶习外,尊老、养老是主流,是大多数民族的优良传统。从整个世界范围来看,从人类进入文明时代以来一直到工业革命以前,一方面生育率高,人口预期寿命短,另一方面传统的大家庭占主体,家庭养老功能完备,因而老年人口总量相对比较小,依靠家庭成员的互助共济就可以解决老年人的养老问题。自工业革命以来,人口预期寿命快速延长,老年人口占总人口的比重不断上升,"老龄化"逐步成为世界各国广泛关注的重大议题。

面对20世纪70年代以后世界范围内日益严重的人口老龄化问题,1987年5月召开的世界卫生大会首次提出了健康老龄化理论,这一理论是基于老年人的健康需求而建构起来的。尽管人们对这一理论的内涵存在分歧[①],但其核心要义是清晰的,即它的目标是整体提高老年群体的生命长度和生活质量,不仅关注平均预期寿命,而且更加关注生命的质量,既要

---

① 佟新. 人口社会学 [M]. 北京:北京大学出版社,2006:165.

提高预期寿命，更要提高健康寿命。显然，该理论暗含着把老年人视为社会负担的消极观点，虽然关注到了老年人的健康需求，但目的恰恰是通过提高老年人的健康质量减轻社会和家庭的负担。20世纪90年代末到21世纪初，一种基于老年人社会权利的新的老龄化理论应运而生，这就是积极老龄化理论。该理论不仅关注老年人的健康需求，而且强调要关注老年人的社会参与权利和需求。这一理论的积极意义，在于改变了以往人们把老年人视为社会负担的观点，强调"老年人是被忽视的宝贵的社会资源，他们健康地参与社会经济文化与公共事务，将依然是社会财富的创造者和社会发展的积极贡献者"。①

积极老龄化是比健康老龄化更全面更概括的老龄化概念和理论。我们既要促进健康老龄化，更要引导和推动积极老龄化。老年人不仅需要健康、长寿，而且需要积极参与社会经济文化和公共事务，老年人是社会的宝贵资源，他们仍然是社会财富的创造者和社会发展进步的积极贡献者。进入新时代，我国社会主要矛盾已经转化为人民日益增长的美好生活需要和不平衡不充分的发展之间的矛盾。同全国人民一样，广大老年人的美好生活需要也日益广泛，不仅对物质文化生活提出了更高要求，而且在民主、法治、公平、正义、安全、环境等方面的要求日益增长；不仅要求分享经济社会发展的成果，而且要求有更多的机会、在更广泛的领域更加积极主动地参与社会经济文化和公共事务。因此，必须在健康老龄化战略中融入积极老龄化理念，采取更加积极的政策措施有效应对人口老龄化。这不仅仅是因应国际社会人口老龄化理论的发展，更主要是因应广大老年人积极参与社会，从而享有更加美好生活的需要。

第一，积极看待老年、老年人。"老年人"不是绝对的，而是相对的。根据人体的生理机能、心理状态和在社会中扮演的社会角色，我们可以把

---

① 宋全成，崔瑞宁．人口高速老龄化的理论应对：从健康老龄化到积极老龄化［J］．山东社会科学，2013（4）：36-41．

人的生命周期划分为青少年期、中年期、老年期。但是，划分青少年、中年人、老年人的具体年龄标准，则不是固定的，在不同的人口预期寿命条件下，划分的具体标准是变化的。目前，多数国家和国际组织，以及专家学者都是按照生理年龄来界定老年人的。联合国曾经在1956年的《人口老龄化及其社会经济后果》一书中，提出60岁及以上的人是老年人，这一标准也被认为是国际上通用的老年人年龄标准。但是，各个国家采用的老年人具体标准是不同的，这在各个国家退休年龄的差异上体现得尤为明显。实际上，世界各国都默认，老年人的起始年龄就是退休年龄，年老了退出工作岗位。参考世界各国的人口预期寿命和退休年龄之差，我们可以考虑将人口预期寿命减15年作为退休年龄的标准，也是划分老年人的标准。这一标准不是固定的，而是随着人口预期寿命的延长而变动的。因此，必须适当淡化60岁作为划分老年人的年龄标准。

第二，采取更加灵活的措施，实施渐进式延迟法定退休年龄。随着人口预期寿命的延长，当然也是为了应对人口老龄化和日益加大的养老金支付压力，许多国家纷纷提高退休年龄。美国于2000年将退休年龄从65岁延长到目前的66岁，并将于2027年进一步延长到67岁[1]；德国自2001年起至2012年，将退休年龄男女分别为63岁和60岁统一提高到65岁，并从2012年起至2029年逐步延长到67岁[2]；英国拟由现在的男性65岁、女性60岁退休调整为男女均为65岁退休，并进一步提高到男女均为68岁退休。

新中国成立初期，我国人口的平均预期寿命只有35~40岁。2020年我国人口平均预期寿命已经达到77.6岁。但是，按照我国现行相关制度安排，男职工年满60周岁、女干部年满55周岁、女工人年满50周岁即可办理退休手续。这项退休政策制定时，全国人口平均年龄为50岁，而

---

[1] 郑功成. 中国社会保障发展报告2016 [M]. 北京：人民出版社，2016：340.
[2] 郑功成. 中国社会保障发展报告2017 [M]. 北京：中国劳动社会保障出版社，2017：301.

目前我国人口的平均寿命已经超过 77 岁。随着我国经济社会的不断发展以及人均寿命的不断延长，相应延迟退休年龄是一种必然趋势。我国已经制定延迟退休年龄方案，将采取小步慢走、渐进到位，从 2022 年起每年推迟几个月的时间，经过一段相当长的时间再达到新的法定退休年龄的目标。这一渐进式延迟退休年龄的政策，既有目前我国部分人群退休年龄偏低、不同人群退休年龄差异比较大的现实考量，更考虑到了人口平均预期寿命每几年延长一岁为延迟退休年龄提供的可能性，而并不是仅仅考虑到养老金负担问题。

退休年龄的调整是一项复杂的社会经济政策，涉及人口结构、人力资源供求、代际关系、社会保障基金平衡等多方面因素。[①] 实际上，在一个国家或地区，在既定的总体人口预期寿命条件下，不同人群的预期寿命是有差异的，正因为这样，德国把泥瓦工等重体力劳动者的退休年龄从法定退休年龄标准减去 3 年。从主要发达国家来看，人口预期寿命和退休年龄之差，大约为 15 岁。以此为参照，我国目前的退休年龄完全可以提高到 62 岁左右。因此，延迟退休年龄方案可以更加灵活，进程可以适当加快，在率先延迟现行退休年龄偏低群体退休年龄的同时，把专业技术人员等群体的退休年龄提高到 62 岁。

第三，积极开发老龄人力资源。数以亿计的老年人口，是我国一支重要的消费生力军，是支撑我国经济持续快速发展的新动能。相当多的老年人，尤其是专业技术人员"退而不休"，仍然在工作。在城乡基层社区治理、社会矛盾调处化解、社会治安维持、扶老助残、幼儿教育、环境卫生，以及文化传承等各个方面，老年人广泛参与并发挥着越来越重要的作用。大批老年人积极参与志愿服务等无报酬的活动，在志愿工作岗位上做出积极贡献。通过渐进式延迟退休年龄和为老年人提供更多的灵活就业机

[①] 王德文，谢良地. 社区老年人口养老照护现状与发展对策 [M]. 厦门：厦门大学出版社，2013：2.

会，身体健康且有意愿就业的老年人从事正规或非正规工作，将继续成为社会财富的创造者和贡献者。

面对数以亿计老年人日益强劲的养老服务需求和养老护理人员短缺的矛盾，许多人都在感叹"谁来养老"。收入低、年龄大、文化程度低、培训少、劳动强度大、留人难，这是我国养老护理人员队伍的真实现状。随着我国人口结构和劳动力供给结构的变化，大规模地扩充养老服务专业人员队伍是不现实的。实际上，国际经验和国内一些地方的实践都表明，低龄、健康老人可以是养老服务人员队伍的重要补充。

要鼓励、支持年轻且健康的老年人参与为老志愿服务，充分发挥他们为老志愿服务的独特优势。因为同为老年人，他们更了解老年人的心理、生理特点和需求、生活习惯，对年老、失能失智、空巢、计划生育特殊家庭老人的境遇更能感同身受，更容易设身处地地为那些需要照顾的老年人提供力所能及的帮助。发展老年人为老志愿服务，一要坚持自愿原则。为老志愿服务的精髓是奉献精神。鼓励、支持老年人从事为老志愿服务，来不得半点强迫，否则只能引起老年人的反感。二要坚持力所能及原则。低龄且健康的老人参与为老志愿服务，应该限制在他们的身体、精力和时间等允许的为老服务，主要是为失能失智、高龄、空巢和计划生育特殊家庭老人提供巡访、陪同聊天、做饭送餐、清扫洗刷、购物就医等轻便的为老服务。三要机制化或组织化。发展老年人为老志愿服务，必须依托城乡社区组织、老年人协会，以及志愿服务组织等，适当地把低龄且健康、愿意从事为老服务的老年志愿者组织起来。四要有必要的保障。志愿服务是无酬服务，可以不支付报酬。但是，因为众所周知的原因，老年人从事志愿服务是有风险的，政府、公益机构、基金会、商业保险公司等应多方合作，为从事为老服务的老年志愿者提供相关人身和意外保险。

要在城乡社区、养老机构，大力推行"时间银行"。简单地说，"时间银行"类似于银行储蓄，将个人服务的时数存入运作系统，在有需要的时候再将时数取出来，兑换相应的服务或物品。早在20世纪60年代，日本就探讨了通过志愿劳动获取养老服务的"时间银行"来实现互助养老的可行性，并于1973年建立了日本第一家互助式的志愿者劳动银行。1980年，美国学者埃德加·卡恩提出了"劳动兑换服务"模式[①]，以帮助穷人通过为其他人付出劳动来换取自己所需的服务。此后，"时间银行"得到了广泛的运用。尤其是在养老服务领域，将低龄老人和高龄老人、健康老人和失能失智老人连接到一起，前者服务后者。一方面，低龄、健康老人在服务高龄、失能失智老人的过程中可以实现自身的社会价值，在自己成为高龄、失能失智老人时也可以将时间取出来，从而享受到其他低龄、健康老人的照顾服务；另一方面，高龄、失能失智老人的护理服务需求可以得到一部分满足，以缓解养老护理人员短缺的困境。低龄、健康老人照护服务高龄、失能失智老人的"时间银行"，在发达国家如美国、德国、英国和日本已经得到广泛的运用。

我国一些城市社区、养老机构也开展了"时间银行"的尝试。一方面，养老护理人员短缺的问题实际上是无法化解的。充分调动和发挥低龄、健康老人服务高龄、失能失智老人，既是弥补养老护理人员短缺的现实需要，又是推动积极老龄化，实现老年人社会参与的一个重要途径。另一方面，我国低龄、健康老人数量巨大，社会参与意识不断增强，国外有成熟的经验可以借鉴，国内也有不少地方和机构进行了探索，特别是互联网、大数据、物联网、区块链的发展提供了良好的技术支撑。所以，推行"时间银行"这一做法既有必要，又具有现实可行性。顺应城镇化以及由此带来的老年人口全国性大流动，建立全国性的低龄、健康老人服务高龄、失能失智老人的"时间银行"，无疑是最佳选择，但这需要公众认知程度的普遍提高、强大的网络运营平台和资金保障、专业的运营管理团

---

① 隋国辉，蔡山彤，黄琳. 新时间银行互助养老模式研究：基于传统时间银行的改进［J］. 老龄科学研究，2019（4）：41-50.

队、精确的服务规范和服务价值的量化标准，以及国家层次的政策支持和法律保障，因而最佳选择不一定是最现实的选择。建立"时间银行"的最现实选择，是在国家政策的支持下，率先在城乡社区和各类养老机构建立和推行低龄、健康老人服务高龄、失能失智老人的"时间银行"，并在有条件的地方率先开展县、市（区）域的"时间银行"试点，在积累经验后逐步推广。

（四）健全基本养老服务体系，改善老年人生活品质

积极应对人口老龄化，从"一老"来讲，包括两个方面。一是发展多层次、多支柱养老保险体系，建立健全长期护理保险制度；二是健全基本养老服务体系。

2020年是"十三五"规划收官之年。截至2019年年底，全国共有各类养老机构和设施20.4万个，养老床位合计775.0万张，每千名老年人拥有养老床位30.5张。其中注册登记的养老机构3.4万个，床位438.8万张；社区养老照料机构和设施6.4万个，社区互助型养老设施10.1万个，共有床位336.2万张。全国设有国家老年疾病临床医学研究中心6个，设有老年医学科的医疗卫生机构1519个，设有临终关怀（安宁疗护）科的医疗卫生机构276个，在90个城市开展了医养结合试点。

但是，我国养老服务发展仍然存在发展不平衡、总体质量和水平有待提高、养老服务供给与老年人养老服务需求相脱节，以及人才队伍建设、行业规范建设等亟待解决的突出问题。

"十四五"时期我国将进入新发展阶段。但这一时期，也将是我国人口老龄化速度进一步加快，养老服务体系建设面临更严峻挑战的时期。要确保在保障人人享有基本养老服务的基础上，有效满足老年人多样化、多层次养老服务需求，老年人及其子女获得感、幸福感、安全感显著提高，必须打通"堵点"，消除"痛点"，破除发展障碍，健全市场机制，持续

完善居家社区机构相协调、医养康养相结合的养老服务体系。

1. 进一步健全"四梁八柱"的养老服务体系

我国养老服务体系建设的总体思路，经历了从居家为基础、社区为依托、机构为支撑，到居家为基础、社区为依托、机构为补充的转变，进而调整为推动居家社区机构相协调、医养康养相结合的养老服务体系。

机构养老并非我国养老服务发展的方向。目前，我国养老机构入住的老年人只有400多万人，仅占老年人口的极小比例。部分高龄、失能失智、空巢老人，入住养老机构是"刚需"，但这只是老年人口中的少数。一些年龄轻、身体健康的老年人愿意入住养老机构，尤其是高端养老机构，这种需求也应当满足，但这同样只是老年人口中的少数。

社区养老肩负着居家养老服务支持和日间照料、短期托养的功能，但它并非一种独立的养老方式。社区开展的日间照料和短期托养，本身就是一种机构养老服务。居家养老支持则是居家养老服务的应有之义，也是社区养老发展的重点。居家养老之所以区别于过去传统的家庭养老，最大的区别就在于它是一种社会化养老服务，居家养老之所以成为可能就在于国家和社会建立起一整套的社会化的居家养老服务支持体系，其中社区居家养老服务是最重要的一环。社区为"依托"的定位，最主要的依据就在于居家养老和机构养老都要依托社区。

过去相当长一段时期，我们把机构养老置于"支撑"地位，把大量的人力、物力、财力投入到建设养老机构和增加养老床位方面。从目前来看，机构养老得到了长足的发展，社区养老也有了起色，但最大的短板恰恰是基础没有打牢，满足最大多数老年人需求的居家养老服务没有得到应有的发展。"十四五"期间，发展养老服务的重点必须切实从以前重机构、轻居家转变到打牢居家养老的基础地位、机构养老只是补充上来，从以前把大量人力物力财力用于建设养老机构、增加养老床位转变到健全和完善居家养老服务支持体系上来，以满足最大多数老年人居家养老服务的需求。因此，促进居家社区机构养老协调发展，要把重点放在打牢居家养老的基础地位上。

2. 要支持家庭承担养老功能

养老是自人类诞生以来就在不断求解的一个问题。在我国历史上，老年人的养老主要依靠家庭成员，尤其是子女的赡养和照料，也就是我们通常所讲的家庭养老。在现代社会，因为各种原因，家庭养老越来越难以满足老年人的养老需要，但家庭养老仍然是社会养老的一个重要补充。同传统的家庭养老主要依靠家庭成员提供赡养和照料不同，社会化的居家养老服务已经延伸到家庭，居家养老服务机构、企业、社区可以为居家的老人提供全方位、多样化、个性化的上门服务，家庭只是承担了部分养老功能。

支持家庭承担养老功能，必须"加强家庭、家教、家风建设"，加快发展健康、养老、家政、物业等服务业，"健全老年人、残疾人关爱服务体系和设施"。从当前来讲，要着力做好以下几个方面的工作。

第一，扎实推进老年人家庭住房适老化改造。我国目前仍有绝大多数老旧居民住房不符合适老化要求。适老化改造的重点是电梯、坡道、入户门和室内防滑设施，尤其是后者。按照相关政策规定，2020年年底前，采取政府补贴等方式，对所有纳入特困供养、建档立卡范围的高龄、失能、残疾老年人家庭，按照《无障碍设计规范》实施适老化改造。要把适老化改造，特别是增添防滑设施的政府补贴范围扩大到所有老年人家庭。道理很简单，一个老人因为摔倒致伤致残，从小的方面看增加了这个家庭的负担，从大的方面讲增加的是整个社会成本，影响整个国家中坚劳动力作用的发挥。

第二，采取切实措施，把鼓励和支持家庭成员与老年人共同或就近居住落到实处。在这方面，新加坡等国家的经验是值得借鉴的。新加坡政府规定，如果选择与父母或已婚子女一起购买转售组屋，或购买对方住家附近的转售单位，可享有最高 4 万新加坡元公积金购屋津贴。不论是首次购屋者或已享有购屋津贴的家庭，都可以享受这一津贴。在我国，如果父母与子女的住房相距较远，任何一方出售原有住房后到对方住房附近新购住房，不仅没有政策优惠，还要缴纳一笔不菲的税费。对父母和子女为就近居住置换和购买住房的，免除或部分免除相关税费，这是目前完全可以做到的。

第三，扶持、培育居家养老上门服务机构和企业。居家养老把社会化的养老服务延伸到家庭，为居家养老的老人提供服务的不仅仅包括家庭成员，还包括政府、社区、养老服务机构和企业，以及志愿者和义工等。其中，养老服务机构和企业是居家养老上门服务的最重要提供者。一方面，尽管老年人的上门服务需求很旺盛，且多种多样，但支付能力有限，正常合理的市场定价可能都难以接受。另一方面，从事助餐、助浴、助洁、助急、助医等上门服务的机构和企业，赢利能力很低，甚至于亏损运营，没有积极性。日本的"到宅沐浴"，即为老年人提供上门沐浴服务，是可以借鉴的。"到宅沐浴"的成本是很高的，护理保险承担大部分，政府（包括地方政府）承担一部分，老人自费部分一次不过 60 多元。上门服务要可持续，必须走出一条老人付得起、机构和企业能赢利的路子。具体而言，政府为居家养老服务机构和企业免除税费负担，提供用水、用电、用气优惠；护理保险的补偿，应该从限于入住护理机构的护理费用补偿扩大到居家养老服务机构和企业提供的上门服务；发展志愿服务，降低居家养老服务机构和企业的人工成本。

第四，健全特殊老年人群关爱服务体系，更加注重人文关怀，使居家养老服务更有温度，更有人情味。2020 年年初的新冠肺炎疫情暴发期间，为阻断病毒的传播采取隔离举措，养老院实行封闭管理，子女不能前往探望，老人与外界处于隔离状态，孤独感超乎寻常地加剧。居家的老年人，尤其是空巢、独居老年人的孤独、无助感更甚。老年人在这次疫情中死亡率高，究其原因，除他们属于典型的易感染人群且多数身患多种基础性疾病因而抵抗力更低外，很重要的一点，就是因为关爱服务体系的不健全、不可及，特别是人文关怀的缺失，导致精神孤独、恐惧感剧增。要把关爱服务体系覆盖的人群从农村留守老人，扩大到城乡空巢、失能失智、高龄老人，以及计划生育特殊家庭老人等特殊老年人人群，并把子女常回家看看、社区工作人员定期巡查、志愿者和义工上门巡访、年轻健康老人与高龄失能失智老人结对帮扶、驻区单位和其他社会组织积极参与机制化制度化，在做好生活照料和医疗护理服务的同时，更加注重心理疏导、危机预防，更好地满足老年人多样化、多层次化、个性化的精神文化需求。

3. 鼓励和支持发展互助性养老

李克强总理在 2018 年政府工作报告中明确提出要"发展居家、社区和互助式养老"，把互助式养老摆到了同居家养老、社区养老同样重要的位置。互助式养老的服务对象是特定的，且一般限于相互比较熟悉的老年人之间，因而更具有可推广性，老年人更容易接受。

从目前我国各地开展的互助式养老发展情况来看，有几种主要做法是值得推广的。

第一，以农村幸福院为代表的据点式社区互助养老。农村互助幸福院 2008 年起源于河北省邯郸市肥乡县前屯村。[①] 2013—2015 年，民政部会同财政部实施了农村互助幸福院建设专项，投入 30 亿元支持农村地区建设互助幸福院。经过多年的努力，幸福院在农村许多地方已经建立起来。截至 2019 年年底，我国已经有社区互助型养老设施 10.1 万个。在幸福院里，广泛开展低龄老人服务高龄老人，健康老人服务失能失智老人，既能使高龄、失能失智老人得到应有的照顾服务，又能使低龄、健康老人的自身价值得到充分的体现。

---

① 金华宝. 发达国家互助养老的典型模式与经验借鉴 [J]. 山东社会科学，2019（2）：52-58.

第二,"抱团养老"。"抱团养老"是西方一些国家比较流行的一种养老方式,如德国流行的"搭伴养老"模式,但在我国却是一个新生事物。随着媒体对浙江余杭王阿姨7户13位老人家(包括王阿姨夫妇)"抱团养老"的报道,"抱团养老"逐渐成为许多老人选择的一种互助式养老方式。王阿姨老两口利用自己的200多平方米三层农家小别墅,从老两口"面试"的40多名老人中,挑选了6户老人家,大家居住生活在一起,这被称为我国首个"抱团养老"的成功案例。通过"抱团养老",多位老人共同居住,互帮互助度过晚年生活。与"抱团养老"相类似的,还有上海"老伙伴"计划、江苏太仓互助养老小组、北京独居老人巡视探访项目、青海"一助一、一助多"代养式结对帮扶互助养老等互助小组或互助伙伴等互帮互助养老方式。

第三,旅居式养老。与此相类似的还有"候鸟式养老"和"度假式养老"。老年人在不同的季节,结伴到一个地方住上十天半个月,甚至更长的时间,然后再转移到另一个地方,既欣赏了祖国的美好河山,开阔了视野,又达到了健康养生的目的。旅居式养老是非常有利于老年人身心健康的一种积极养老方式。一些身边无子女或子女没有时间陪伴老人外出旅游,尤其是一些高龄老人希望在有生之年到祖国的大好河山多看看。低龄与高龄老人结伴旅居式养老,是满足这部分老人外出旅游愿望的一个现实选择。促进旅居式养老的健康发展,需要政府和相关部门在价格、专业化服务以及意外风险防患等方面加强引导和规范。

中国养老服务
发展报告
(2021)

2. 行业篇

2.1

社区居家养老发展报告

黄恒学[①] *云美丽*[②] *李梅杰*[③]

社区居家养老模式可以整合家庭、社区和社会组织的力量和资源，让老年人在家庭这样一个熟悉的环境中，接受较为专业的养老服务，并且依托社区的平台，以老年人的心理和物质需求为导向，立足于减轻年轻子女的日常照料负担，弥补社会养老机构存在的不足，不仅提高了养老服务的效率和水平，同时也有利于缓解机构养老和家庭养老中遇到的一些矛盾，让老年人拥有稳定、良好的生活状态，因其更加贴近老年人的实际需要而得到更多老年人的认同，对于解决我国的养老难题具有很大的潜力。

一、当前社区居家养老服务的时代背景

（一）老龄化程度加深

随着人口老龄化进程的不断加快，我国的老年人口规模总量已居世界

[①] 北京大学政府管理学院教授、博士生导师。
[②][③] 北京大学博士研究生。

第一。第七次人口普查显示,截至 2020 年 11 月 1 日,我国 60 岁及以上老年人口 26 402 万人,占总人口的 18.7%,其中 65 岁及以上老年人口 19 064 万人,占总人口的 13.5%。[①] 根据世界卫生组织的定义,一个国家或地区人口中 60 岁及以上人口所占比例超过 10%,或 65 岁及以上人口所占比例超过 7%,该国家或地区就属于人口老龄化国家或地区。显然,老龄化社会的加速来临,给我国经济社会发展带来严峻挑战,其中,最迫切的问题是如何解决"老有所养"这一世界性难题。

(二) 家庭养老模式无法单独发挥作用

在传统社会,家庭一直是老有所养的基本单位,赡养老人属于联合大家庭的公共责任。[②] 老人在家里可以得到更加细致的照顾,而自身也可以帮助子女照顾孙辈。但计划生育与独生子女政策导致了家庭结构的变迁,人口少子化与老龄化并存,一对夫妇有时需要承担双方共四个甚至更多老人的养老,增加了青年人工作与生活的压力;而居住形式的改变、女性劳动参与率提高和因升学就业导致的家庭青壮年人口跨区域流动,都在客观上减少了实现家庭养老的较为稳定的人员支持,进一步导致了家庭微型化、空巢化,家庭养老功能加速弱化,造成代际赡养平衡压力由家庭转向社会[③],对老年人的养老水平和健康保障带来巨大的挑战。延续了数千年的家庭养老模式在现代化社会中已经不能单独承担养老的功能。

(三) "未富先老"导致老年人无力承担机构养老的支出

机构照顾能够提供相当一部分居家照顾无法实现的好处,如训练有素

---

① 国家统计局. 第七次全国人口普查公报(第五号)[ED/OL]. http://www.stats.gov.cn/ztjc/zdtjgz/zgrkpc/dqcrkpc/ggl/202105/t20210519_1817698.html.
② 张曦. 转型期实践性养老秩序形塑机制研究:基于家庭与市场关系视角[J]. 兰州学刊,2019 (11):167-178.
③ 李永萍. 家庭转型视野下农村老年人危机的生成路径[J]. 人口与经济,2018 (5):62-73.

的专业照顾人员和先进的老年人生活设施。虽然可供老年人选择的社会性养老机构数量在增多,但在早些年的实践中,养老服务公共资源主要是布局于机构养老服务和医养服务机构,而对社区居家养老服务的支持相对乏力[1],老年人意愿不强;即使有意愿去机构养老的老年人受限于市场化运作的营利性养老机构费用较高,没有能力支付机构养老费用。总体来讲,与发达国家在经济高度发展基础上步入老龄化社会不同,我国呈现典型的"未富先老"特征,这一特征使得我国的老年人无力承担机构养老的费用。

(四)仅靠政府投入难以满足快速发展的养老服务需求

2019年民政事业发展统计公报显示:截至2019年年底,全国60岁及以上老年人口25 388万人,全国共支出老年人福利经费453亿元,全国共有各类养老机构和设施20.4万个,养老床位合计775.0万张,每千名老年人拥有养老床位30.5张。社区养老照料机构和设施6.4万个(其中社区养老照料机构8 207个)。虽然政府养老支出连年增长,但公共财政投资效率相对较低。有研究基于1989—2012年统计数据测算了公共投资对养老机构规模的影响,发现政府基本建设投资每扩大1%仅能使社会养老床位数量增加0.34%,政府运营补贴无法有效促进社会养老床位规模扩张。[2]

(五)传统思想与家庭观念影响着居家养老的偏好

中国人传统思想中叶落归根的观念根深蒂固,老年人一般不乐意居住在养老院。在陌生环境中,由于缺乏家庭温暖,并且切断了之前的社会联系,老年人可能被置于"情感剥夺"的境地,会产生孤独与被抛弃感。有调查显示,倾向选择居家养老的老年人超过90%,只有不到10%的老年人

---

[1] 马敏,何晔晖,王乃坤,等. 关于应对人口老龄化与发展养老服务的调研报告[J]. 社会保障评论,2017,1(1):8-23.

[2] 李萌. 支持我国养老服务体系发展的财税政策研究[D]. 北京:财政部财政科学研究所,2015.

考虑选择机构养老①,大部分的受访者还是偏爱居家照顾②。不少地方存在着城区养老机构一床难求,郊区、县乡养老机构空置率较高的情况。③一方面,养老机构配置结构不合理,养老机构服务人员素质和服务质量参差不齐,单纯的养老机构床位数量的增长未能满足老年人的养老需求;另一方面,养老机构床位的高空置率在一定程度上反映出居家养老仍是我国大多数老年人的养老偏好。④

综上所述,随着人口、经济、政治文化等社会结构的变动,原有的养老服务赖以存在的社会基础已经发生改变,开发符合我国国情的养老方式是经济社会发展的必然要求,养老方式的推陈出新是历史发展的必然选择。社区居家养老模式可以整合家庭、社区和社会组织的力量和资源,让老年人在家庭这样一个熟悉的环境中,接受较为专业的养老服务,并且依托社区的平台,以老年人的心理和物质需求为导向,立足于减轻年轻子女的日常照料负担,弥补社会养老机构存在的不足,不仅提高了养老服务的效率和水平,同时也有利于缓解机构养老和家庭养老中遇到的一些矛盾,让老年人拥有稳定、良好的生活状态,因其更加贴近老年人的实际需要得到更多老人的认同,对于解决我国的养老难题具有很大的潜力。

同时,在社区生活的老年人并非完全的被照料者,老年人是社会的重要发展力量而非负担。研究表明,60~69岁低龄老年人的思维能力保持着普通人智力高峰期的80%~90%,其中部分老年人的智力和创新力甚至会进入一个新的高峰期。⑤在社区实现居家养老,使得身体健康的老年人在

---

① 青连斌. 居家养老是适合我国国情的养老方式[N]. 人民日报,2014-12-26.
② 范瑞平,温卓毅. 养老的方式、责任以及家庭的角色:老人长期照顾的儒学思考[J]. 中国公共政策评论,2009,3:89-107.
③ 马驰,何晔晖,王乃坤,等. 关于应对人口老龄化与发展养老服务的调研报告[J]. 社会保障评论,2017,1(1):8-23.
④ 石玙. 居家养老概念辨析、热点议题与研究趋势[J]. 社会保障研究,2018(5):56-63.
⑤ 吴玉韶. 树立积极老龄观推动新时代养老服务业健康可持续发展[J]. 中国社会工作,2018(14):24-25.

实现自我照料的基础上还可以为社区做贡献，积极实现自身价值，这不仅能够提升老年人晚年的生活质量，也能减轻他们的依赖感、被社会排斥感。

二、社区居家养老服务发展的现状

（一）社区居家养老政策日臻完善

作为对实践发展的回应，我国居家养老政策也经历了从最初萌芽到启动形成再到快速发展的阶段。[①]

2000年，国务院转发民政部牵头制定的《关于加快实现社会福利社会化的意见》中首次使用了"居家"一词，提出社会福利发展方向是以居家为基础，同时要以社区为依托、以社会福利机构作为补充，社区居家养老服务被正式纳入政策议程。2001年，国务院印发《中国老龄事业发展"十五"计划纲要（2001—2005年）》，明确提出坚持家庭养老与社会养老相结合的原则[②]，标志着从理念层面，社会和市场开始成为我国养老服务发展的重要责任主体之一。同年6月，民政部启动了"社区老年福利服务星光计划"，政府由此开始大规模投入社区居家养老服务设施建设。2006年，国务院转发全国老龄委办公室和发展改革委等部门《关于加快发展养老服务业的意见》，提出要"逐步建立和完善以居家养老为基础、社区服务为依托、机构养老为补充的服务体系"。2008年，全国老龄委办公室等十部门联合下发《关于全面推进居家养老服务工作的意见》，使我国社区居家养老服务发展进入快车道，其后在全国逐渐形成了上海静安模

[①] 王莉莉. 中国居家养老政策发展历程分析［J］. 西北人口，2013，34（2）：66-72.
[②] 全国老龄工作委员会办公室. 老龄工作文件选编（中央卷）［M］. 北京：华龄出版社，2002：42-47.

式、南京鼓楼模式、大连沙河模式等服务模式。① 2011年,《社会养老服务体系建设"十二五"规划》提出"社会养老服务体系建设应以居家为基础、社区为依托、机构为支撑"。

2012年修订的《中华人民共和国老年人权益保障法》规定"老年人养老以居家为基础"。2013年9月,《国务院关于加快发展养老服务业的若干意见》进一步提出"到2020年,全面建成以居家为基础、社区为依托、机构为支撑的,功能完善、规模适度、覆盖城乡的养老服务体系"。② 2016年,民政部、财政部印发《关于中央财政支持开展居家和社区养老服务改革试点工作的通知》(民函〔2016〕200号),安排专项彩票公益金,通过以奖代补方式,选择部分地区和城市进行居家和社区养老服务改革试点,促进完善养老服务体系。③ 截至目前,中央财政已安排五批资金支持开展居家和社区养老服务改革试点。④

2017年,《"十三五"国家老龄事业发展和养老体系建设规划》明确指出要大力发展居家社区养老服务、加强社区养老服务设施建设、开展居家社区养老服务工程,使居家为基础、社区为依托、机构为补充、医养相结合的养老服务体系更加健全。⑤ 这表明,以往过于突出养老服务机构建设的政策引导逐渐得到扭转,机构的功能从"支撑"转变为"补充"。2019年,国务院办公厅《关于推进养老服务发展的意见》进一步明确推动居家、社区和机构养老融合发展。支持养老机构运营社区养老服务设

---

① 孙林. 社区居家养老服务需要与利用研究:以广州市为例 [J]. 中国公共政策评论, 2018, 15 (2):117-132.
② 史薇. 居家养老服务发展的经验与启示:以太原市为例 [J]. 社会保障研究, 2015 (4):14-20.
③ 财政部,民政部. 关于印发《中央财政支持居家和社区养老服务改革试点补助资金管理办法》的通知 [ED/OL]. http://www.gov.cn/gongbao/content/2017/content_5222958.htm.
④ 民政部,财政部. 关于确定第五批中央财政支持开展居家和社区养老服务改革试点地区的通知 [ED/OL]. http://www.gov.cn/zhengce/zhengceku/2020-02/18/content_5480376.htm.
⑤ 国务院. 关于印发"十三五"国家老龄事业发展和养老体系建设规划的通知 [ED/OL]. http://www.gov.cn/zhengce/content/2017-03/06/content_5173930.htm.

施，上门为居家老年人提供服务。打造"三社联动"机制，以社区为平台、养老服务类社会组织为载体、社会工作者为支撑，大力支持志愿养老服务，积极探索互助养老服务。①

上述发展历程表明，我国的社区居家养老服务政策日臻完善。

（二）社区居家养老服务群体扩大、内容多元

我国社区居家养老服务对象的确定，最早受民政部门工作思路影响，主要针对"9073"② 中7%的特殊老年人群体进行设计，具有"补缺型"特点。但随着社区居家养老理念的普及和养老服务实践的发展，社区居家养老服务对象逐渐具有了普适性，养老机构的功能也从"支撑"转变为"补充"，推动了社区居家养老服务体系结构更加合理，多层次、多样化的养老服务更加可及。

经过多年的积极探索，社区居家养老服务内容逐渐丰富，呈现出多元的类型，主要包括家政服务（保洁、助浴、陪伴出行）、日间照料、家庭护理、医疗卫生（体检、医疗、康复、护理）、供餐服务（定点餐饮、送餐到家、社区食堂等）、精神慰藉（生活陪伴、心理咨询、不良情绪干预等）、文体娱乐（文化娱乐、体育活动）、紧急呼救等。

（三）医养结合助力社区居家养老

医疗卫生和养老服务相结合，是把生活照料和医疗康复融为一体的新型养老服务模式，强调对老年人提供生活照料服务的同时，将满足老年人健康与医疗服务方面的需求放在同等重要的位置，着力实现医疗资源与养

---

① 国务院.关于推进养老服务发展的意见［ED/OL］. http://www.gov.cn/zhengce/content/2019-04/16/content_5383270.htm.

② "9073"指辖区范围内老年人采取居家养老、社区养老和机构养老的占比分别达到90%、7%和3%。

老资源的结合、医疗服务和养老服务的融合。①

就政策来讲，国家推进医养结合工作取得了初步成效。2013年以来，国家先后出台的《关于加快发展养老服务业的若干意见》《关于促进健康服务业发展的若干意见》《关于加快推进健康与养老服务工程建设的通知》等重要政策文件，都对养老服务与医疗卫生服务相结合提出明确要求。随后，2015年印发了《关于推进医疗卫生与养老服务相结合的指导意见》，2016年印发了《关于做好医养结合服务机构许可工作的通知》《关于医养结合重点任务分工方案的通知》《关于遴选国家级医养结合试点单位的通知》，营造了医养结合的政策环境。2016年，《国民经济和社会发展第十三个五年规划纲要》明确提出要"推动医疗卫生和养老服务相结合"。同年，《关于确定第一批国家级医养结合试点单位的通知》确定25个省市的50个市（区）作为第一批国家级医养结合试点单位，鼓励医养结合体制机制创新，积极推进医养结合工作。

就实践来看，在基层政府的整合下，社区养老服务中心和社区卫生服务机构开展合作，共同为居家老年人提供生活照料、医疗保健等服务的社区支撑辐射模式可以使医疗资源与养老资源有效结合，融合医疗服务和养老服务，更有效地助力社区居家养老的实现。如北京市通过拓展公共服务，为老年人建立健康档案、提供包括免费体检在内的健康管理服务等，提升基层医疗卫生机构服务能力；同时结合家庭医生签约、开展居家医疗服务试点、老年康复医疗和护理服务体系建设试点和推进临终关怀试点等，在推进医养结合的社区实践中取得了初步成果。②

---

① 马敫，何晔晖，王乃坤，等. 关于应对人口老龄化与发展养老服务的调研报告［J］. 社会保障评论，2017，1（1）：8-23.
② 冯文猛. 居家养老服务2.0：从概念提出推进试点到"巩固、调整、充实、提高"［M］//陆杰华，周明明. 北京居家养老发展报告（2018）. 北京：社会科学文献出版社，2018：8-9.

（四）智慧养老提供技术辅助

近年来，随着电子、信息技术发展，基于可穿戴设备、互联网等技术向行动不便的老年人家庭提供支持，正在变得日趋重要。智慧养老模式既能满足老年人对"家"的需要，又能打消儿女对老人"安全"的顾虑，是实现社区居家养老的有效辅助。

2017年2月，工信部、民政部、国家卫生计生委印发了《智慧健康养老产业发展行动计划（2017—2020年）》，首次针对智慧养老发布专门的政策文件，要求到2020年全国建设500个智慧健康养老示范社区。

2020年，上海长宁区江苏路街道为辖区内1 200余名独居老人安装智能水表，如果超过12小时用水不足0.01立方米会自动报警，居委会干部会第一时间上门探视老人；江苏路街道还将智能门磁、烟感报警器、红外监测安装在独居老人家中，如遇反常情况，均能通过"一网统管"平台及时反馈，并"召唤"人员前来看望。① 这些智能技术的使用成为社区居家养老的技术辅助。

（五）失能老人长期照护托底养老服务

国家卫生健康委公布，截至2018年年底，我国失能、半失能老年人约有4 400万人。面对人口老龄化的压力和日益增长的老年人照护需求，国内不少地区开始探索试点长期照护。

世界卫生组织2000年在题为《建立老年人长期照顾政策的国际共识》的报告中指出："长期照顾是由非正式提供照顾者（家庭、朋友和/或邻居）和/或专业人员（卫生、社会和其他）开展的活动系统，以确保缺乏完全自理能力的人能根据个人的优先选择保持最高可能的生活质量，并享

---

① 上海为独居老人安装智能水表网友纷纷喊话：全国推广 [ED/OL]. https://www.sohu.com/a/437413479_120019074.

有最大可能的独立、自主、参与、个人充实和人类尊严。"[①] 上述定义中长期照护的对象是狭义的，指"生活完全不能自理，必须依赖他人照料的失能老年人"[②]，而广义的长期照护对象则包括了部分失能和完全失能的老人，是指"失去生活自理能力的老人"[③]。从实践来看，长期照护的对象应该是广义的"失能老人"，老年人长期照护是介于老年人生活照料服务和专业医疗机构提供的医疗服务之间的一种照料服务，旨在让那些不具备完全自理能力的老年人获得所需要的生活照料、康复护理、精神慰藉和临终关怀等服务。[④] 本质来讲，长期照护是指老年人生活中一些原本靠自理的日常活动，变成了必须依靠他人来完成的服务工作。

但理论上应当根据养老需要而选择的机构养老、日间照料、社区服务、居家养老，在实践中却受限于老年人的支付能力而无法实现，这也意味着我国大部分中低收入的老年人，一旦完全失能或部分失能只能在"居家养老"的幌子下艰难度日。如果政府能够通过合理的方式给予财政补贴，将中低收入老年人对于养老服务的潜在需求转变为有效需求[⑤]，就可能转变这一困局。因此，在总结地方经验的基础上，人力资源社会保障部办公厅于2016年6月印发了《关于开展长期护理保险制度试点的指导意见》，明确了开展长期护理保险制度试点的指导思想、基本原则、目标任务、基本政策、管理服务等重要问题，为探索实现失能老人的长期照护提供了制度支持。

[①] 世界卫生组织. 建立老年人长期照顾政策的国际共识 [ED/OL]. https://www.docin.com/p-122108322.html.
[②] 倪荣，刘新功，朱晨曦. 社区卫生服务在城市失能老人长期照料体系中的作用研究 [J]. 全科护理，2010，8 (13)：1134-1135.
[③] 潘金洪，帅友良，孙唐水，等. 中国老年人口失能率及失能规模分析：基于第六次全国人口普查数据 [J]. 南京人口管理干部学院学报，2012，28 (4)：3-6，32.
[④] 马敏，何晔晖，王乃坤，等. 关于应对人口老龄化与发展养老服务的调研报告 [J]. 社会保障评论，2017，1 (1)：8-23.
[⑤] 唐钧. 建立合乎中国国情的失能老人长期照护补贴制度研究 [J]. 中国公共政策评论，2014，8：70-92.

三、我国居家养老服务面临的问题与挑战

(一) 社区居家养老服务社会化运行机制不够完善

首先,政府管理体制尚待改进。一方面,我国居家养老服务是由政府自上而下推进建设的,总体上以政府向社会组织和企业为特殊群体购买或提供公益性为老服务为主要内容,具有"以计划性服务为导向"的特点[1],行政化色彩浓厚。从20世纪80年代中期开始的社区服务中已经包括老年服务。但是,经过30多年的发展,我们在全国各地虽然可以看到一些"盆景式"的"窗口"或"典型",但还未形成有效运行、满足需求的社区养老服务体系。另一方面,条块管理影响政策目标实现效果。不同部门对养老服务的理解和推进思路有所差别,产生职责交叉、衔接不畅等问题;事权和支出责任层层下移,凸显基层政府福利财政紧张,造成落实养老服务政策形式化。[2] 很多地区社区单位的养老服务设施不对外开放,造成社区服务资源的"条块分割",普遍存在重视部门利益和单位内部享用、缺乏社区资源共享的问题。

其次,公共养老资源挤压市场空间。一方面,政策资源向公办机构倾斜[3],公办养老机构凭借成本优势对民办养老机构形成"碾压",使市场资源配置功能弱化。另一方面,民办养老机构审批手续复杂、审批周期长,服务标准、职业资格认定和服务等级评定等软性门槛依然较多也制约

---

[1] 王莉莉. 基于"服务链"理论的居家养老服务需求、供给与利用研究 [J]. 人口学刊, 2013, 35 (2): 49-59.

[2] 王杰秀,安超. "元问题"视域下中国养老服务体系的改革与发展 [J]. 社会保障评论, 2020, 4 (3): 62-76.

[3] 胡雅坤,乔晓春. 北京市养老机构财政补贴政策与机构运营状况的关联研究 [J]. 社会政策研究, 2019 (3): 13-26.

着涉老机构工作的展开。

最后，民间资本参与动力不足。一方面，从事居家养老服务的机构依然处于"小、散、乱"的状态，存在规范化程度不足、品牌建设与宣传滞后、连锁化经营水平低等问题。[①] 另一方面，由于项目布局零碎、辐射老年人范围有限，缺乏规模效应，收入常常不足以弥补成本，很多地区的民办养老服务机构处于亏损状态或收支基本平衡，民间资本运营的社区居家养老服务使用程度较低。[②]

(二) 社区"软硬件"基础设施难以满足老年人就地安养的实际需要

首先，社区基础设施硬件条件总体不佳，规模小、档次低。新建住宅区建设规划中尚未强制要求养老设施配套，而数量众多的城镇老旧小区情况更为困难，空间有限，难达到消防等安全标准要求。虽然老房安装电梯受老年人欢迎，但由于场地设施权属复杂等原因，居住小区适老化改造建设难度大。同样，有学者调研指出，接近半数的老年人希望增添紧急呼叫装置，以备独自在家需要紧急帮助之用，但是目前普及率并不高[③]，居家适老化改造困难多。

其次，专项资金与专业人才匮乏。一方面，一些社区养老服务站点由于后续缺乏资金和人员，无法提供居家老年人最需要的护理照料、心理慰藉等专门服务，只是换了块牌子的老年餐桌或者棋牌室等。[④] 另一方面，专业人员匮乏。截至 2018 年年底，全国养老机构和设施职工人数为

---

① 冯文猛. 居家养老服务2.0：从概念提出推进试点到"巩固、调整、充实、提高" [M]//陆杰华，周明明. 北京居家养老发展报告（2018）. 北京：社会科学文献出版社，2018：21.
② 郑功成. 多层次社会保障体系建设：现状评估与政策思路 [J]. 社会保障评论，2019，3 (1)：3-29.
③ 朱蓉，郝勇，王菲菲. 上海市老年人养老服务需求调查研究 [J]. 社会保障研究，2013 (6)：21-26.
④ 马馼，何晔晖，王乃坤，等. 关于应对人口老龄化与发展养老服务的调研报告 [J]. 社会保障评论，2017，1 (1)：8-23.

192.3万人,养老护理员仅为30万人,缺口较大。究其原因,一是养老护理员因薪酬劣势、职业声望较低、工作强度大等原因,专业护理人员流失率较高。据统计,全国养老职业教育毕业生到岗第1年的离职率为30%,第2年为50%,第3年则在70%以上。① 二是就业形势较差,从业者以"4050"人员为主,导致服务内容局限于基本生活照料。三是老年服务专业人才培养存在市场定位宽泛、课程设置缺乏统筹规划、教学内容随意性大、师资队伍缺乏实践经验、"工学结合"流于形式等问题。许多学员虽经过短期培训,但与专业服务人群相比,无论是服务理念还是服务技术都存在明显不足,制约养老服务质量的提升。② 再者,当前参与社区居家养老服务的社区志愿者和社会工作者多来自学校、企事业单位的相关职能部门,和社区的联动性不强,缺乏长期的、连贯性的参与。

最后,社区居家养老服务项目单一、覆盖面窄。当前在全国开展的社区居家养老服务项目普遍存在服务项目少、服务层次低、服务规范不统一等问题,还不能满足老年人多样化的养老服务需求;此外,大部分地区的养老福利事业主要通过政府重点保障"三无""五保"和失能、半失能老年人,而市场化养老服务则主要聚焦经济收入高、消费意愿强的老龄人群,造成既非兜底对象又非高收入阶层的老年人处于事业、产业"两不管"的境地。③

(三) 社区居家养老服务供需不平衡

第一,供给不足与资源闲置并存。很多地方特别是大中城市中公办养

---

① 郭丽君,鲍勇,黄春玉,等. 中国养老人才队伍培养体系 [J]. 中国老年学杂志, 2019, 39 (14): 3576-3581.
② 郭林. 中国养老服务70年 (1949—2019):演变脉络、政策评估、未来思路 [J]. 社会保障评论, 2019, 3 (3): 48-64.
③ 王杰秀,安超. "元问题"视域下中国养老服务体系的改革与发展 [J]. 社会保障评论, 2020, 4 (3): 62-76.

老机构"一床难求"与民办养老机构"大量闲置"并存,2019年年底,我国养老机构和设施床位数达到727.1万张,但收养照料人数仅有317.3万人。① 当前,全国养老床位空置率高达约70%,护理型床位数占比不高,体现出养老服务资源配置的低效。②

第二,城乡发展不平衡,农村缺口大。从养老方式来看,农村居家养老服务的提供主体仍然是家庭。③ 从养老服务设施来看,城市社区综合服务设施覆盖率为92.9%,农村社区综合服务设施覆盖率仅为59.3%④,差异明显。从保障对象来看,城市养老在保障"三无"老年人、低保家庭老年人的基础上,服务福利补贴已向其他老年群体延伸,农村养老基本还局限于五保、低保对象;从养老服务项目来看,城市社区提供的服务已逐渐向日间照料、医疗康复、精神慰藉等扩展,而农村多数还是单一的餐食或娱乐服务。⑤

四、构建新时代中国特色养老体系

(一) 基本思路

《中华人民共和国国民经济和社会发展第十四个五年规划和2035年远景目标纲要》提出实施积极应对人口老龄化国家战略,将"一老一小"作为完善人口服务体系的重点,其中针对"一老"问题强调完善养老服务

---

① 中华人民共和国民政部. 中国民政统计年鉴(2019)[M]. 北京:中国社会出版社,2019:71.
② 马敏,何晔晖,王乃坤,等. 关于应对人口老龄化与发展养老服务的调研报告[J]. 社会保障评论,2017,1(1):8-23.
③ 汪超,罗贻文,唐尚锋. 中国农村居家养老研究的议题回顾与未来展望:基于CiteSpace的可视化知识图谱分析[J]. 中国公共政策评论,2020,17(2):28-41.
④ 民政部. 2019年民政事业发展统计公报[ED/OL]. http://images3.mca.gov.cn/www2017/file/202009/1601261242921.pdf.
⑤ 马敏,何晔晖,王乃坤,等. 关于应对人口老龄化与发展养老服务的调研报告[J]. 社会保障评论,2017,1(1):8-23.

体系。① 从宏观上来看，养老服务体系的完善需要养老事业和养老产业的协同发展，这说明养老作为全社会的事务，不仅是政府等公共部门的责任，还需要企业等私人主体的协助。在此基础上，构建居家社区机构相协调、医养康养相结合的养老服务体系是重点方向。这种家庭与社区相结合的养老思路主张推动专业机构服务向社区延伸，整合利用存量资源发展社区嵌入式养老，将社区作为居家养老链条上的关键抓手。通过将社区作为新的治理空间，发挥社区在整合人的力量上的突出作用，更有利于从点到面地构建养老、孝老、敬老的社会环境，调动全社会的力量共同参与解决养老事务。实际上，2012年修订的《中华人民共和国老年人权益保障法》就已经针对人口老龄化问题规定了国家建立和完善以居家为基础、社区为依托、机构为支撑的社会养老服务体系，这是第一次以法律形式提出对养老服务体系的要求，并发展和完善至今。

在此基础上，笔者以更加深化的思路主张建立多元化的社区居家养老服务体系，即党委领导、政府主导、居家养老为主、社区养老为辅、政府养老托底、商业养老补充、全社会共同参与的多主体、多层次和多样化的新时代中国特色社区居家养老服务体系。

（二）主要原则

构建新时代中国特色社区居家养老服务体系需要遵循以下五项原则。

第一，要符合中国国情。我国目前依然处于社会主义发展的初级阶段，面临着人民日益增长的美好生活需要和不平衡不充分的发展之间的矛盾，党的十九大针对性地提出从2020年到2035年再到2050年的社会主义现代化建设的"三步走"目标，因此构建社区居家养老服务体系必须以

---

① 中华人民共和国国民经济和社会发展第十四个五年规划和2035年远景目标纲要［ED/OL］. http://www.gov.cn/xinwen/2021-03/13/content_5592681.htm.

此为依据，与新时代的国家发展战略相匹配，不断满足我国养老领域的发展需求，不断提升我国老年群体的生活质量。

第二，要符合养老服务体系发展的实际情况。我国目前在解决养老问题方面还存在着养老服务有效需求和资源供给不足、社会保障体系不健全、养老服务标准和相应管理制度不规范、专业化人才欠缺、调动全社会力量的宣传力度较弱等缺陷。因此，健全和完善我国社区居家养老服务体系，发展新时代的社区居家养老模式，必须以解决上述问题为切入点，弥补现存养老体系的缺漏，同时也需要结合养老体系的现有优势发展现代化新型养老业态。

第三，要符合世界发展潮流。在发展社区居家养老服务体系的问题上，西方国家已经具有丰富的实践经验，如美国的成年人日间服务中心、老年合作居住社区，英国的社区照顾（包括健康照护和社会照护），瑞典的社区照料改革，日本的社区贴紧型服务、30分钟养老护理社区等。中国可以在结合自身情况的基础上吸收国外的养老经验，将养老服务供给与老年人需求更有效率地结合起来，同时更好地发挥家庭和社区在养老问题上的协同作用。

第四，要符合市场经济的规律。价值规律、供求规律、竞争规律等是市场经济的基本规律，完善我国社区居家养老服务体系需要将供给与需求建立在统一的价值链上，鼓励各种市场主体公平参与养老市场的竞争。社区一端连接着政府，一端连接着市场，并鼓励第三方慈善机构的参与，从而使市场在养老资源配置中起决定性作用，同时更好发挥政府作用。通过破除政府万能和市场万能的神话，能够推动全社会多主体对养老事业和养老产业的发展，不断健全我国社区居家养老服务体系。

第五，要符合中国特色社会主义制度要求。中国特色社会主义制度既是我国的现实制度，也是始终的发展方向。完善我国社区居家养老服务体系既要吸收我国传统文化中尊老爱幼等优秀成分，也要借鉴西方国家在社区居家养老建设上的优点。而在这种民族性和世界性的交汇点上,要发挥中国特色社会主义的制度优势,将养老问题作为民生领域的重中之重,积极应对全社会养老的挑战,解决人民群众最关心的现实问题,最终建立新时代中国特色社区居家养老服务体系。[①]

(三) 满足老年人多样化需求

社区居家养老服务体系的核心是向所在社区的老年人提供有效服务,既要求养老服务能够满足老年群体现阶段已经呈现和暴露的需求,也要求养老服务去主动挖掘老年群体因主客观条件限制而未能充分表达的需求,从而不断提高养老服务的质量和老年群体对养老服务的满意度。明确需求的前提是明确目标群体的特征,因此根据实际情况划分不同的养老群体是提供多元化养老服务的基础。根据不同的标准,可将我国老年群体划分为城市与农村的养老群体、健全与失能的养老群体、本地与异地的养老群体等。

首先,我国养老服务在城市与农村之间存在极度不平衡的状况,城市养老服务相对更加完善,农村老年人的自身经济供养能力一般较弱,较多老年人因子女外出务工变成空巢老人而缺乏陪伴,此外在外部条件上农村的医疗资源也相对有限,患有重大病症的老年人有时不得不转向城市寻求医疗救助。在社区居家养老的角度上,我国已经在农村居家养老服务设施、农村老年人社会福利和救助制度、农村留守老年人关爱体系等方面做出巨大努力,初步形成了以家庭赡养为基础、养老机构和互助幸福院为依托、农村老年协会参与、乡镇敬老院托底的农村养老服务供给格局。[②] 但针对农村养老目前存在的问题,还需要针对农村特困人员提供专项养老服

---

① 朱跃. 对构建中国特色社会主义养老服务体系的思考与建议 [J]. 中国发展观察, 2018 (13): 17-21.

② 民政部对"关于大力发展社区居家养老的建议"的答复 [ED/OL]. http://www.mca.gov.cn/article/gk/jytabljggk/rddbjy/201811/20181100013043.shtml.

务，积极引导社会力量参与农村养老服务发展，鼓励专业人员深入农村提供养老服务，最重要的是将农村养老问题的解决纳入新农村建设的范畴中，在提高农村整体生活质量的同时特别关注老年群体的生活。

其次，养老服务的提供需要区分健全与失能的养老群体。健全的老年人是指可以独立生活并拥有自理能力的老年群体，失能的老年人是指无法独立生存从而不得不依赖家人、养老机构、政府等外部力量的老年群体。相对于健全的老年人，失能群体需要更复杂、更个性化的帮助，并且失能老年人的存在会造成整个家庭的失衡，因此是养老中的难题。对失能老年人的照顾往往需要专业护理人员，但是根据民政部、国家卫生健康委等部门统计，我国目前有4 000万失能半失能老年人，但养老护理人员仅有30万名，极大的反差意味着养老护理行业的巨大缺口，必须在制度上对养老护理人员进行补贴、在职业上推广养老护理职业教育和技能认证、在收入上提高养老护理人员薪资待遇。失能老年人的养老服务是刚性供给，需要在资源分配上进行谨慎考虑，可以对健康的、具有自理能力的且极少需要外部支持的老年人在养老服务资源上划除不必要的分配，以保证真正需要社会公共资源的失能半失能老年人的生存空间。

最后，本地与异地的养老群体在养老服务上应存在针对性差异。异地养老是一种新兴的养老方式，是指老年人离开现有住宅到外地居住，包括旅游度假养老、回原籍养老等形式。异地养老往往适用于经济条件相对充足的老年人，能够负担在异地的生活成本，但是异地养老群体可能在许多方面面临困难，如医疗资源不达标、临时就医报销困难、远离城市交通不便等，因此需要有力的政策支持。从现实情况来看，改善异地养老的关键是在地区之间建立联系网络，目前京津冀地区、长三角地区等已经建立了地方政府之间的常态交流机制，通过信息共享互通帮助异地养老群体提高生活幸福感。而在此基础上需要进一步做到的是建立和完善全国性的异地养老服务平台，扩展异地养老的保障范围。此外，面对这种现代化的养老方式，需要相应地形成现代化的养老思维，建立开放包容的友好型社区，在全社会培育新型养老文化。①

总体来看，社区居家养老服务一方面要在内容上保证多样化，这是最基本的要求，目标是满足养老群体的多样化基本生活需求；另一方面是在策略上体现多层次目标，使养老服务更加关注弱势老年群体，尤其是缺乏自身养老能力的老年人。通过针对不同需求的老年群体建立相应的养老服务供给机制，能够在供需之间实现均衡，在实现养老需求的同时避免公共资源因错配、缺配、滥配而导致的浪费。社区应作为定位需求的窗口，为政府和市场等各方资源的涌入提供信息基础，为老年群体多样化需求的满足搭建沟通平台。

（四）服务主体多元化

社区居家养老服务的有效供给并非政府单一主体能够实现的，需要调动全社会多元化主体的力量，并且在各方主体之间达成有机协调。总的思路是将特定的服务与特定的主体对应起来，对于基本养老服务，应该由政府发挥主导作用，且政府的重点是养老事业；对于非基本养老服务，应该由市场发挥决定性作用，且市场的重点是养老产业。在政府和市场的思路之外，首先是发挥家庭对老人的核心赡养功能，其次是发挥社区整合养老资源的平台功能，最后还要鼓励慈善主体进入社区居家养老。最关键的举措是在将全社会各主体都纳入养老服务体系的基础上，推动各种主体的深度协作和高效配合。

政府的显性功能是将财政资金用于社区居家养老服务，隐性功能是通过政策传递发展社区居家养老的信号。财政资金的直接用途是在社区居家养老服务的基础设施建设上发挥作用，这也是政府基本公共职能所在。养

---

① 豆小红. 异地养老怎样才能健康发展［N］. 中国社会报，2020-06-15.

老基础设施建设是优化养老服务供给的基础，需要调动财政部、自然资源部、住房城乡建设部等各政府部门共同参与，最终广泛引入养老服务机构，在政府支持下将专业化养老服务延伸到家庭和社区。财政资金的间接用途是政府向社会力量购买社区居家养老服务，目的是提高养老公共服务供给的质量和财政资金的使用效率，因此需要关注政府购买服务的使用效果，要建立严格的监督评价机制。

市场作为社区居家养老服务的重要提供者，持续推动养老服务业发展已经成为产业调整和经济转型的重要力量。社区居家养老服务中市场的存在并非新生事物，但是依然需要进一步推进养老服务市场化改革。一方面，政府要不断放权给市场，放宽市场准入规则，通过公建民营、委托管理、购买服务等方式推动养老事业向养老产业转变，在社区实现整合和优化；另一方面，市场自身要不断完善，目前养老产业的上下游产业链以及线上线下产业集群不断丰富，要发挥市场区别于政府的独特作用，从而为老年人提供人性化、个性化、精细化和专业化的服务，真正做到以老年人需求为本位，促进新阶段社区居家养老服务的高质量发展。[①]

家庭事实上担负着最核心的养老责任，这是由法律所规定的。但是对于无子女的老年人和家庭没有能力承担全部赡养责任的老年人，需要寻求其他的养老帮助。在最基础的功能上，家庭至少能够提供养老所需的空间，从而为其他养老服务的进入奠定基础。目前居家养老的思路是，在保证老人居家的前提下让社会养老服务进入，形成高效率、低成本、精准化、个性化的上门养老服务模式。今后的发展走向，一方面是推动居家养老和互联网、物联网等信息技术结合，高效对接老年人的需求，从"老年人到外界寻求服务"转变到"机构到家中提供服务"；另一方面是更好地发挥家庭独有的养老功能，即对老年人的精神慰藉，在促进老年人身心健

---

① 朱浩. 中国养老服务市场化改革三十年的回顾与反思［J］. 中州学刊，2017（8）：66-72.

康的同时鼓励老年人积极融入社会。

社区是居家养老不容忽视的环节,也是最需要深化和完善的主体。在地理空间的意义上,社区应该成为老年人参与社区公共建设、贡献余热的有效途径,为营造孝老敬老的社会环境采取主动措施,这也是当前社区改造的重点。在资源平台的意义上,社区一端对接老年人的真实准确需求,一端对接政府、市场和慈善机构等养老资源,为满足老年人的生活心理需求、实现养老资源的社会价值创造信息沟通的平台。实际上,将社区作为重要的养老服务主体和公共治理单元是一个新型思路,能够因地制宜地形成适合当地老年人生存和发展的养老服务模式。之后的发展思路应该是加强社区居家养老的信息化、智能化建设,建立健全社区居家养老服务网络,统筹社区内的各种养老资源,提高社区居家养老服务的质量。

慈善力量在社区居家养老服务体系的建设中同样是重要环节,其根源于中国传统的慈善美德,并逐渐发展成被政府引导、被市场改造的主体。慈善养老机构在中国具有悠久的历史,全国各地都分布有慈善公益性质的养老院,这些机构在一定程度上分担了家庭和社会赡养老年人的负担,为缓解我国老龄化问题提供了有益帮助。但是,发挥慈善力量在社区居家养老服务中的作用还需要在以下方面做出改进,包括制定和完善慈善养老相关的法律法规,防止慈善滥用以致扰乱社会秩序;吸收更加专业的志愿者,提供更加专业的养老服务;推动慈善机构内部改革,建立和发展更加适应当前社会需要的养老新模式;慈善事业与社区建立更密切的合作关系,高效精确对接社区中的养老需求等。

(五)健全和完善社区居家养老法律体系和制度体系

我国社区居家养老有丰富的实践经验,可以从中总结出地方性或地区性的社区居家养老发展模式,但欠缺之处是法律体系不健全。目前有专项地方性法规文件,如2015年出台的《北京市居家养老服务条例》,但缺乏全国性的法律规范，正式的法律依据仅有《中华人民共和国老年人权益保障法》，其他更多是规划意见、政策文件和标准规范，如2019年发布的《国务院办公厅关于推进养老服务发展的意见》，并且法律更多针对整体性的养老服务而非具体的社区居家养老服务。相比之下，一些西方国家在社区居家养老服务体系建设方面已有相对成熟的法律举措，如美国颁布的《老年人社区服务就业法》，英国颁布的《全民健康服务与社区照顾法案》，都为社区居家养老服务提供了法律保障。因此，我国需要在整合各地区实践经验的基础上，结合各地推进社区居家养老的规章制度和政策文件，并引入社区居家养老的新思路和新技术，制定全国性的法律规范，如在国务院层面制定居家养老服务条例等法规。

在制度体系上，我国社区居家养老面临同样复杂的任务。第一，需要加强社会保障体系建设，实现覆盖全民、城乡统筹、权责清晰的可持续的、多层次的社会保障体系，同时全面实施全民参保计划，使养老保险达到全国统筹。第二，需要加强养老服务业的管理，产业管理要求对不同的养老服务机构实行分类管理，并且对养老服务行业进行全业态的管理和新业态的挖掘，通过提供精细化的养老服务，克服养老服务发展中的难点。第三，需要加强人才体系建设，在人才培养上强化养老护理职业教育和培训，在人才吸收上积极宣传养老服务行业的价值，在人才管理上完善职业资格规范、职业评估标准与职业薪资福利，最终建立专业人员与志愿者相结合的社区居家养老服务队伍。第四，需要推动社区居家养老信息化、智慧化和现代化，积极发展居家网络信息服务，运用互联网、物联网等技术创新居家养老服务模式，建设居家服务网络平台以便为老年人提供上门服务，促进智慧养老产品和服务的推广。[①] 第五，需要统筹社区居家养老服务制度体系与为应对人口老龄化而制定的其他制度体系，包括社会财富储

---

① 李燕，郭树合. 加快社区居家养老服务体系建设［N］. 检察日报，2020-11-09.

备、劳动力有效供给、为老服务和产品供给体系、科技创新能力以及养老、孝老、敬老的社会环境①，从而在完善社区居家养老服务体系的同时发挥其对解决人口老龄化问题的更广泛的社会正效应。

实际上，在当前环境下完善社区居家养老服务体系，必须认识到养老服务随着国家战略布局的深入也进入了新发展阶段，面临的重点要求是加强顶层设计、强化发展动力、积极应对人口老龄化以及高质量发展。② 这意味着对社区居家养老服务体系有更高水平、更高层次的要求。在需求的一方，既要满足现存养老需求又要引导新的需求出现，既要改善老人物质生活条件也要关注老人精神心理健康，既要把握老年人对家庭关系的需要又要培养老年人对社区公共空间的诉求；在供给的一方，既要增加养老机构数量也要改善养老机构环境，既要提供基础性的养老服务也要提供个性化的养老服务，既要继承传统养老服务的优点也要充分利用现代网络技术优势。总之，要在与国家经济社会发展相适应的条件下，不断提升我国社区居家养老服务的质量和水平，不断促进我国社区居家养老服务体系与现代化接轨、与世界接轨。

五、结论

"百善孝为先"，养老关系着国计民生和社会稳定，是政府为人民服务的体现，是社会传统美德的延续，也是建设健康中国的重要环节。我们必须将尊老、敬老、爱老、助老的传统思想不断融入时代发展的新要求中。

随着我国社会经济发展、技术进步、养老政策日臻完善，社区居家养老服务在解决养老问题方面发挥着日益重要的作用，但我们也不能忽视现

---

① 中共中央 国务院印发《国家积极应对人口老龄化中长期规划》[ED/OL]. http://www.gov.cn/zhengce/2019-11/21/content_5454347.htm.

② 李邦华. 关于我国养老服务新发展阶段的几点思考[N]. 中国社会报，2021-07-22.

实条件的限制和存在的各种问题，要立足国情，充分考虑中国的传统文化与发展现实，运用现代化的思维和手段加以克服。

概言之，我们应整合社会各界的养老资源，鼓励政府、市场、社会、社区、家庭等主体在养老领域的协同配合，不断满足老年人贴近实际的、多样化的养老需求，推动养老事业和养老产业的变革与发展，构建新时代中国特色社区居家养老服务体系。

2.2 机构养老发展报告

谢红[①] 朱丹[②]

一、机构养老相关国家政策回顾

回顾近30年我国机构养老相关政策（见表1），主要变化如下。

表1　近30年我国机构养老相关政策

发布时间		发布部门	政策名称
"十五"以前	1994年12月	国家计委、民政部、劳动部等	《中国老龄工作七年发展纲要（1994—2000年）》
	1997年4月	民政部、国家计委	《民政事业发展"九五"计划和2010年远景目标纲要》
	2000年2月	民政部、国家计委、国家经贸委等	《关于加快实现社会福利社会化的意见》

---

① 中国社会保障学会养老服务分会副会长，北京大学医学部副教授。
② 北京大学医学部硕士研究生。

续表

	发布时间	发布部门	政策名称
"十五"	2001年3月		《中华人民共和国国民经济和社会发展第十个五年计划纲要》
	2001年7月	国务院	《中国老龄事业发展"十五"计划纲要（2001—2005年）》
	2002年8月	民政部	《民政事业发展"十五"计划纲要》
"十一五"	2006年2月	全国老龄委办公室、国家发展改革委、民政部等	《关于加快发展养老服务业的意见》
	2006年3月		《中华人民共和国国民经济和社会发展第十一个五年规划纲要》
	2006年12月	国务院	《中国老龄事业发展"十一五"规划》
	2007年12月	民政部、国家发展改革委	《民政事业发展第十一个五年规划》
"十二五"	2011年3月		《中华人民共和国国民经济和社会发展第十二个五年规划纲要》
	2011年9月	国务院	《中国老龄事业发展"十二五"规划》
	2011年12月	国务院	《社会养老服务体系建设规划（2011—2015年）》
	2011年12月	民政部	《民政事业发展第十二个五年规划》
	2013年6月	民政部	《养老机构管理办法》
"十三五"	2016年3月		《中华人民共和国国民经济和社会发展第十三个五年规划纲要》
	2016年7月	民政部、国家发展改革委	《民政事业发展第十三个五年规划》
	2016年12月	国务院	《关于全面放开养老服务市场提升养老服务质量的若干意见》
	2017年1月	民政部	《关于加快推进养老服务业放管服改革的通知》
	2017年2月	国务院	《"十三五"国家老龄事业发展和养老体系建设规划》
	2017年3月	民政部等六部门	《关于开展养老院服务质量建设专项行动的通知》
	2018年12月		《中华人民共和国老年人权益保障法》
	2019年4月	国务院	《关于推进养老服务发展的意见》

续表

发布时间		发布部门	政策名称
"十三五"	2019年5月	民政部、国家卫生健康委、应急管理部等	《关于做好2019年养老服务质量建设专项行动工作的通知》
	2019年9月	民政部	《民政部关于进一步扩大养老服务供给促进养老服务消费的实施意见》
	2019年12月	自然资源部	《关于加强规划和用地保障支持养老服务发展的指导意见》
	2020年4月	民政部、住房城乡建设部、国家卫生健康委等	《关于做好2020年养老服务质量建设专项行动工作的通知》
	2020年9月	民政部	《养老机构管理办法》(2020版)
	2020年10月	民政部	《关于印发〈养老院院长培训大纲(试行)〉和〈老年社会工作者培训大纲(试行)〉的通知》
	2020年11月		《中共中央关于制定国民经济和社会发展第十四个五年规划和二〇三五年远景目标的建议》
	2020年12月	国务院	《关于建立养老服务综合监管制度促进养老服务高质量发展的意见》
"十四五"	2021年3月		《中华人民共和国国民经济和社会发展第十四个五年规划和2035年远景目标纲要》
	2021年6月	民政部	《"十四五"民政事业发展规划》

(一)"十五"以前的机构养老政策

在"十五"之前我国在机构养老方面的政策主要针对公建公营的社会福利机构,其中收治政府兜底集中供养的老年人为主,同时也包括儿童、残疾人等其他福利对象的收住。主要政策包括:

一是1994年多部门联合颁布《中国老龄工作七年发展纲要(1994—2000年)》。这是我国第一个全面规划老龄工作和老龄事业发展的重要指导性文件,标志着我国老龄工作和老龄事业开始步入有计划的发展轨道,该纲要提出增加老年福利设施,扩大老年社会化服务,兴建老年公寓和临终关怀医院,积极兴办敬老院、福利院和各种照料老年人的社区服务组织。①

二是1997年印发《民政事业发展"九五"计划和2010年远景目标纲要》。纲要提出,建成以敬老院为依托的农村老年人服务网络,到2000年全国乡镇敬老院覆盖率达到80%。加快发展光荣院、社会福利院、老年公寓、敬老院等老年人福利设施,构筑"夕阳工程","九五"期间,兴建老年公寓15万套;2010年老年公寓达到50万套;到2000年,城乡各种福利院床位数要达到120万张,实现每万人口拥有各种福利院床位数9张;到2010年,福利院床位数达到160万张,实现每万人口拥有各种福利院床位数11张。②

三是2000年印发《关于加快实现社会福利社会化的意见》。该文件提出了在供养方式上坚持以居家为基础、以社区为依托、以社会福利机构为补充的发展方向。各类社会福利机构每年以10%左右的速度增长,城市中各种所有制形式的养老服务机构床位数达到每千名老年人10张左右,农村90%以上的乡镇建立起以"五保"老年人为主要对象同时面向所有老年人、残疾人和孤儿的社会福利机构。

本阶段国家在机构养老方面政策主导逐步增加老年福利设施数量和千人口床位数量的要求,扩大老年社会化服务,养老机构主要为福利性质的敬老院、福利院,主要面向"五保"和"优抚"对象提供收住服务。

(二)"十五"至"十二五"期间的机构养老政策

"十五"期间,国家继续推进老龄事业和产业发展,以建设老年人服务设施为主。2001年发布的《中国老龄事业发展"十五"计划纲要

---

① 劳动部,国家计委,民政部,等.关于印发《中国老龄工作七年发展纲要(1994—2000年)》的通知[EB/OL]. http://www.9ask.cn/fagui/199412/378742_1.html.
② 民政部,国家计委.关于印发《民政事业发展"九五"计划和2010年远景目标纲要》的通知[EB/OL]. http://www.law-lib.com/law/law_view.asp?id=64580.

（2001—2005年）》和2002年发布的《民政事业发展"十五"计划纲要》提出，到2005年初步建成养老设施网络，城市养老机构床位数达到每千名老年人10张，农村乡镇敬老院覆盖率达到90%，积极推进社会福利社会化进程，基本建成以老年人福利服务为重点、社区福利服务网络为依托、福利机构为补充、居家供养为基础的社会福利服务体系。从这一阶段看，机构养老仍然以满足福利对象入住需求为主，不论是城市还是农村设施建设和床位建设仍然是主要目标。

"十一五"期间，机构养老性质开始发生变化，尽管在机构定位上仍然作为老年人社会福利服务体系中重要的补充，但是明显在解决集中供养老年人需求的同时，开始更多鼓励社会力量参与新建各类社会养老服务机构。其中，2006年多部门发布的《关于加快发展养老服务业的意见》以及《中国老龄事业发展"十一五"规划》《民政事业发展第十一个五年规划》等政策文件均提出，加快建立以居家养老为基础、社区服务为依托、机构养老为补充的老年人社会福利服务体系。建设一批设施齐全、功能完善的养老服务机构，农村五保供养服务机构要实现集中供养率50%的目标，新增供养床位220万张；新增城镇孤老集中供养床位80万张；开展以生活不能自理和半自理老年人为对象的"爱心护理工程"试点和示范工作，在大中城市建设一批"爱心护理院"。大力支持发展各类社会养老服务机构，不断扩大社会互助范围，制定和完善"民办公助""公办民营"政策，逐步推进政府购买服务的试点工作，引导和鼓励社会力量兴办老年公寓、福利院、敬老院、托老所等福利服务。

"十一五"期间机构养老发展的重点在于：①建立以居家养老为基础、社区服务为依托、机构养老为补充的老年人社会福利服务体系；②建设一批设施齐全、功能完善的养老服务机构，开展不能自理和半自理老年人护理院建设；③制定和完善"民办公助""公办民营"政策，逐步推进政府购买服务，引导和鼓励社会力量兴办养老服务机构。"十一五"期间，尽管机构养老仍然还停留在老年人社会福利服务体系的重要组成部分，但是在机构主体方面已经开始呈现出针对半自理及以上的老年人，更多鼓励社会力量参与福利服务体系建设之中，机构养老从供方角度已经开始发生质的变化。

"十二五"期间机构养老发展进入快车道，不仅在养老机构定位，还在数量和规模方面都有非常明确的变化。主要政策包括：

2011年，《中华人民共和国国民经济和社会发展第十二个五年规划纲要》发布，首次提到养老服务体系，提出建立以居家为基础、社区为依托、机构为支撑的养老服务体系。加快发展社会养老服务，培育壮大老龄事业和产业，加强公益性养老服务设施建设，鼓励社会资本兴办具有护理功能的养老服务机构，每千名老年人拥有养老床位数达到30张。拓展养老服务领域，实现养老服务从基本生活照料向医疗健康、辅具配置、精神慰藉、法律服务、紧急援助等方面延伸。增加社区老年活动场所和便利化设施，开发利用老年人力资源。

2011年，《中国老龄事业发展"十二五"规划》和《社会养老服务体系建设规划（2011—2015年）》提出，统筹发展机构养老服务，加大财政投入和社会筹资力度；积极推进养老机构运营机制改革与完善，探索多元化、社会化的投资建设和管理模式；进一步完善和落实优惠政策，鼓励社会力量参与公办养老机构建设和运行管理。要求"十二五"期间，新增各类养老床位342万张，实现养老床位总数翻一番，改造30%现有床位，使之达到建设标准；重点推进供养型、养护型、医护型养老设施建设，县级以上城市至少建有一处以收养失能、半失能老年人为主的老年养护设施；优先发展护理康复服务，加强老年护理院和康复医疗机构建设，地（市）级以上城市至少要有一所专业性养老护理机构。

2011年，《民政事业发展第十二个五年规划》印发，提出全面落实《中国老龄事业发展"十二五"规划》和《社会养老服务体系建设规划

(2011—2015年)》。统筹发展居家养老、社区养老和机构养老服务，加强社会养老服务设施建设。推行公办民营、民办公助，引导和支持社会力量举办养老服务。建立公平、规范、透明的社会养老服务市场准入标准，加强社会养老服务行业监督管理。培育发展养老服务新型业态，培养壮大职业化养老护理员队伍。

2013年，民政部颁布《养老机构管理办法》，对养老机构进行明确界定，养老机构是指依照《养老机构设立许可办法》设立并依法办理登记的为老年人提供集中居住和照料服务的机构。同时，办法对养老机构的服务内容、内部管理、监督检查、法律责任等方面进行了规范。

"十二五"期间是机构养老发展的重要阶段，全面开启了养老机构发展的新篇章，其主要发展重点在于：①建立以居家为基础、社区为依托、机构为支撑的养老服务体系，国家规划中首次提到养老服务体系并明确提出每千名老年人养老床位数达到30张，机构养老的重要性提升，规模显著扩大；②积极推进养老机构运营机制改革，鼓励社会力量参与机构建设和运营，推行"公建民营""民办公助"；③重点建设收住失能半失能老年人的具有护理功能的养老机构，对机构养老的重点服务对象更加明确；④《养老机构管理办法》出台，规范养老机构的管理。由此可见，"十二五"期间已经完成从老年人社会福利体系向更为全方位的全人群的养老服务体系的过渡，机构养老作为养老服务体系中起支撑作用的一部分，在其概念内涵的界定，到政策针对性的管理办法，再到其供给主体的多元化发展要求都进行了明确规定，特别是在发展规模上明确的量化要求，为今天机构养老的总体规模化和体系化发展都奠定了坚实的基础，从此机构养老的性质和作用发生根本变化，从全老年人群的需方，到政府与社会力量多元化发展的供方，初步完成从老年人社会福利体系到养老服务体系中机构养老的定位和布局。

(三)"十三五"期间的机构养老政策

"十三五"期间,机构养老在养老服务体系建设中的地位和作用,以及发展的重点都发生了相应变化,主要政策包括:

一是 2016 年发布的《中华人民共和国国民经济和社会发展第十三个五年规划纲要》提出,建立以居家为基础、社区为依托、机构为补充的多层次养老服务体系。统筹规划建设公益性养老服务设施,支持面向失能老年人的老年养护院、社区日间照料中心等设施建设。实施养老护理人员培训计划,加强专业化养老服务护理人员和管理人才队伍建设。推动医疗卫生和养老服务相结合。

二是 2016 年发布的《民政事业发展第十三个五年规划》提出,全面建成以居家为基础、社区为依托、机构为补充、医养相结合的多层次养老服务体系,深化养老服务供给侧改革,积极支持社会力量举办养老机构,办好公办保障性养老机构,深化公办养老机构改革,建立健全"公建民营"管理办法,重点发展医养结合型养老机构,增加养护型、医护型养老床位,提高养老服务有效供给,到 2020 年每千名老年人口拥有养老床位数达到 35~40 张,其中护理型床位比例不低于 30%。加快推进医养结合,加强老年病医院、康复医院、护理院、临终关怀机构建设。

三是 2016—2017 年国务院、民政部陆续颁布了《关于全面放开养老服务市场提升养老服务质量的若干意见》《关于加快推进养老服务业放管服改革的通知》《"十三五"国家老龄事业发展和养老体系建设规划》,计划到 2020 年,要做到养老服务市场全面放开。深化改革,放开市场,降低准入门槛,引导社会资本进入养老服务业,推动公办养老机构改革;到 2020 年政府运营的养老床位数占当地养老床位总数的比例应不超过 50%,完善公建民营养老机构管理办法,改革公办养老机构运营方式,鼓励实行服务外包;加快推进养老服务业"放管服"改革。改善结构,突出重点,将养老资源向居家社区服务倾斜，向农村倾斜，向失能、半失能老年人倾斜，进一步扩大护理型服务资源，大力培育发展小型化、连锁化、专业化服务机构。建立医养结合绿色通道，支持养老机构开办老年病院、康复院、医务室等医疗卫生机构，将符合条件的养老机构内设医疗卫生机构按规定纳入城乡基本医疗保险定点范围。

四是2017年多部门联合发布《关于开展养老院服务质量建设专项行动的通知》，开展为期4年的养老院服务质量建设专项行动，提出到2017年年底，50%以上的养老院能够以不同形式为入住老年人提供医疗卫生服务，涌现一批质量有保证、服务有标准、人员有专长的专业化养老院，到2020年年底，基本建立全国统一的养老服务质量标准和评价体系。

五是2018年修正的《中华人民共和国老年人权益保障法》取消了养老机构设立许可，同时建立了备案制度，体现了放权和监管并进的原则。2020年颁布的《养老机构管理办法》（2020版）对增加养老机构办理备案的便利程度、提升养老机构的公共卫生应急能力、完善安全保障工作要求等方面作出了修订。修改养老机构定义，养老机构是指依法办理登记，为老年人提供全日集中住宿和照料护理服务，床位数在10张以上的机构，包括营利性养老机构和非营利性养老机构。

六是2019年民政部发布《民政部关于进一步扩大养老服务供给促进养老服务消费的实施意见》，提出重点扶持发展满足基本养老服务需求、服务高龄及失能失智老年人的养老机构，不断提高养老机构对高龄及失能失智老年人的照护能力；进一步深化公办养老机构改革，坚持公办养老机构的公益属性，提升护理型床位占比，明确护理型床位建设标准，到2022年养老机构护理型床位占比不低于50%；2022年年底前每个县至少建有一所以农村特困失能、残疾老年人专业照护为主的县级层面特困人员供养服务设施（敬老院）；还提出要建设高素质、专业化养老服务人才队伍，2022年年底前培养培训1万名养老院院长、200万名养老护理员、10万名专职老年社会工作者。民政部先后制定并发布了《养老护理员培训大纲（征求意见稿）》《养老院院长培训大纲（征求意见稿）》和《老年社会工作者培训大纲（征求意见稿）》，其中《养老院院长培训大纲（试行）》和《老年社会工作者培训大纲（试行）》已于同年10月发布，为各级民政部门、培训机构组织开展培训提供了依据。

七是2020年国务院发布《关于建立养老服务综合监管制度促进养老服务高质量发展的意见》，提出加强质量安全、从业人员监管，加强涉及资金管理、运营秩序监管和突发事件应对。强化政府主导责任，压实机构主体责任；发挥行业自律和社会监督作用，发挥标准规范引领作用。

"十三五"期间出台了大批与机构养老相关的政策文件，重新界定了机构养老在养老服务体系中的定位，对其发展的规模、重点，以及多元化的供给主体等方面进行进一步的明确，特别是在"十三五"期间重点实施的养老机构质量管理的专项行动和对养老服务行业发展的"放管服"政策，为机构养老服务"提质增效"的精细化发展奠定了基础，主要表现在：①建设以居家为基础、社区为依托、机构为补充、医养相结合的多层次养老服务体系，首次提出医养结合；②进一步扩大机构养老规模，重点建设护理型床位，计划到2020年每千名老年人口拥有养老床位数达到35～40张，其中护理型床位比例不低于30%；③继续深化公办养老机构改革，建立健全"公建民营"管理办法，重点发展医养结合型养老机构，增加养护型、医护型养老床位；④开展养老院服务质量建设专项行动；⑤推进养老服务业"放管服"改革，取消了养老机构设立许可，同时建立了备案制度，颁布新的《养老机构管理办法》（2020版）；⑥加强养老人才培养体系建设，培养院长、护理员、社会工作者；⑦加强养老服务综合监管。

（四）"十四五"期间的机构养老政策

"十四五"是完善养老服务体系，建立健全机构养老相关政策要求，实现机构养老质量与效益并存的高质量发展阶段的一个重要阶段。根据现有政策，"十四五"期间机构养老的发展重点在于：

一是 2021 年发布的《中华人民共和国国民经济和社会发展第十四个五年规划和 2035 年远景目标纲要》提出，构建居家社区机构相协调、医养康养相结合的养老服务体系。深化公办养老机构改革，提升服务能力和水平，完善公建民营管理机制，支持培训疗养资源转型养老，加强对护理型民办养老机构的政策扶持，开展普惠养老城企联动专项行动。深入推进医养康养结合，扩大养老机构护理型床位供给，养老机构护理型床位占比提高到 55%。

二是《"十四五"民政事业发展规划》提出大规模培训养老护理员、养老院院长、老年社会工作者，到 2022 年年底，培养培训 200 万名养老护理员。健全综合监管制度，按照"谁审批、谁监管，谁主管、谁监管"原则，实施全国养老机构服务质量等级评定。在养老服务设施建设工程中，为提升养老机构护理能力，将支持县（市、区、旗）建设提供专业化失能照护服务的养老服务机构，支持 1 000 个左右公办养老机构增加护理型床位，支持 300 个左右培训疗养机构转型为普惠养老机构。

三是"十四五"期间我国主要省份也提出了养老机构行业的发展目标。其中，湖北、陕西、广东、湖南、辽宁、吉林和黑龙江均提出了至 2025 年养老机构护理型床位占比不低于 55%的目标，北京、上海、山东、福建提出至 2025 年养老机构护理型床位占比达到 60%的目标。此外，江苏更是将养老机构护理型床位占比目标设为 70%以上。

基于上述政策的出台，"十四五"期间机构养老将发展重点放在：①构建居家社区机构相协调、医养康养相结合的养老服务体系，扩大养老机构护理型床位供给，养老机构护理型床位占比提高到 55%；②完善公建民营管理机制，支持培训疗养资源转型养老；③深入推进医养康养结合；④培训养老护理员；⑤开展全国养老机构服务质量等级评定。由此可见，"十四五"期间机构养老更加关注养老服务的刚需对象，特别是半失能及以上老年人的机构养老需求,不再追求机构规模和数量的盲目扩张,而机构养老的服务供给更加强调"提质增效",强调养老机构服务的标准化建设,以及服务人员培训与管理,通过推进养老机构的等级划分与评定工作,促进发展多层次、多元化的机构养老服务供给体系。

二、机构养老相关政策变化趋势

(一) 不同阶段机构养老性质的变化

2006年是我国机构养老性质发生最大转变的时间,从此开始的"十一五"逐步将养老机构的性质由社会福利机构转化为社会养老服务机构。最初的机构养老主要为福利性质的养老,由国家建设和管理的敬老院、福利院等社会福利机构组成,以解决"五保""优抚"对象的供养问题。但随着我国老龄化程度的日益加深,老龄人口数量和对机构养老的需求逐渐增加,机构养老逐渐面向社会所有老年人,2000年《关于加快实现社会福利社会化的意见》要求社会福利机构开始向社会的所有老年人开放,并引导和鼓励社会力量的参与,逐渐增加社会资本的进入,但这仅仅是开始,并没有成为普遍现象。"十一五"期间大力支持发展各类社会养老服务机构,开始实施"民办公助""公办民营"和"政府购买服务"等试点工作,引导和鼓励社会力量兴办机构。《中华人民共和国国民经济和社会发展第十二个五年规划纲要》在国家规划中首次提到养老服务体系,养老不再只属于社会福利的范畴,逐步形成了面向全员老龄人口的机构养老性质。从"十二五"至今,国家积极推进养老机构运营机制改革与完善,探索多元化、社会化的投资建设和管理模式,机构养老的社会化程度逐渐提高。2016年《关于全面放开养老服务市场提升养老服务质量的若干意见》提出到2020年政府运营的养老床位数占当地养老床位总数的比例应不超过 50%，进一步提升了社会力量参与机构的比例。

（二）不同阶段机构养老定位的改变

机构养老在养老服务体系中的定位经历了从"补充"到"支撑"再回到"补充"的变化过程。在最初的供养方式中，社会福利机构起到补充作用。随着人口老龄化，到了"十二五"期间，《中华人民共和国国民经济和社会发展第十二个五年规划纲要》中明确指出，机构在养老服务体系中起到支撑作用，国家鼓励养老机构建设，由于服务对象范围的大幅度增加，养老机构床位供给数量相应增多，每千名老年人拥有养老床位数的要求由 10 张增加到了 30 张。但随着"十三五"期间社区养老服务体系的建立与完善，更多老年人可以依托社区服务进行养老，相应对机构养老的需求数量有所减少，同时，对机构养老服务的精准性和专业化程度要求有所提高。《中华人民共和国国民经济和社会发展第十三个五年规划纲要》中，机构养老在养老服务体系中的定位又成为补充地位，但对机构养老中医疗护理功能要求增加，国家鼓励发展养护型和医护型的养老机构，提出了包含医养结合的多层次养老服务体系。"十四五"期间又增加了"康养"相关内容，对养老机构护理型床位比例的要求也从"十三五"期间的 30%，提高到"十四五"期间的 55%，进一步明确了机构养老在收治基本养老服务群体，特别是半失能及以上老年人中承担的主要作用。

（三）不同阶段机构养老政府角色和管理重心的变化及人力资源管理的发展

第一，政府角色的变化。在"十五"及以前，养老机构作为公建公营的福利机构，由民政部门进行独立监管。随着机构养老逐渐引入社会力量和资本，养老服务市场开始全面开放。"十二五"期间提出，国家逐步推进养老服务业"放管服"改革，在社会领域推进养老服务业简政放权、放管结合、优化服务改革。"十三五"期间落实了相关要求,取消了养老机构设立许可,同时建立了备案制度,颁布新的《养老机构管理办法》（2020版）,政府作为运动员、教练员和裁判员三位一体的角色发生改变,逐步建立健全与市场相结合的机构养老管理机制。

第二,管理重心的变化。"十五"和"十一五"期间还没有出台养老机构的管理办法,政府主要推进养老服务机构的建设和供养床位数量的扩张。"十二五"期间,2013年第一次出台了《养老机构设立许可办法》和《养老机构管理办法》,对养老机构进行了定义,规定设立养老机构的条件,对养老机构的服务内容、内部管理、监督检查、法律责任等方面进行了规范。在出台《养老机构管理办法》规范养老机构的基本管理后,国家开始重视养老机构的质量管理,从2017年多部门联合发布《关于开展养老院服务质量建设专项行动的通知》,到2020年开展为期4年的养老院服务质量建设专项行动,提高服务质量的标准化,建立养老服务质量标准和评价体系。"十四五"期间计划开展全国养老机构服务质量等级评定。为推进养老服务业"放管服"改革,《中华人民共和国老年人权益保障法》取消了养老机构设立许可并建立备案制度,民政部颁布新的《养老机构管理办法》（2020版）增加养老机构办理备案的便利程度。2020年受新型冠状病毒肺炎疫情的影响,《养老机构管理办法》（2020版）还增加了提升养老机构的公共卫生应急能力、完善安全保障工作要求等方面的内容。重新修订的养老机构定义,明确了养老机构是指依法办理登记,为老年人提供全日集中住宿和照料护理服务,床位数在10张以上的机构,包括营利性养老机构和非营利性养老机构。

第三,人力资源管理的发展。养老护理员是机构养老服务主要的劳动力和生产力来源。人力资源社会保障部2011年修订《养老护理员国家职业技能标准》将养老护理员纳入国家职业资格认定的范围,以规范养老护理员职业行为。2017年人力资源社会保障部要求对从事养老护理服务的人员不再进行职业资格认定。但随着老龄化程度加深,一方面对机构养老服务相关人员需求的数量增加,另一方面医养康养结合的多层次养老服务体系使机构养老的服务内涵和运营管理复杂程度显著提高,对服务提供人员的专业和综合素质要求也进一步提高。2019年民政部发布《民政部关于进一步扩大养老服务供给促进养老服务消费的实施意见》,提出要建设高素质、专业化养老服务人才队伍,开展养老服务人才培训提升行动,确保到2022年年底前培养培训1万名养老院院长、200万名养老护理员、10万名专兼职老年社会工作者,并陆续发布了培训大纲。2019年10月人力资源社会保障部与民政部联合发布了2019年版《养老护理员国家职业技能标准》,与2011年旧版标准相比,新版标准不仅放宽了养老护理员入职条件,同时增加了对养老护理员的技能要求,拓宽了养老护理员职业发展空间,缩短了职业技能等级的晋升时间,有利于促进机构养老人才队伍的培养。

(四) 不同阶段机构养老服务对象的变化

一是兜底保障对象。"十五"之前,我国机构养老主要为福利性质,面向"五保"和"优抚"对象等民政想要管理和集中供养的老年人,作为社会兜底保障对象。

二是所有老年人。"十五"期间,机构养老虽然还是以"五保"老年人为主要对象,但逐渐开始面向社会所有老年人,但对机构养老的对象没有明确界定。

三是刚需对象。"十一五"到"十三五"期间,机构养老除了完成社会兜底作用,对于一般社会老年人,国家进一步明确了机构养老的对象为有机构养老刚需的失能、半失能老年人,为此积极推进医养结合,增加养护型、医护型养老床位,解决失能、患病老年人的照护问题。

四是中间阶层老年人。"十四五"期间,护理型床位占比成为机构养老新变化,伴随而来的是护理型床位相对于一般养老床位,不论从设施设备的配置，还是服务人力的配置上成本更高，也造成机构养老服务收费相应增长，如果与之匹配的半失能及以上老年人在机构养老入住意愿和支付能力上均能有相应增长，确实能够通过入住率提升而改善养老机构运营现状。但是，如果中间阶层的老年人难以承受现有机构养老机构收费水平，单纯护理型床位比例提升反而会加重社会办养老机构运营成本，造成收费水平相应提升，民营机构床位空置率高的现状将难以缓解，同时政府财政支持机构一床难求的局面也会进一步加重，导致老年人需求不能满足和养老机构床位空置共存的供需错位现象进一步严重。基于此，政府提出普惠制养老，计划在"十四五"期间养老机构建设中，支持300个左右培训疗养机构转型为普惠养老机构，通过政府财政支持，针对中间阶层的老年人提供支付能力匹配的机构养老。

三、机构养老发展情况及其现状

（一）全国养老机构数量及养老机构床位数

本文根据民政部统计公报和统计季报分析全国养老机构数量、养老机构床位数量及其变化。由于在不同时期养老机构的性质和界定不同，民政部统计数据时使用的统计指标有所不同。在2006年以前，民政部年度统计公报中将提供食宿的老年福利机构与残疾人、儿童福利机构等统称为"收养性社会福利单位"，机构数量和床位数量均合并统计，所以无具体养老机构数量和养老床位数量数据。

2006年至2010年民政部年度统计公报中报告老年福利事业的统计数据。2006年年底，全国各类老年福利机构38 097个，床位153.5万张，收养各类人员120.3万人。其中，城市老年福利机构6 724个，床位39.9万张，收养老年人28.4万人；农村五保供养服务机构31 373个，床位

113.6万张，收养老年人 92 万人。2010 年年底，全国各类老年福利机构 39 904 个，较 2006 年增加 4.7%，床位 314.9 万张，较 2006 年增长 105.1%，年末收养老年人242.6 万人，较 2006 年增长 101.7%。从单位类型上来看，城市养老服务机构 5 413 个，床位 56.7 万张，年末收养老年人 36.3 万人；农村养老服务机构 31 472 个，床位 224.9 万张，年末收养老年人 182.5 万人；社会福利院 1 572 个，床位 24.5 万张，年末收养人数 17.9 万人；光荣院、荣誉军人康复医院、复员军人疗养院 1 447 个，床位 8.8 万张，年末收养老年人 5.9 万人。从 2006 年到 2010 年，机构数量增幅不大，但机构床位数和收养老年人数均增长 1 倍多。

2011 年至 2013 年民政部年度统计公报的统计指标为"养老服务机构"。2011 年年底，全国各类养老服务机构 40 868 个，拥有床位 353.2 万张，每千名老年人拥有养老床位 19.1 张，年末收养老年人 260.3 万人。2013 年，全国各类养老服务机构 42 475 个，拥有床位 493.7 万张，每千名老年人拥有养老床位 24.4 张（见图 2）。随后各类机构和床位数有所下降，2018 年后又开始增长，到 2021 年一季度，我国共有养老机构 38 670 个，床位 491.8 万张。2020 年，每千位老年人拥有的床位数达到 31.2 张（见图 1 和图 2）。

（二）不同地区养老机构数及养老机构床位数

首先，考察不同时间不同地区养老机构数及床位数。民政部统计季报中，2011 年及以前各省社会服务统计数据，只有收养性单位总数和其中农村养老服务机构数，无全国养老机构总数的数据。从 2012 年开始公布各省机构数量及床位数，其中 2012—2018 年"老年人与残疾人服务机构"合并统计机构数和床位数，2019—2021 年单独统计"养老机构数"。考虑"老年人与残疾人服务机构"中残疾人服务机构数所占比例较少，在分析各省养老机构情况时，2012—2018 年使用"老年人与残疾人服务机构"

2.2 机构养老发展报告

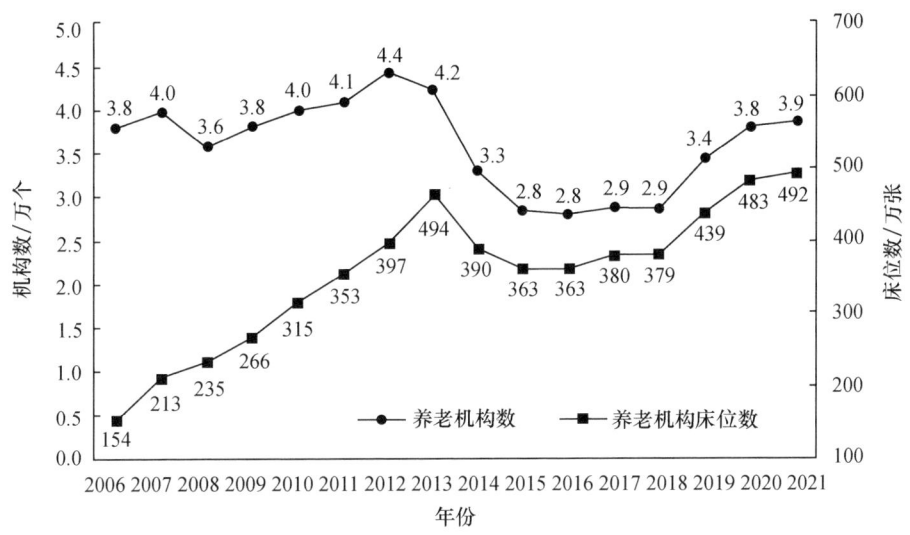

图 1　养老机构数和床位数发展趋势

注：养老机构数统计指标中，2006—2010 年为老年福利机构数，2011—2013 年为养老服务机构数，2014 年为除去养老服务设施的养老机构数，2015—2021 年为注册登记的养老服务机构数。

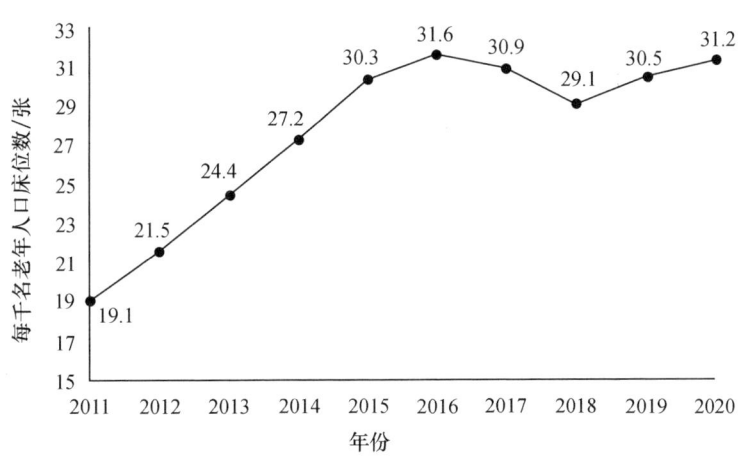

图 2　每千名老年人口床位数发展趋势

数据代表养老机构。养老机构与养老床位的发展见图 3、图 4[①]。

---

① 因展现形式所限，图 3、图 4 仅供参考，具体数据可咨询作者索取。

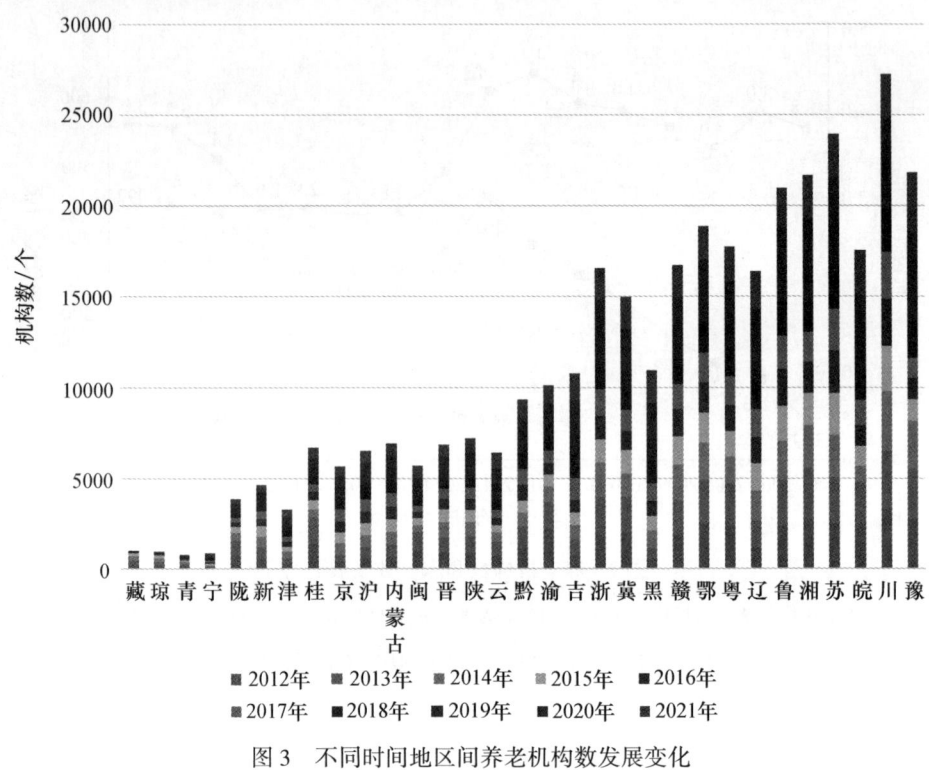

图 3 不同时间地区间养老机构数发展变化

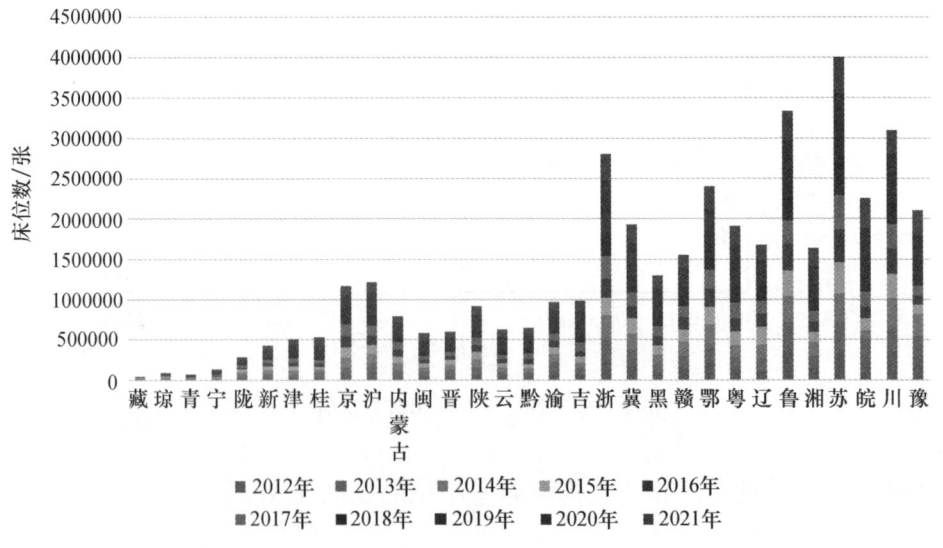

图 4 不同时间地区间养老床位数发展变化

其次，考察不同地区养老机构数及床位数。比较不同地区 2012 年与 2015 年、2016 年与 2021 年的养老机构数及床位数，其发展状况见图 5 至图 8。

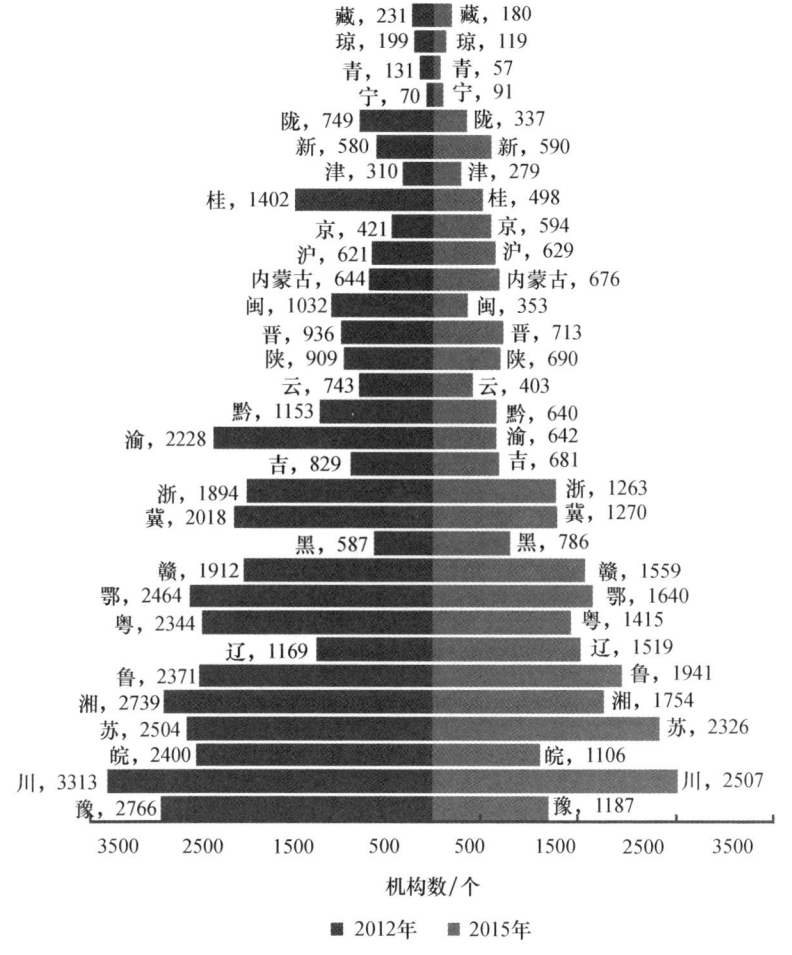

图 5　2012 年与 2015 年不同地区养老机构数对比

最后，考察不同地区养老机构数及床位数变化趋势。分析 2012—2021 年一季度各省养老机构数变化趋势，养老机构数量增幅较大的地区为河南、安徽、湖南、黑龙江、吉林等，持续处于较高水平的地区是四川、江苏、山东、辽宁、广东、湖北、江西、河北、浙江等。分析 2012—2021 年一季度各省养老机构床位数变化趋势，养老机构数量增幅较大的地区为

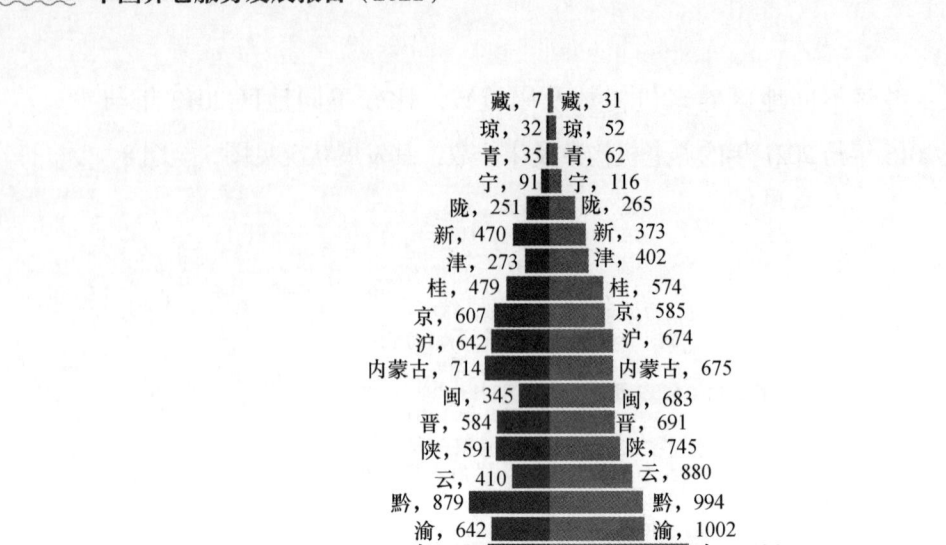

图 6 2016 年与 2021 年不同地区养老机构数对比

安徽、浙江、河南、湖南、吉林,江苏的床位数量一直排名最高。具体情况见图 9、图 10①。

（三）全国养老机构基本情况

根据全国养老机构业务管理系统和民政部公布的全国养老机构数据信

---

① 因展现形式所限,图 9、图 10 仅供参考,具体数据可咨询作者索取。

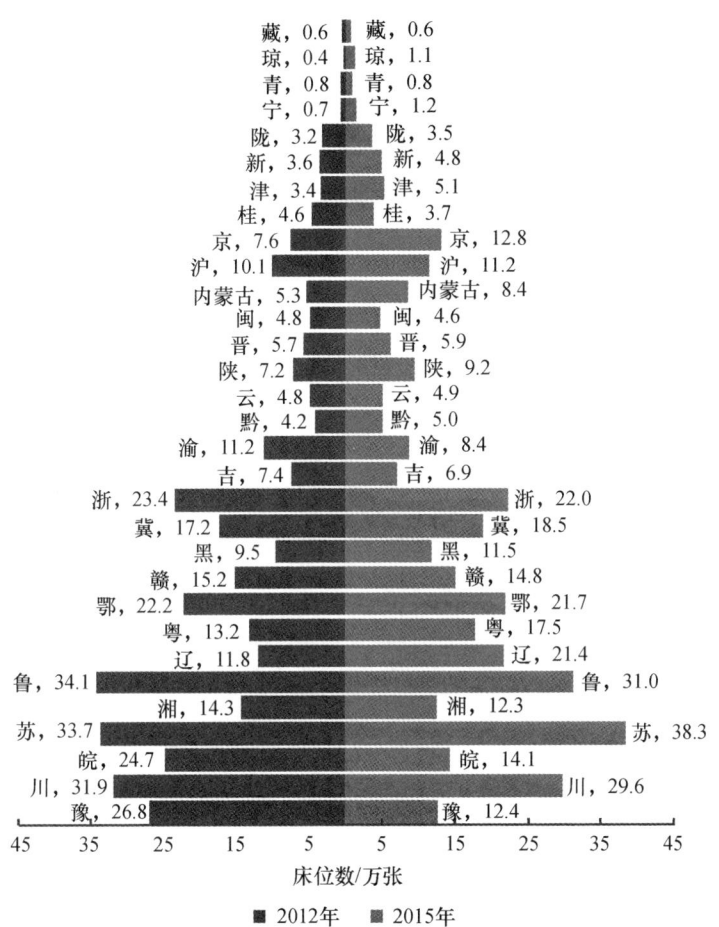

图 7　2012 年与 2015 年不同地区养老机构床位数对比

息,以及养老机构收住对象、机构从业人员等信息对全国养老机构情况进行分析。

我国养老机构中,公建公营占 57.9%,公建民营占 9.6%,民建民营占 32.5%。养老机构的类别中,自理型占 22.1%,护理型占 4.4%,综合型机构数量最多,占 73.5%。

在开展医疗服务的方式上,31.9% 的机构有内设医疗机构同时还与医疗机构合作,45.6% 的机构仅与医疗机构合作,15.4% 的机构未开展医疗

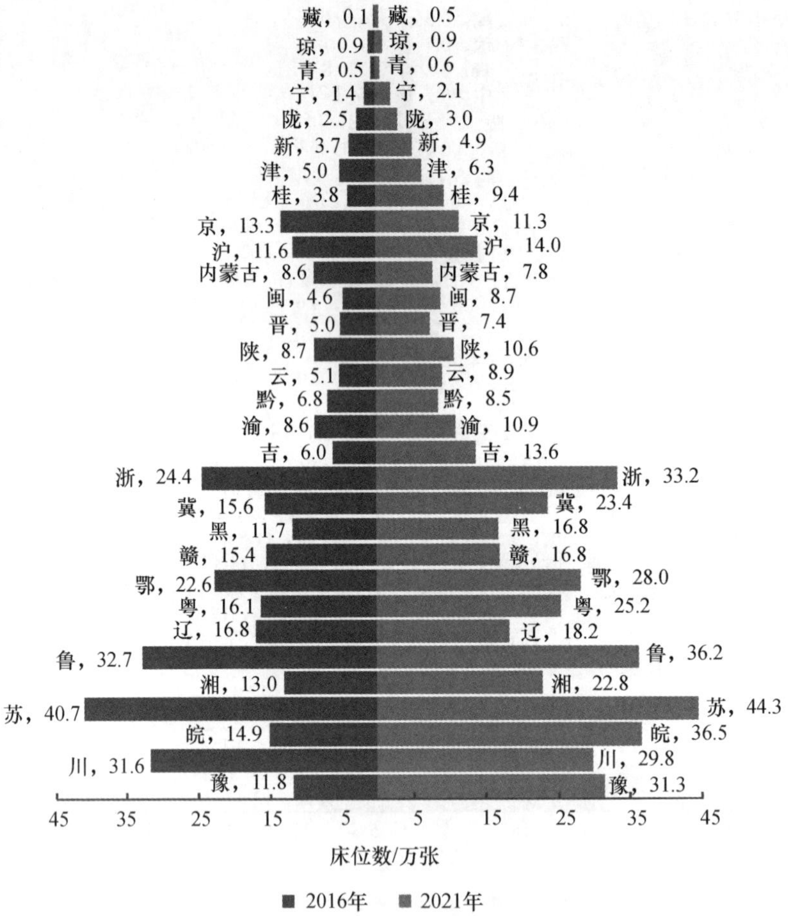

图8 2016年与2021年不同地区养老机构床位数对比

服务。内设医疗机构中，77.6%为医务室，9.6%为护理站，12.8%为自办医院。

我国养老机构中，50张床位以下为微型，50~99张床位为小型，100~299张床位为中型，300~499张床位为大型，500张床位及以上为特大型。从床位规模来看，中型、小型和微型养老机构各占1/3左右，特大型养老机构占比不足2%，大型养老机构占3.9%。其中，中型养老机构占30.6%，小型养老机构占30.7%，微型养老机构占33%。

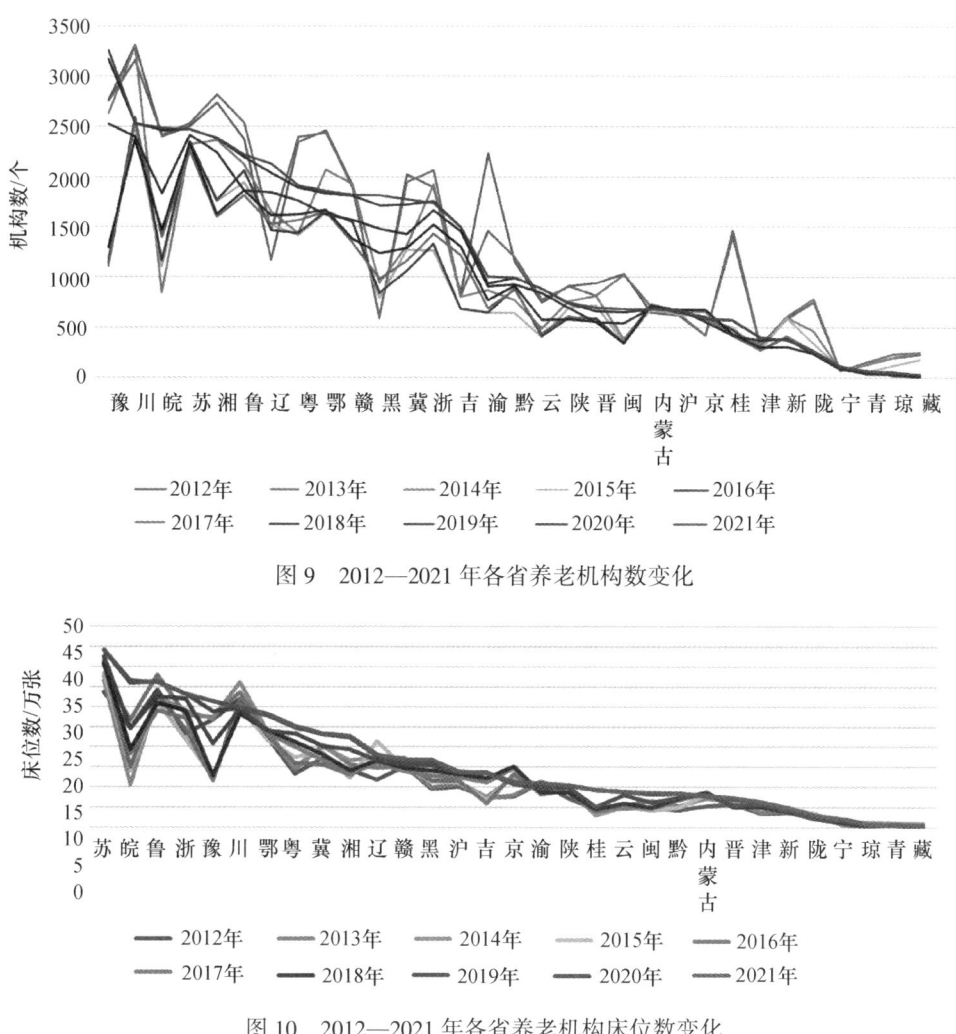

图 9 2012—2021 年各省养老机构数变化

图 10 2012—2021 年各省养老机构床位数变化

从年度内盈亏状况来看，仅 6.4% 的机构盈利，67.5% 收支平衡，26.1% 亏损（见图 11）。其中，公建公营收支平衡的机构比例最高（83.4%），民建民营盈利（10.2%）和亏损（44.3%）的机构比例均最高。

2000 年发布的《关于加快实现社会福利社会化的意见》提出，各类社会福利机构每年以 10% 左右的速度增长，城市中各种所有制形式的养老服务机构床位数达到每千名老年人 10 张左右，农村乡镇敬老院覆盖率达到

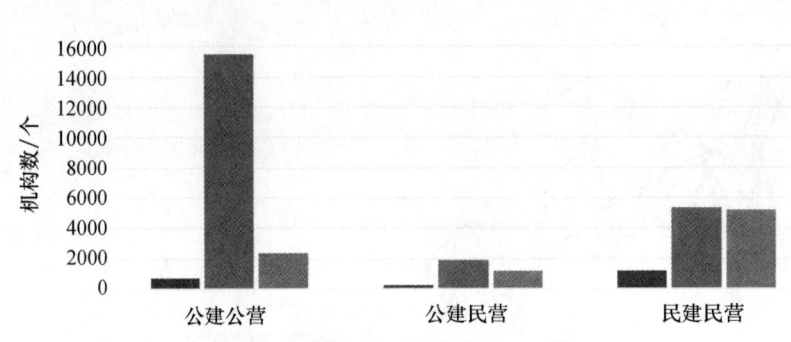

图 11 不同性质养老机构年度内盈亏状况

90%。《中华人民共和国国民经济和社会发展第十二个五年规划纲要》提出,建立"以机构为支撑的养老服务体系",国家大力支持发展各类社会养老服务机构,我国养老机构的规模持续扩大,每年开业的养老机构数量持续增加。1990—1999 年养老机构开业数量为 3 448 家;2000—2009 年养老机构开业数量为 10 928 家,是前十年的 3.16 倍;2010 年以后养老机构开业数量为 17 150 家,是前十年的 1.57 倍。2014 年开业养老机构数达到最高,为 2 780 家。《中华人民共和国国民经济和社会发展第十三个五年规划纲要》提出,机构养老在养老体系中为"补充作用",国家发展机构养老的重点从单纯机构规模的扩大逐渐转变为机构服务能力和供需匹配性的提升。从 2015 年开始,每年开业的养老机构数量有所下降,但仍然处于较高的水平,见图 12。

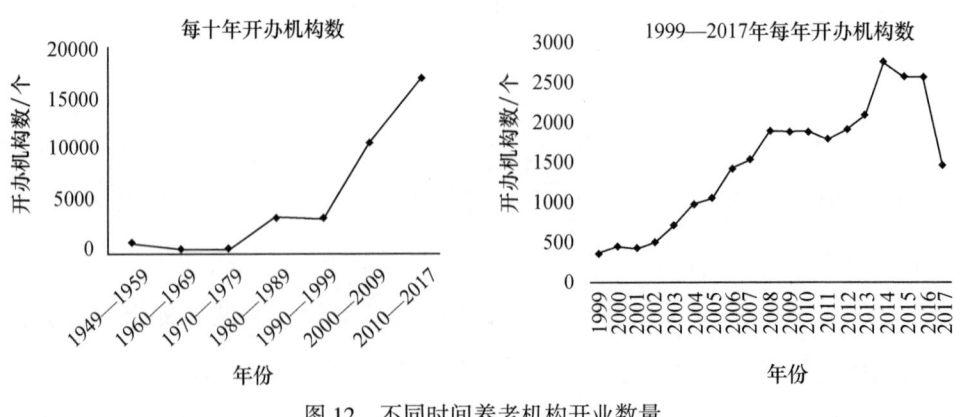

图 12 不同时间养老机构开业数量

2.2 机构养老发展报告

在1999年之前,我国养老机构的建设以福利性质的公办养老机构为主,2000年发布《关于加快实现社会福利社会化的意见》后,民办养老机构数量有所增加,到2005年我国机构养老的性质仍然以公办的福利机构为主,民办养老机构的数量增加较缓慢。"十一五"期间多部门发布《关于加快发展养老服务业的意见》以及《中国老龄事业发展"十一五"规划》《民政事业发展第十一个五年规划》,国家大力支持发展各类社会养老服务机构,制定和完善"民办公助""公办民营"政策,逐步推进政府购买服务的试点工作,引导和鼓励社会力量兴办养老机构,民办养老机构的规模逐渐扩大。"十二五"期间,《中国老龄事业发展"十二五"规划》和《社会养老服务体系建设规划(2011—2015年)》提出,积极推进养老机构运营机制改革与完善,进一步完善和落实优惠政策,鼓励社会力量参与公办养老机构建设和运行管理,推行"公建民营""民办公助"。从2010年到2014年民办养老机构的数量呈指数增长,公办养老机构数量的增长放缓,2013年开业的民办养老机构数量已超过了公办养老机构的数量,见图13。

根据全国养老机构业务管理系统和民政部公布的全国养老机构数据信

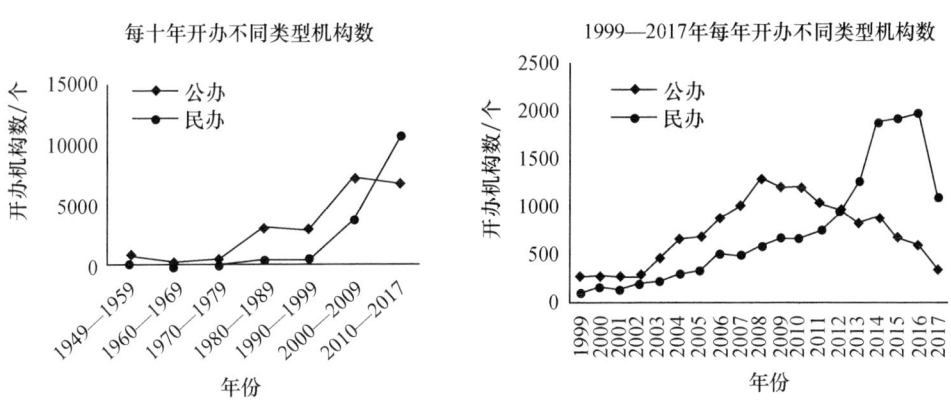

图13 不同时间不同类型养老机构开业数量分布

息显示，截至2017年年底，全国养老机构平均入住率为53.2%，分机构类型来看，福利院、敬老院、养老院三类机构的入住率差别不大。福利院中省级民政部门入住率远高于全国平均水平，达到67.8%，为各兴办主体入住率最高；区县级入住率较低为53.6%，拉低了福利院平均入住率水平。养老院中兴办主体为单位企业社会组织的入住率最低，为46.1%。全国养老机构入住率见表2。

表2　　　　　　全国养老机构入住率（2017年）

	入住人数（万）	入住率（%）
福利院	50.1	54.5
其中：省级民政部门	1.8	67.8
地市级	10.6	56.1
区县级	37.7	53.6
敬老院	69.4	53.3
其中：城市敬老院	10.3	54.8
农村敬老院	59.1	53
养老院	83.3	52.3
其中：单位企业社会组织	18.1	46.1
境外合资独资	0.2	48.2
村委会	2.8	60
居委会	0.7	63.1
个人	61.5	54.1
全国	202.8	53.2

注：尚无更新数据公布。

从入住老年人的生活自理情况来看，全国养老机构收住的老年人中失能比例为22.6%，半失能比例为24.8%，自理比例为52.6%。分机构类型来看，自理老年人比例最高的机构是敬老院（66.1%），失能老年人比例最高的机构是养老院（31.3%）。不同机构类型老年人自理情况见表3，全国养老机构老年人自理情况见图14。

表3　　　　　　　不同机构类型老年人自理情况（2017年）

自理能力	全国	机构类型		
		福利院	敬老院	养老院
自理	52.6%	51.8%	66.1%	41.7%
半失能	24.8%	25.7%	21.5%	27.1%
失能	22.6%	22.5%	12.3%	31.3%

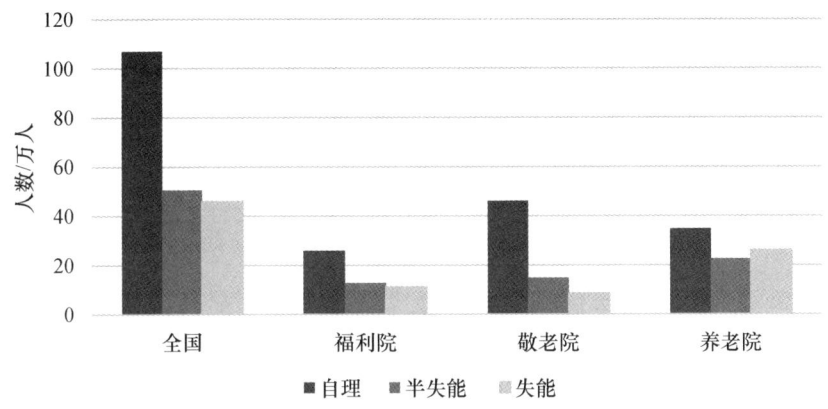

图14　全国养老机构老年人自理情况（2017年）

从入住人员的年龄结构来看，全国养老机构收住60岁以下人群占比9.8%[①]、60~69岁老年人占比29.0%、70~79岁老年人占比31.2%、80岁及以上老年人占比30.0%。分机构类型来看，80岁及以上老年人占比最高的机构是养老院。全国养老机构老年人年龄分布见表4和图15。

表4　　　　　　全国养老机构老年人年龄分布（2017年）

年龄	全国	机构类型		
		福利院	敬老院	养老院
60岁以下	9.8%	14.2%	9.7%	7.3%
60~69岁	29.0%	28.1%	38.3%	21.7%
70~79岁	31.2%	29.5%	31.7%	31.7%
80岁及以上	30.0%	28.1%	20.3%	39.3%

① 因调查范围包含福利院、光荣院等机构，内含60岁以下残疾人或儿童。

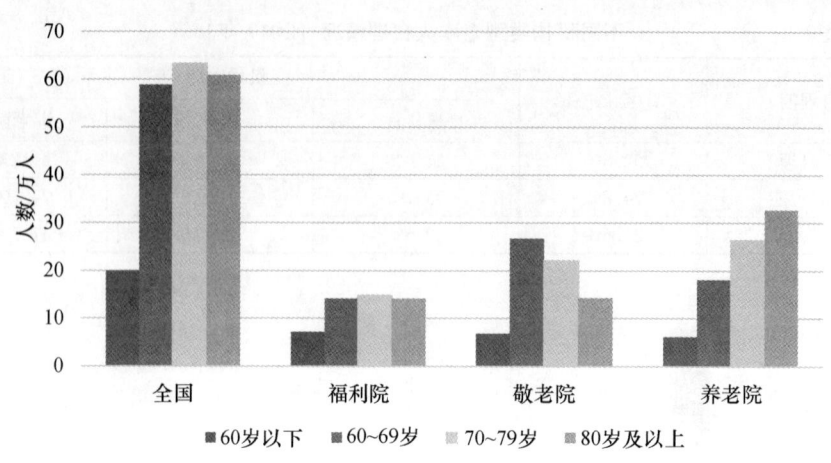

图 15　全国养老机构老年人年龄分布（2017 年）

2017 年全国养老机构共有从业人员 51.8 万人左右，其中养老护理员占比最高（52.4%），依次为工勤人员（26.4%）、专业技术人员（13.0%）、社会工作者（2.9%）。但均分到每个入住老年人，全国养老机构从业人数明显不足，人均养老护理员数只有 0.134，人均专业技术人员仅 0.034，社会工作者不足 0.01。分机构类型来看，敬老院各类从业人员总数及人均数明显低于其他两类机构。

全国养老机构从业人员状况见表 5 和图 16，全国养老机构各类从业人员与入住老年人数量比见表 6 和图 17。

表 5　全国养老机构从业人员状况（2017 年）

从业人员	全国	机构类型		
		福利院	敬老院	养老院
养老护理员	52.4%	49.5%	53.8%	53.5%
工勤人员	26.4%	25.7%	33.5%	23.3%
专业技术人员	13.0%	12.9%	5.2%	16.8%
社会工作者	2.9%	3.4%	2.6%	2.7%
其他	5.3%	8.5%	4.9%	3.8%

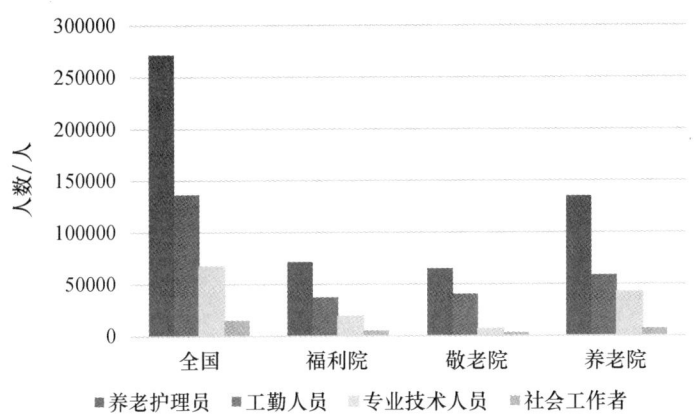

图 16 全国养老机构从业人员状况（2017 年）

注：专业技术人员包括医生、护士、康复师和心理咨询师。

表 6　全国养老机构各类从业人员与入住老年人数量比（2017 年）

从业人员	全国	机构类型		
		福利院	敬老院	养老院
从业人员总数	0.255	0.29	0.174	0.303
养老护理员	0.134	0.143	0.094	0.162
工勤人员	0.067	0.074	0.058	0.071
专业技术人员	0.034	0.038	0.010	0.050
社会工作者	0.007	0.01	0.005	0.008

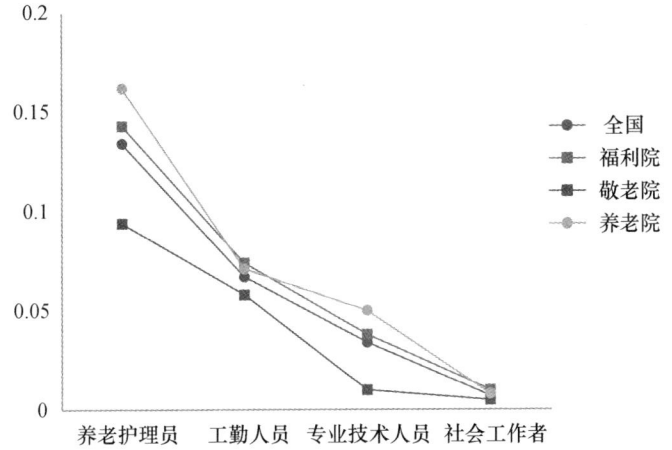

图 17 全国养老机构各类从业人员与入住老年人数量比（2017 年）

综合分析影响养老机构入住率的因素，结果显示，开业时间、是否设立许可、机构类别、床位规模、是否内设医疗机构是影响养老机构入住率的重要因素。开业时间与入住率正相关，开业时间越长，入住率显著增高；与没有设立许可的机构相比，有设立许可的养老机构入住率显著增高；从机构类别来看，自理型机构的入住率显著低于综合型机构的入住率，而护理型机构与综合型机构的入住率无显著差别；床位规模与入住率呈负相关，床位越多，入住率显著降低；有内设医疗机构相比没有内设医疗机构，入住率显著增高。

四、机构养老发展过程存在的问题

（一）机构养老相关政策不完善

尽管近些年机构养老在相关政策中阐述的作用和地位有所变化，但一直以来机构养老作为养老服务体系中重要一环的定位从没有改变过。机构养老相关政策经历了从单纯促进规模扩张，追求机构和床位的建设数量和速度，逐步进展到关注机构养老发展的质量，重点体现在更加精准对位刚需人群，增加机构养老的专业化、标准化程度，注重养老服务机构质量提升和效率提高。

在"十四五"开局之时，从中央到地方各级政府有关部门出台的养老服务业扶持政策中，在机构养老发展的引导性政策方面，支持、鼓励养老机构设置"护理型床位"比较突出亮眼，在《中华人民共和国国民经济和社会发展第十四个五年规划和2035年远景目标纲要》中明确提出，要深入推进医养康养结合，扩大养老机构护理型床位供给，养老机构护理型床位占比提高到55%。这一比例要求提出的目的是希望养老机构服务更加精准对位半失能及以上老年人入住需求，引导机构养老更加精准面对刚需。

这一政策的初衷和引导作用毋庸置疑，但是围绕这一要求和指标配套的相关政策和标准缺乏，现有政策文件中对护理型床位的定义和设置要求不明确，导致各地相关主管部门在评价和监督这一目标实施中困难重重，造成养老机构在落实国家政策的过程中存在困难和混乱。2018年上海市民政局发布了《养老机构护理型床位设置指引（试行）》，这也是国内最早提出这一概念并进行标准规范的文件，其中对养老机构护理型床位进行了界定，明确"在养老机构内部面向失能、失智老年人照护服务需求，体现基本生活照护功能和与生活密切相关的医疗护理服务功能的床位设施为养老机构护理型床位"。在文件中也明确了护理型床位的设置张数、床位配置的具体要求、人员和服务配置的一些具体要求，但文件中并没有区分普通床位和护理型床位的概念，实施中仍然难以认定机构中哪些床位属于护理型床位。2019年国家市场监督管理总局发布的《养老机构等级划分与评定》国家标准中定义护理型床位是养老机构为需长期照护的失能、失智老年人提供的床位，但其实该标准对护理型床位的界定和要求仍然不清楚。具体在建设和认定中，是符合相应床位软硬件配置的床位就可以称为护理型床位，还是收住符合什么样功能状况老年人并提供哪些服务的床位才可称为护理型床位，全国目前缺乏一系列配套的政策文件或落地实施方案。

现阶段，护理型床位规划目标缺乏依据。由于护理型床位的配置要求较高，各地实施该项目标时，需要在机构养老中增加更多的人力和资源配置，导致护理型床位的收费较高，可能会加重部分老年人入住机构的经济负担，同时养老机构也不得不增加成本，加大运营压力和风险。护理型床位的比例需要根据地方养老服务的提供能力和老年人功能健康状况确定合适的比例，目标的确定需要根据实际的调研和分析，其比例数据至少在现阶段并不是越高越好。现有预测护理型床位缺口的研究仅考虑了老年人失能情况对护理型床位的需要，但是没有考虑老年人的入住意愿和护理型床位的支付能力,规划中的护理型床位的比例缺乏数据支撑,同时还出现从国家层面到地方层面层层加码的现象,导致"十四五"期间规划建设机构和床位数量与目前实际机构养老服务需求之间不匹配,养老机构入住率不高,加重了机构养老服务中供需失衡的矛盾,而老年人养老需求仍然不能得到有效满足。由此可见,单一政策的实施如果缺乏相关政策支持,政策体系缺乏有机的闭环,未形成有效的执行机制,会导致机构养老相关政策难以落地和有效实施。

(二) 机构养老发展分布不均衡

由前述分析可知,目前国内东中西部地区机构养老发展分布不均衡。东部沿海地区由于人口流入增加了就业人口和经济积累,改善了养老服务供给,极大地缓解了养老服务等供需矛盾。伴随各地户籍制度门槛逐步放宽,很多东部经济发达地区流入老年人人口逐步享受与当地户籍老年人等同的养老服务待遇,机构养老不仅承担本地老年人的养老需求,同时还承担部分非户籍常住人口的养老需求,养老机构和床位数量发展更快,相对而言入住率更高。但是与之对应的中西部地区或者近年当地经济发展速度放缓、人口流出地区,尽管老龄化程度相较于东部地区相差不大,但受限于经济和服务人力的不足,机构养老发展速度滞后于东部地区。另外,中西部地区由于人口流出导致"留守"和"空巢"老年人快速增加,加之流出人口年老后返乡养老,导致中西部地区养老需求增加迅速,但与之对应的机构养老发展相对落后。

目前,国内明显存在城市与农村机构养老发展分布不均衡的问题。城镇经济发展水平较高,经济投入能力较强,能为养老设施建设和服务创造较好条件。农村养老服务发展起步晚,设施建设落后,服务水平不高。当前,我国仍处于加速城镇化发展时期,持续有农村人口特别是年轻人口进入城镇工作生活,导致农村老龄化速度快于城镇,农村赡养率高出城镇

10%以上,这将进一步加大养老服务城乡供需差距。

(三)机构养老统计口径不统一

多年来,在养老机构数量及床位数的统计口径方面不统一,导致数据信息存在混乱,年度间前后比较存在很大困难。自2015年起民政部公布的数据主要统计登记注册的养老机构,导致单纯从数据方面看养老机构数量呈现下降趋势,但实际中排除统计源口径不一的干扰,养老机构和床位数量的变化趋势尚无肯定性结论。在进行养老床位统计时,存在不同地方统计标准、指标不一致的问题,统计数据核对不清,不能真实反映我国机构养老的真实情况。存在的主要问题包括:①多数地区在统计千人床位数量时,将社区居家养老服务中短期入住床位、社区居家服务设施中的床位或休息椅子等数量,均归到床位数中,使得很多地区在养老机构核准的床位数量与各地计算的养老服务床位数量差异极大。②由于我国机构养老一直没有解决养老机构规范命名与分类,造成类似医养结合床位归属不明确,导致部分地区床位数量重复统计或遗漏,如很多地方的护理院,由于其属性并不明确,本身有备案在民政部门的,也有备案在医疗系统中的,不同属性的护理院床位在各地统计时其说法存在地区间差异,同时使用医疗床位开展养老服务的,很多地区因为其他政策的影响也未计算到养老床位数据中,这些问题都导致地区间存在多种统计口径,也给民政部统一数据信息带来问题。③特殊养老模式床位的归属也不统一,如在统计持续照料退休社区(Continuing Care Retirement Community,CCRC)床位时,国内大部分地区一般只把半自理及以上的床位统计归属到养老床位数中,自理型床位(也称养老公寓部分床位)不计入机构养老床位数中,而目前自理型养老机构或综合型养老机构中的自理型床位却是统计到机构养老床位数中。随着国内养老创新模式的不断涌现,类似康养和医养中非传统意义的养老服务设施或机构中床位性质的界定,还需进一步明确,以确保机构养老数据的一致性和可靠性。

（四）机构养老服务供需不匹配

近年来，机构养老在床位数量变化的同时，另一个突出的问题就是机构养老服务质量不高，养老机构入住率较低。一方面我国养老机构在总数量和结构上还不能完全满足老年人的机构养老需求，机构养老的供给存在一定的缺口；另一方面我国养老机构平均入住率不足55%，存在大量床位空置。养老机构床位总供给不足和高空床率同时存在的矛盾现象主要是由于机构养老服务供需不匹配造成的。收费高的养老机构提供的养老服务质量好，老年人愿意入住，但也因收费高于当地老年人平均的养老金水平而影响入住情况。而收费较低的养老机构虽然在收费方面一般老年人可以接受，但因提供的服务质量与老年人心理预期之间存在差异，老年人感觉机构养老的性价比不高，而又不愿入住。目前，国家在政策方面引导的如大力发展护理型床位等政策，提出5年内护理型床位占比达55%的目标，随之在北京、上海、山东、福建等地均出现"层层加码"，提出至2025年养老机构护理型床位占比达到60%的目标，江苏省更是将这一目标设定到70%以上。但全国和地方的数据分析均显示，现阶段更高的护理型床位占比并不能显著提高养老机构的入住率，护理型机构与综合型机构的入住率也无显著差别，因此，过分强调增加养老机构护理型床位比例等并不能解决当前养老机构供需失衡的矛盾。究其原因：第一，虽然目前我国失能、半失能的老年人数量非常多，但相当数量的老年人已经选择居家和社区养老，尚能通过家属、保姆、社区服务等方式进行家庭化养老补充，且费用与机构养老相比成本更低；第二，护理型床位要求的人员、资源等配置较高，部分养老机构由于配置不足或运营压力，即便开设护理型床位其服务质量和专业性也难以保证；第三，护理型床位收费相较于一般养老床位更高，部分老年人无法承担相关费用，现阶段如果不能有效增加养老机构入住率，机构运营会举步维艰、难以持续，养老机构即便增加了护理型床位，但也会尽量控制配置成本，导致低质量运营，这与目前机构养老"提质增效"的目标背道而驰。因此，如果不能精准把握机构养老服务的需求，仅仅盲目提高机构养老某一方面的政策规定目标，对机构养老实际的效果则尚未可知。

五、机构养老发展的建议与对策

（一）完善机构养老相关政策

"十四五"期间，养老服务相关政策中提出建立健全养老服务体系仍然是重中之重，而其中的机构养老要求不断优化定位，解决供需矛盾。提高机构养老的质量和效率是其核心，因此机构养老将发展重点放在：第一，推动养老机构结构化调整。根据有效服务需求，引导更符合老年人入住需求和承受能力的养老服务机构建设。持续深化公办养老机构社会化改革管理办法。完善养老服务价格形成机制。优化养老服务层次，引导社会力量重点提供面向中低收入群体刚需的养老机构，适度建设面向中高收入家庭的养老机构，满足老年人多层次、个性化服务需求。第二，优化城乡养老机构床位结构，推动养老床位改造升级。聚焦失能失智老年人长期照护服务的刚性需求，出台护理型床位建设与管理配套文件及相关标准，明确护理型床位的定义、界定标准、区域划分、配置要求、入住对象要求和服务要求等，为养老机构建设护理型床位、收住失能失智老年人以及国家统计护理型床位数提供支撑。引导各地对普通型床位和护理型床位实施差异化补助。

（二）以需求为导向规划建设

随着老龄化程度加深，老年人群总体的功能状况会产生变化，对机构养老的需求也会随之波动。尽管近些年民政、卫健和医保等相关部门都积极推动老年人能力评估相关工作，但由于评估工具不统一，评估信息难整合，到目前为止各地普遍实施的仅是重点人群，如民政优抚补贴对象、高龄补贴对象或者失能、失独等特殊老年人的能力评估工作，缺乏地区级老年人群完整的评估数据，即便有些地区进行了相关评估，但也由于评估工具和评估人员差异，导致同一地区民政、卫健和医保等相关部门之间数据都存在很大差异，不仅给机构养老相关精准政策的编制，也给社会力量在服务需求的判断上造成困扰。2021年《长期护理失能等级评估标准（试行）》对长期护理失能等级评估工具进行统一，但由于民政和医保系统中评估对象完全不同，仅在部分长期护理试点地区进行部分长期护理保险保障人员评估上的统一，对于解决上述标准到数据整合的问题，其作用杯水车薪。因此，民政部门逐步建立健全面对老年人群的全国统一能力评估标准和完整的老年人群功能数据监测机制与系统是非常必要的，这是精细化养老服务供给，特别是精准定位和判断机构养老规模和变化趋势的基础，也是建立科学合理机构养老精细化管理的基础。基于此，才能更加准确判断推动护理型床位建设的速度。护理型床位是养老机构为需长期照护的失能、失智老年人提供的床位，其配置的合理程度，直接关系着失能、失智老年人的生活质量及照护服务覆盖程度。不盲目扩建养老机构和护理型床位，应基于地区老年人养老服务需求与供给情况数据，分析老年人的养老需求、机构养老意愿、机构养老支付能力，判断现有资源能否满足服务需求，根据供需差异规划区域养老机构建设，合理配置护理型床位资源。

（三）提升养老机构服务能力

当前，推动机构养老服务的提质增效是当务之急。一是积极推进养老服务标准化建设，逐步推行养老机构分类分级管理。以《养老机构等级划分与评定》国家标准为抓手，推进养老服务行业组织、科研院所、相关企业和机构开展标准化研究，制定出台符合各地实际、体现高质量发展、适应服务管理要求的机构养老服务配套标准。二是建立健全养老服务标准实施、监督和评价机制，推动各类养老服务标准落地。开展养老机构服务质量日常监测工作，完善监测指标体系，健全动态监测和持续改进机制，强化服务过程监管，实现养老机构服务质量建设规范化、制度化、长效化。三是实施养老服务精准化管理。在各地县（市、区）成立养老服务质量指导中心，开展养老服务需求调查、信息数据采集、服务质量评估、安全运营评估、职业培训等技术性工作。借助政府、社会和志愿组织的力量，引入市场和竞争机制，促使养老机构供给者不断提高服务质量，最大限度地满足人们对养老服务机构的需求。

2.3 养老服务创新发展报告

李志明[①]

随着人口老龄化的快速行进,人们对养老服务的需求日益多样化,对品质老年生活的期待也日渐增多。在国家养老资源不足、家庭养老功能弱化的情况下,传统养老服务模式受到前所未有的挑战,满足和实现多元化的养老服务需求,有赖于养老服务创新。近年来,从中央到地方、从政策到实践,我国都开始致力于推动养老服务创新,实现养老服务资源的整合与优化配置,"互助养老""智慧养老"等各类新型养老模式不断涌现。

一、互助养老

"互助养老",又称"互助性养老"或"互助型养老",一般是指立足于传统非正式互助,融合志愿服务精神,依托亲朋邻里、志愿者等互助网络组建起来的互助组织和互助服务队伍,调动政府、社会、企业等多方资源,为老年人提供低成本的食、住、精神慰藉和生活照护等基础性、多样化服务,由此推动互助过程从正式化、规则化逐步走向组织化管理、混合

---

① 中共中央党校(国家行政学院)教授。

化运营的社会养老服务模式。简而言之，互助养老就是对传统非正式互助养老的正式化、组织化、规范化，是将"自助—互助"（守望相助）理念寓于社会养老服务中，有组织地发动社会力量，充分利用以老年人为主的各类人力资源的闲置时间，低成本地相互帮助、提供服务。

（一）相关政策

互助养老最早开始于各地的实践，随后也有政策的关注和推动。2011年开始，中央层面开始在相关政策文件中肯定和鼓励各地探索推行互助养老。2011年，国务院办公厅印发《社会养老服务体系建设规划（2011—2015年）》提出，"倡议、引导多种形式的志愿活动及老年人互助服务，动员各类人群参与社区养老服务"，要求"以建制村和较大自然村为基点，依托村民自治和集体经济，积极探索农村互助养老新模式"。

2013年，财政部、民政部发布《中央财政专项彩票公益金支持农村幸福院项目管理办法》（财综〔2013〕56号），决定给予每个农村社区互助养老项目3万元补助，用于开展农村幸福院设施修缮和设备用品配备等工作。

2016年，国务院办公厅印发《关于全面放开养老服务市场提升养老服务质量的若干意见》（国办发〔2016〕91号）提出，"鼓励各地建设农村幸福院等自助式、互助式养老服务设施""积极开发老年人力资源，为老年人的家庭成员提供养老服务培训，倡导'互助养老'模式"。2016年，民政部、国家发展改革委印发《民政事业发展第十三个五年规划》专门对社会互助养老作了规划，提出"大力支持农村互助型养老服务设施建设，发挥村民自治组织作用，积极动员村民和社会力量参与运营服务，为农村老年人就地提供就餐服务、生活照顾、日间休息、休闲娱乐等综合性日间照料服务。鼓励城市社区老年人参加各类志愿服务组织和社区邻里互助，开展自助互助养老活动。加强基层老年协会建设，组织开展各类老年人文化娱乐活动"。2017年，国务院印发《"十三五"国家老龄事业发展和养老体系建设规划》，提出"鼓励老年人参加社区邻里互助养老"，要求"通过邻里互助、亲友相助、志愿服务等模式和举办农村幸福院、养老大院等方式，大力发展农村互助养老服务"。

2021年，《中华人民共和国国民经济和社会发展第十四个五年规划和2035年远景目标纲要》提出，"积极发展农村互助幸福院等互助性养老"。近年来，在国家高度重视下，各省市相继出台了各种鼓励性政策措施，对互助式养老进行积极探索和实践，各市、区（县）也制定出了具体详细的发展措施和工作机制，互助养老日益受到社会各界关注和重视。

（二）典型实践

近年来，我国积极开展互助养老有益探索，互助养老在城乡实践中呈现出多种不同模式，农村主要是肥乡互助幸福院模式，城市互助养老更为多样，大致可分为结对组圈式、据点活动式和时间银行式等类型。截至2019年年底，社区互助型养老设施10.1万个，共有床位336.2万张。

1. 肥乡互助幸福院

2008年，河北省肥乡县前屯村利用闲置校舍和部分资金改造出供老年人集中居住的"互助幸福院"。这种"离家不离村，离亲不离情，养老在乡村，享乐家门口"的低成本互助养老模式一经推出，如星火燎原之势迅速传遍全国，被受益老年人亲切地称为"家门口的幸福院"。总结肥乡互助幸福院模式，呈现出以下特点。

一是村委主办，政府支持，社会参与。一般来说，互助幸福院由村委组织主办，即由村委组织直接负责幸福院的日常运营、管理以及部分资金支持；各级政府从政策规划、基础设施、资金、管理培训等方面给予扶持指导；子女、志愿者、外出经商务工人士等提供经济和服务支持。

二是低成本、小福利和基本公共物品的集体供给。在互助幸福院模式下,村级集体通过改造场地、供应部分生活用品、提供水电暖以及文体设施等小福利的公共供给,用较低成本的投入,缓解了政府和个人的支付压力。正因为如此,互助幸福院才被赞为"村集体办得起、群众住得起、政府支持得起"的农家门口幸福院。

三是提供兼具居家、社区和机构养老特征的老年生活。在农村社区中建立起来的互助幸福院,与乡土村庄和家庭生活紧密连接,保留了"居家养老"和"社区养老"的生活特征,在老年人集中居住、集体生活的基础上又呈现出"机构养老"的痕迹。

四是自我管理,自我服务,抱团互助。农村互助幸福院院长由入住老年人民主推选产生,并选择积极性高、协调能力强的人进行管理。幸福院不配备专门服务人员,精神慰藉以及生活扶持等主要依靠入住老年人无偿互助提供,体现了抱团互助、相互扶持的特色。

2. 结对组圈互助养老

结对组圈互助养老是指老年人自愿或匹配结对与组圈,进行抱团养老。它是邻里互助、守望相助的典型体现,包括结对互助、"关爱圈"互助、"老伙伴"计划等具体形式。在结对互助方面,早在2005年,天津市和平区新兴南里社区就开展了实践;2010年,陕西省榆林市府谷县将志愿者、服务者与受助老年人结为"邻里互助"对子,提供助餐、助洁、助浴、助医、助行、助急、精神慰藉等服务,满足农村老年人的生活需求。在"关爱圈"互助方面,2006年,新疆克拉玛依市就开始以社区为单位组织"老友关爱圈",扎实开展各类老友关爱活动。一个"圈"包括10~15户年龄大小、身体强弱相互搭配的老年家庭,确保"圈"内有孤寡、空巢和经济困难老年人,实现"圈"内老年人互帮互爱、"圈"外年轻人关怀不断。具有结对互助性质的"老伙伴"计划由上海市政府在2012年发起,当地以低龄、健康老年人为志愿者与社区高龄老年人实现结对,并由低龄志愿者向高龄老年人提供预防失能、健康科普、精神慰藉等方面的家庭关爱和生活辅助服务,预防或降低失能风险的发生,提高高龄老年人的生活质量和社会交往。

3. 据点活动互助养老

据点活动互助养老是指在结对组合的基础上,有效整合各类资源,由加入互助组合的老年人在固定的活动据点互帮互助。这些活动据点通常由符合条件的老年人家庭申请设置,或者由社区内企事业单位提供闲置场所。2007年,山东省青岛市四方区将辖区内52户孤寡或空巢老年人家庭确定为互助养老点,统一配备麻将桌椅、棋牌、书籍等娱乐设施,并提供一定的水电费补贴。在每个互助养老点中,都有5名以上老年人自愿组合,由低龄、身体好的老年人帮助高龄、身体弱的老年人,相互帮助,天天见面,每日活动,有效整合了政府、社会和家庭等多种资源。① 在据点活动互助养老模式中,政府和基层自治组织发挥了重要的引导、推动和监管作用。

4. 时间银行互助养老

时间银行互助养老是指参与者在无须照料时通过为其他老年人提供日常生活照料、精神慰藉等形式"储蓄"养老服务,等自己需要时再"提取"时间账户、享受养老服务,形成养老服务时间"存储—提取"的互助养老制度安排。时间银行互助养老方式,作为一种明确权责的模式,能够发挥每个人在养老服务方面的积极作用,为养老服务搭建新的社会支持网络,解决"高龄老年人没人照顾,低龄老年人希望有事干"的双向难题,已经成为当下中国创新互助养老和志愿服务的重要方式。1998年,上海市虹口区提篮桥街道晋阳社区居委会(现上海市虹口区北外滩街道晋阳社区居委会)推出了"时间储存式为老服务";2007年,江苏省姜堰市率先推出"时间储蓄银行",组织动员身体好的低龄退休人员结对帮扶家

---

① 杨炳珑. 青岛市四方区探索社区互助养老新模式[N]. 中国社会报,2008-01-22.

庭特困的高龄退休人员，为他们提供日常生活照料和精神慰藉等养老服务，由社区居家养老服务站将其服务时间记录备案，等年老有需要时享受其他低龄老年人提供的相同时长养老服务。①

5. 旅居互助养老

旅居互助养老是"候鸟式养老""度假式养老"以及"互助养老"的融合体，是结合诸多养老模式特点的新养老模式，是老年人从结伴观光旅游向互助休养居住、开启幸福老年生活转变的新模式。目前，对"旅居互助养老"概念，比较公认的定义为老年人在常住地域以外的地域结伴旅行并且居住，单次旅居时间超过 15 日，在旅居过程中，享受各类适老互助服务的养老生活模式。低龄与高龄老年人结伴旅居式养老，是满足这部分老年人外出旅游愿望的一个现实选择。老年人在不同的季节，结伴到一个地方住上十天半个月，甚至更长的时间，然后再转移到另一个地方，既欣赏了祖国的美好河山，开阔了视野，又达到了健康养生的目的。

在大力发展社会养老服务体系的背景下，互助养老是结合中国实际国情，对城市和农村社会养老服务进行的有效探索。从目前的情形来看，互助养老在中国面临着财源支持不充足和不可靠、互助服务受到局限、参与主体少且社会参与程度较低、养老观念较为落后、互助养老管理滞后等现实瓶颈的制约，总体仍处于探索阶段，与之相关的管理制度与约束政策尚未细化，具体模式也没有明确的标准，暂时还不太可能成为一种主流养老模式，只能作为"中国式养老"的补充。

二、虚拟养老院

虚拟养老院是"居家养老+助老服务"的创新模式，是指借助政府引

---

① 李秀英，杨建华. 今朝我助他人　来年他人助我 [N]. 中国劳动保障报，2009-03-20.

导建立的养老服务平台，吸引企业和社会养老机构参与，有效整合养老机构、社区服务中心、家政服务等多方养老资源，为居家老年人提供多种形式养老服务的社会养老服务模式，被形象地称为"没有围墙的养老院"。虚拟养老院的建立，有效整合了"碎片化"的养老服务供给。最初，老年人只能通过电话呼叫的形式寻求虚拟养老院帮助。随着现代信息技术的发展与应用，助老服务的实现载体得到拓展，依托智能网络技术搭建起来的养老服务平台正在成为主要形式。现代信息技术的运用，显著提高了养老服务效率，扩大了养老服务辐射半径。

（一）典型实践

2007年，江苏省苏州市沧浪区率先提出"虚拟养老院"的概念，并创立了"邻里情"虚拟养老院。随后，甘肃省兰州市、江苏省张家港市也探索建立统一的区域养老信息服务平台。当老年人有服务需求时，可以致电该平台，平台安排企业员工上门提供服务。这种养老模式大大降低了政府承担养老责任所要付出的人均养老成本，在政府投入相对不足的情况下实现了服务对象较大规模增长，但是，由于当时技术能力不足、企业市场和社会组织实力薄弱等，"虚拟养老院"并没有形成一种有效的、广泛运行的养老服务供给模式。

从苏州市沧浪区第一家虚拟养老院建立到现在已有十几年，目前全国多地都开始试行虚拟养老院模式下的居家养老服务。2020年3月13日，国家发展改革委、中宣部、财政部、商务部等二十三个部门联合印发《关于促进消费扩容提质加快形成强大国内市场的实施意见》（发改就业〔2020〕293号）提出，"支持发展社区居家'虚拟养老院'"，为虚拟养老院发展提供了重大发展契机。

(二) 存在问题

经过十多年的经验积累，虚拟养老院运作总体可以概括为政府推动、市场化运作、信息化管理、专业化服务，呈现出服务群体扩大、服务内容多元、智能化特征凸显等特点。相比实体养老院，"虚拟养老院"具有节约人力、集约资源和周到服务的优势，投入少量人力就可以使老年人部分需求借助平台调度与智能化服务得到满足。[①] 但"虚拟养老院"的发展也面临一系列瓶颈制约，难以形成良性循环。具体体现在以下四个方面。

一是服务项目较少，专业人才短缺。一般来说，居家养老服务涵盖生活照料、家政服务、医疗康复、精神慰藉等多项内容。但是，各地虚拟养老院的服务内容主要集中在生活照料和家政服务这两类，医疗康复、精神慰藉等专业化的服务较为缺乏。在苏州市沧浪区虚拟养老院所提供的养老服务中，虽然已经涵盖了精神慰藉类服务，但是，在实践中该类服务项目所占比例较小。与此同时，在中国虚拟养老院发展中，还存在着专业人才短缺的问题，不仅专业人才匮乏，而且人员稳定性不足且流动性大。当然，不同类型的养老服务，人员供给短缺面临的局面不同。日常生活照料类养老服务相对更加容易招聘到工作人员；医疗康复、精神慰藉等需要专业人员来提供，而养老服务行业本身工资待遇不具有竞争力，职业发展前景不明，对专业人才吸引力明显不足，招聘工作人员较为困难。这一难题直接导致了虚拟养老院人才结构不合理，致使进驻平台的养老企业和社会组织仅能为老年人提供一般性、简单的服务，而不具备提供深层次、专业化养老服务的能力，由此导致专业养老服务供给困难。同时，社会工作者福利待遇差、职业地位和职业认同度低等现实原因，也造成养老服务行业从业人员稳定性不足、流动性大，造成虚拟养老院平台无法吸引高层次人

[①] 左美云. 智慧养老的内涵、模式与机遇 [J]. 中国公共安全, 2014 (10): 48-50; 张玉琼. 构建失能老年人的智慧养老服务平台: 以社会网络为视角 [J]. 老龄科学研究, 2015 (6): 48-57.

才,同时从业人员流动性大、人才流失严重的恶性循环。

二是部分服务利用率低,老年人购买力不足。在各种养老服务项目中,医疗护理在老年人群中需求最高。2015年,国务院办公厅转发《关于推进医疗卫生与养老服务相结合的指导意见》,从国家层面提出了要积极推进医疗卫生与养老服务相结合。但在虚拟养老院中,助医类服务使用频率非常少。例如,为进一步实现养老服务与医疗卫生的结合,武汉市武昌区综合养老服务平台打造了医养融合新模式,将全区18所社区卫生服务中心纳入居家养老服务阵地,打造十分钟医疗圈,并面向老年人开展全科家庭医生签约服务。但助医类仍为该平台服务老年人使用频率最少的项目,仅占服务总量的0.3%。① 与此同时,老年人群体还面临着"数字鸿沟"以及实际购买力不足的难题。先进的信息技术手段和高科技产品在虚拟养老院中的使用,使得老年人在应用现代信息技术呼叫养老服务中遇到各种操作困难和抵触思想,导致购买社会养老服务意愿及实际购买力的下降。

三是过度依赖政府购买,市场活力不足。由于目前养老服务行业具有投入高、利润低、投资回收周期长等特点,各地虚拟养老院主要依靠政府投资建设,依赖政府购买服务及多方面补贴扶持来支持运营。从2013年开始,中央层面陆续下发《关于政府向社会力量购买服务的指导意见》(国办发〔2013〕96号)《关于做好政府购买养老服务工作的通知》(财社〔2014〕105号)等多个推动政府购买养老服务的指导性文件,旨在培育社会力量参与养老服务,盘活养老服务市场,提高养老服务的质量和效率。但对于政府资金补助的过度依赖,不仅无法激发社会力量发挥自身活力,还导致各个服务提供方之间竞争不足,缺乏动力提高养老服务质量,无法促进养老服务市场健康发展。

---

① 吴湘玲. 虚拟养老院:含义、问题与创新路径 [J]. 人民论坛,2021 (4):67-69.

四是服务质量评估机制不完善，政府监管不足。在各地虚拟养老院中，普遍存在监管不足的现象。其中一个突出表现就是统一的服务评估体系和监督评价机制尚未建立，使得政府出资购买服务的质量和效果无法有效检验。例如，部分地方政府仅在前期参与投资养老服务平台建设，随后就授权运营商全权管理平台业务，没有对虚拟养老院的实际运行过程实施有效的监督管理。这样一来，既无法对服务平台和供应商实施有效约束，又无法控制政府投入成本，还难以实现对居家养老服务的标准化管理。

三、智慧养老

随着现代信息技术的发展，互联网与大数据正深度嵌入中国养老服务体系，"互联网+养老"成为当前创新养老服务供给的新路径。2011年以来国务院及相关部委出台一系列推动智慧养老的政策文件，提出"智能化养老"理念，强调在养老服务领域推进"互联网+养老"行动，鼓励支持开展智慧养老探索，促进智慧健康养老产业发展。因此，发展智慧养老既是当今养老事业发展的趋势，也是对传统养老服务供给的进一步升级。

所谓智慧养老，就是利用先进的管理和信息技术手段，以及物联网技术，实现采集、汇聚、分析老年人的身体状况、养老需求，以及安防监控等信息，依托集感知、互联、协作、智能化于一体的养老服务平台，对紧急救助、生活照料、家政服务、健康预警、远程诊疗、物流配送等各种养老服务需求做出实时、快捷、互联化、智能化响应。[①]从本质上来讲，智慧养老将先进的管理和信息技术与养老服务深度融合，有效赋能养老服务，重塑养老服务的内涵和形式，借助先进管理和信息技术突破空间的局

---

① 向运华，姚虹. 养老服务体系创新：智慧养老的地方实践与对策[J]. 西安财经学院学报，2016(6): 110-114.

限性及时间滞后性，使各类资源在养老服务产业链各个环节得到精准配置，以最低成本、最高效率、最个性化服务满足老年群体养老需求。

智慧养老与虚拟养老院这两种养老服务模式看似近似，但两者具有很大差异。一是适用领域不同。虚拟养老院主要就居家养老领域而言，而智慧养老则可以运用到居家养老、社区养老、机构养老等多种养老方式和领域。二是侧重点不同。虚拟养老院侧重通过养老信息服务平台整合和调配养老资源，为居家老年人提供社会养老服务。智慧养老侧重强调先进管理和信息技术、生物医学等在养老服务领域的智能化应用，从而实现老年人生活质量的改善。

（一）服务体系

发展智慧养老服务体系，旨在全方位应用各种先进的管理和信息技术支撑养老服务，面向居家老年人、社区、机构，开发智能物联网系统平台，连接医疗服务、运营商、服务商、个人和家庭，提供实时便捷的养老服务。一般而言，智慧养老服务体系包括以下几个部分。

一是数据采集子系统。智慧养老平台接入各种信息采集终端（如跌倒探测、急救拉绳、生命体征监护等可穿戴设备），采集、整合并实时监测老年人诸如心跳、血压等生命体征，将专业医疗机构、康复中心、急救服务与家庭、个人联系起来，出现险情立即启动救援；实时监测陌生人入侵、室内烟雾以及煤气泄漏等数据，保障老年人的生活安全；政府主管部门采集老年人经济状况以及日常活动等数据，对其中能够反映老年人养老意愿和需求的公共性数据进行深度挖掘，以便政府主管部门能够制定出更加切合实际需要的养老政策和法规。

二是紧急呼叫子系统。老年人可通过固定分机、手持设备或可穿戴设备等发起一键呼叫，向呼叫中心提出自己的养老服务需求或紧急呼救；老年人在室外活动时，如果发生紧急情况，可以利用带有精准定位功能的移动终端发起紧急呼叫；当老年人跌落床下或者夜起走动时，设置在老年人床上的感应器会自动发起呼叫通知管理人员（机构养老情形）或者对应的家庭成员（居家养老情形）；当老年人在厕所、浴池等易摔倒的地方发生跌倒时，提前安置好的压力传感器会自动发起呼叫。

三是信息交互子系统。数据采集子系统将采集到的老年人生命体征数据通过固定或者移动互联网传输到健康监护中心，由医疗服务系统联网建立用户档案，记录健康状态、照料护理需求、医疗保健方案等信息，紧急医疗时快速调用资料进行针对性治疗，不错过抢救时间；信息交互子系统集成物业管理服务，提供水电费和物业费缴纳、故障报修等服务，为物业、社区、老年人之间建立通畅的沟通渠道；老年人可以通过信息交互子系统发布服务需求等信息，外部志愿者可以方便地查询相关需求信息，解决养老服务中信息不对称的问题。

四是适老性基础设施。在社区和居家养老环境中，为老年人提供便利、无障碍的生活环境，如在家庭内部使用老年人家具，在社区建立老年人活动中心，帮助老年人学会使用各种智能终端设备等。

智慧养老服务体系不仅能满足老年人多层次多元化的养老服务需求，还能通过信息技术延伸整合养老服务的相关产业，对智慧城市的建设起到重要的促进作用。

（二）相关政策

近年来，国家层面倡导智慧养老的政策陆续出台。2011年，国务院办公厅印发《社会养老服务体系建设规划（2011—2015年）》，明确提出"运用现代科技成果，提高服务管理水平。以社区居家老年人服务需求为导向，以社区日间照料中心为依托，按照统筹规划、实用高效的原则，采取便民信息网、热线电话、爱心门铃、健康档案、服务手册、社区呼叫系统、有线电视网络等多种形式，构建社区养老服务信息网络和服务平台，发挥社区综合性信息网络平台的作用,为社区居家老年人提供便捷高效的服务"。

2013年,全国老龄委专门成立了"全国智能化养老专家委员会",为我国智慧养老服务事业与产业发展把脉导航。2015年7月,国务院印发《关于积极推进"互联网+"行动的指导意见》(国发〔2015〕40号),明确提出"促进智慧健康养老产业发展"的目标任务,要求"支持智能健康产品创新和应用,推广全面量化健康生活新方式。鼓励健康服务机构利用云计算、大数据等技术搭建公共信息平台,提供长期跟踪、预测预警的个性化健康管理服务。发展第三方在线健康市场调查、咨询评价、预防管理等应用服务,提升规范化和专业化运营水平。依托现有互联网资源和社会力量,以社区为基础,搭建养老信息服务网络平台,提供护理看护、健康管理、康复照料等居家养老服务。鼓励养老服务机构应用基于移动互联网的便携式体检、紧急呼叫监控等设备,提高养老服务水平"。

2016年12月,国务院办公厅发布《关于全面放开养老服务市场提升养老服务质量的若干意见》,提出"发展智慧养老服务新业态,开发和运用智能硬件,推动移动互联网、云计算、物联网、大数据等与养老服务业结合,创新居家养老服务模式,重点推进老年人健康管理、紧急救援、精神慰藉、服务预约、物品代购等服务,开发更加多元、精准的私人订制服务。支持适合老年人的智能化产品、健康监测可穿戴设备、健康养老移动应用软件(App)等设计开发。打通养老服务信息共享渠道,推进社区综合服务信息平台与户籍、医疗、社会保障等信息资源对接,促进养老服务公共信息资源向各类养老服务机构开放"。

2017年2月,为加快智慧健康养老产业发展,工业和信息化部、民政部、国家卫生计生委制定了《智慧健康养老产业发展行动计划(2017—2020年)》。该计划提出,要加快智慧健康养老产业发展,到2020年,基本形成覆盖全生命周期的智慧健康养老产业体系,建立100个以上智慧健康养老应用示范基地，培育100家以上具有示范引领作用的行业领军企业，打造一批智慧健康养老服务品牌。2017年6月，国家发展改革委印发《服务业创新发展大纲（2017—2025年）》，提出"鼓励发展智慧养老"。

(三) 典型实践

中国一些经济较发达的城市是智慧养老建设的先行者。自2011年开始，杭州市逐步在各城区建立了智慧养老服务平台。2013年，杭州在全国率先探索养老服务的智慧模式，一个呼叫终端，一个服务平台，为老年人及时提供安防急救、主动关怀、亲情通话和生活服务等养老服务，惠及70岁以上的孤寡、独居、空巢老年人，80岁以上的高龄老年人以及政府购买服务对象。这是杭州"智慧养老"1.0时代。在此阶段，杭州以智慧养老服务平台"老年关爱手机"为支撑，以通话服务功能为主，通过移动互联网与社会养老服务提供商相连。截至2016年年底，老年关爱手机已发放14.7万部。

2017年年初，杭州市正式启动新一轮"智慧养老"项目，首批6家服务商入选市级"智慧养老"服务商资格库，搭建了统一的智能监管平台，开通了"96345100"服务专线，可视为杭州"智慧养老"2.0时代。此阶段"智慧养老"的服务对象明确为三类人群，即70岁及以上空巢、独居、孤寡老年人，80岁及以上高龄老年人，以及享受政府养老服务补贴的老年人。这三类老年人可享受3类共13项服务：一类服务为项目的重点，服务内容以"助急"为核心，在满足紧急呼叫、亲情通话的基础上，强化应急救助服务，新增对孤寡、独居老年人的主动关怀和特殊时段的"助急"内容，老年人无须付费。二类服务为"七助"服务，内容包括"助急""助洁""助餐""助医""助浴""助行""助聊"，服务商主要发挥牵线搭桥的作用，服务面向所有老年人并提供优惠价格，由老年人自行付费。三类服务为具有区域特色的服务，要求服务商整合区域为老服务资源，向全区60岁及以上老年人，推介所在区政府购买服务及公益服务内容，老年人可无偿或低偿享受服务。

在"智慧养老"2.0时代，杭州市不仅提高了智能科技的应用率，细化了相应准则，加强监察并细化到社区，在筛选上也制定了更为严格的标准。此外，养老服务终端也从1.0时代单一的手机、固定式终端，转变为五大类终端，以适应个性化需求。具体包括：无线呼叫器；传统的带有红绿按钮的老年人手机；可穿戴类设备，如智能手表；跟固定电话连接的居家式终端，还包括安装在家中的一些红外线、门磁设备；其他服务商自行开发的科技产品，符合要求，并经专家评审通过，也可纳入。每家服务商要提供三种以上的终端，手机、手表及定位器是基础设备。

近年来，杭州市全面实施"互联网+养老"服务行动，充分利用物联网、云计算、大数据、智能硬件等新一代信息技术产品，为老年人及家属提供高效便捷的供需对接、质量评价、远程监测、数据分析等服务，形成线上快速响应、线下良性互动、全程留痕监管的智慧化养老模式，搭建涵盖"业务管理、公众服务、机构运营、支付结算、数据应用"5大平台的"互联网+养老"系统，有效解决为老服务"最后一公里"难题。杭州"智慧养老"服务体系全天候为15万低收入高龄及失能老年人提供"一键呼救"等3大类13小项服务，创建老年食堂无接触取餐"刷脸吃饭"、智能养老管家、养老地图等智慧应用场景。打造养老服务线上App商城"点单式"服务，养老服务补贴打入老年人社保卡（市民卡）养老服务个人账户，在全国率先创设全市通用的养老电子货币"重阳分"，可用于居家养老上门服务、养老机构床位费、护理费等支付，打破了原来的区域壁垒，形成全市统一的养老服务市场。

2.4 长期护理保险试点发展评估报告

戴卫东等[1]

一、试点背景

目前我国规模庞大的老年人口中,有相当一部分人正处在失能或半失能的状态。据第四次中国城乡老年人生活状况抽样调查成果显示,中国失能老年人超过4 000万人,这个人群的失能期生活照料、慢病期康复护理、临终期安宁疗护等长期护理服务不足成为亟待解决的社会性问题。如果考虑到1.5亿老年慢性病患者是失能老年人的潜在对象,老年人群体的失能现象已经逐步演变为我国潜在的社会风险之一。随着人口老龄化、高龄化加剧,传统养老服务依靠财政投入和划拨福彩基金的二元筹资体制已经不能适应新时代"老有所养"的需要[2],建立社会化长期护理保险制度成为愈加迫切的社会需求。为积极应对人口老龄化,党的十八届五中全会

---

[1] 浙江财经大学公共管理学院教授、博士生导师。参加本报告讨论和写作的还有浙江财经大学公共管理学院研究生汪倩格、朱儒城、林雯洁。
[2] 戴卫东. 中国养老服务事业的转型、定位与发展[J]. 安徽师范大学学报(人文社会科学版), 2020(3): 22-31.

提出要"探索建立长期护理保险制度","十三五"规划要求"开展长期护理保险试点"。2016年5月27日,习近平总书记提出,"要建立相关保险和福利及救助相衔接的长期照护保障制度"。人力资源社会保障部于2016年6月发布《关于开展长期护理保险制度试点的指导意见》(人社厅发〔2016〕80号)(以下简称《意见》),第一批在15个城市启动长期护理保险(以下简称"长护险")制度试点。2019年3月国务院政府工作报告要求,"要大力发展养老特别是社区养老服务业,改革完善医养结合政策,扩大长期护理保险制度试点",9月11日国务院常务会议强调"加快推进长期护理保险试点"。国务院职能部门改革后,长护险归口国家医疗保障局管理。2020年9月,国家医疗保障局和财政部联合颁布《关于扩大长期护理保险制度试点的指导意见》(医保发〔2020〕37号),第二批新增14个试点城市,试点期限2年,探索建立以互助共济方式筹集资金,为长期失能人员的基本生活照料和与之密切相关的医疗护理提供服务或资金保障的"独立险种"设计的第六大社会保险制度。2021年3月5日,国务院政府工作报告再次提出"促进医养康养相结合,稳步推进长期护理保险制度试点";5月31日,习近平总书记主持召开中共中央政治局会议,会议提出"十四五"时期要"探索建立长期护理保险制度框架"。目前长护险国家级试点城市共29个,加上地方省级试点共有49个城市,参保人数达1.34亿人,累计享受待遇人数152万人。[①]

本报告以29个国家试点城市截至2021年6月的长护险政策为考察对象,重点从保障对象体系、资金筹付体系、服务供给体系以及监督管理体系四个方面进行全面、深入的分析,探索各地试点政策特征及其问题,为"十四五"时期积极应对人口老龄化的长护险制度发展提供有价值的参考。

---

① 国家医保局、民政部出台长期护理失能等级评估标准 [EB/OL]. http://www.nhsa.gov.cn/art/2021/8/3/art_14_5693.html.

二、长护险试点政策保障对象

(一) 参保对象评估

参保对象的确定不仅是长护险设计的关键内容,而且是长护险筹资机制的首要环节。试点阶段,《意见》规定,长护险制度原则上主要覆盖职工基本医疗保险(以下简称"职工医保")参保人群。试点地区可根据自身实际,随制度探索完善,综合平衡资金筹集和保障需要等因素,合理确定参保范围并逐步扩大。依据指导意见,试点城市分别确定自己的参保对象。

通过梳理两批长护险试点政策,可将参保范围分为三类,见表1。第一类是城镇职工医保的参保人,如承德、齐齐哈尔、宁波、安庆等17个试点,将筹资对象主要界定为参加全市城镇职工基本医疗的参保人;第二类是城镇的职工和居民参加基本医疗保险人员,如长春;第三类是城镇职工医保与城乡居民医保参保人员,即城乡基本医疗保险所有参保人员,如上海、苏州、上饶、青岛和荆门等11个试点城市。

表1　　　　　　　　　试点城市长护险参保对象

参保对象	城市
城镇职工医保的参保人	承德、齐齐哈尔、宁波、安庆、重庆、天津、晋城、盘锦、福州、湘潭、南宁、黔西南州、昆明、汉中、甘南州、乌鲁木齐、开封
城镇职工医保+城镇居民医保的参保人	长春
城镇职工医保+城乡居民医保的参保人	上海、苏州、上饶、青岛、荆门、成都、石河子、北京石景山区、呼和浩特市、广州、南通

(二) 受益对象评估

通过失能评估鉴定依据对试点城市政策进行分类(见表2),有以下发现。

表2　　　　　　　　　　　　试点城市长护险受益对象

鉴定依据	城市
《日常生活活动能力评定量表》（Barthel 指数评定量表）	承德、荆门、齐齐哈尔、南通、安庆、石河子、重庆、广州、宁波、成都、长春、北京石景山区、呼和浩特、湘潭、黔西南州、汉中、乌鲁木齐
《Katz 日常生活功能指数评价量表》	南宁
地方评估标准	上海、苏州、青岛、福州、天津、昆明、开封
未作明确规定	上饶、甘南州、晋城、盘锦

第一，大部分试点城市受益对象明确。承德、荆门、齐齐哈尔在内的17个城市采用《日常生活活动能力评定量表》（Barthel 指数评定量表）作为失能评估的依据；南宁则采用《Katz 日常生活功能指数评价量表》评定失能人员；成都在依据量表进行日常生活活动评估的同时，还进行了精神状态评估、感知觉与社会参与评估；长春则兼顾更多的保障对象，将按国家《综合医院分级护理指导意见（试行）》确定的符合一级护理条件且生活自理能力重度依赖的人员，以及体力状况评分标准（卡氏评分 KPS）低于（含等于）50分的癌症晚期患者都纳入保障。

第二，部分城市开始探索地方性的失能评估标准。上海、苏州、青岛等7个城市制定了专门的评估标准作为失能人员保障资格的鉴定依据，青岛还对失智人员纳入受益对象进行了规定。

第三，小部分城市未对失能评估标准作出明确规定。上饶、甘南州、晋城、盘锦4个城市长护险的受益对象模糊，其试点政策中未说明具体鉴定依据，仅定位为经医疗机构或康复机构规范诊疗、失能状态持续6个月以上，经申请通过评估认定的参保失能人员。

第四，强调解决重点人群需求。两批试点城市中，大部分城市都强调要解决重度失能人员基本护理保障需求，优先保障符合条件的失能老年人、重度残疾人。

三、长护险试点政策筹资支付

(一) 筹资渠道

在资金筹集渠道方面,《意见》原则性提出各地可通过调剂职工医保费率、划转职工医保统筹基金结余以及优化职工医保统账结构等途径为长护险筹措资金。对比各试点长护险的筹资渠道,根据各地筹资来源的类型,大致可分为单一型和多元型两种。单一型是指长护险的资金来源主要依靠医疗保险统筹基金划拨。多元型是指试点城市长护险的资金来源于个人缴费、用人单位缴费、医保基金划转以及财政补贴等渠道。

对试点城市长护险的筹资渠道进行分类(见表3),有以下发现。

表3　　　　　　　　　　试点城市长护险的筹资渠道

筹资渠道	城市
医疗保险统筹基金	宁波、广州
医疗保险统筹基金+个人账户	盘锦(退休人员)、北京石景山区(职工)、长春、开封
医疗保险统筹基金+个人账户+财政补助	成都(职工)
医疗保险统筹基金+个人账户+单位缴费	上饶(职工)
医疗保险统筹基金+财政补助+福彩公益金	石河子(职工)
医疗保险统筹基金+个人缴费	北京石景山区(灵活就业)、齐齐哈尔、重庆
医疗保险统筹基金+个人缴费+财政补助	乌鲁木齐、呼和浩特(居民)、南通、苏州、安庆、青岛、荆门、承德、上饶(居民)
医疗保险统筹基金+个人缴费+财政补助+福彩公益金	石河子(居民)

续表

筹资渠道	城市
单位缴费+个人缴费	上海（职工）、天津、湘潭、福州（职工）、南宁（职工）、昆明（职工）、盘锦（职工）
单位缴费+个人缴费+财政补助	汉中、黔西南州、呼和浩特（职工）
个人缴费+财政补助	上海（居民）、成都（居民）
个人账户	福州（退休人员）、南宁（退休人员）
个人账户+财政补助	甘南州、昆明（退休人员）、晋城（退休人员）
个人账户+单位缴费	晋城（职工）

首先，筹资渠道以多元筹资渠道为主。在单一型的试点城市中，宁波和广州的长护险资金主要来源于医疗保险统筹基金划拨；开封、长春、盘锦的退休人员、北京石景山区的职工则依靠医疗保险统筹基金和个人账户共同划拨。其余城市均采用多元筹资渠道。其中，筹资渠道最多元的是石河子，采取医疗保险统筹基金、个人缴费、财政补助、福彩公益金多渠道多元筹资的方式，确保资金来源。

其次，对参保对象有更多规划与安排。福州、南宁、昆明、晋城、盘锦5个试点城市都对退休人员的筹资进行了具体规定。以福州市为例，退休人员以上年度拨付职工医保个人账户计算基数为长护险缴费基数，缴费比例为0.125%，由个人账户划拨。甘南州则针对各级机关、事业单位参保人员、关停国破企业退休职工作出了规定，由同级财政进行补助，个人部分通过划转个人账户方式缴纳。

最后，在减少企业和个人负担方面做了新的尝试。除起步阶段单位缴费从其缴纳的职工基本医疗保险费中划出的规定之外，昆明还明确规定自长护险启动实施后，城镇职工基本医疗保险统筹基金和个人账户基金划入比例分别调低0.2%，确保不因长护险的启动实施增加单位和个人缴费负担。汉中市规定，经认定的特殊困难退休职工个人缴费部分由个人和财政各分担50%，以减轻特殊困难人群的个人负担。

(二) 筹资模式与水平

目前，试点城市长护险基金的筹资形式主要有比例筹资与定额筹资两类。比例筹资是指以社会平均工资、居民可支配收入或人均纯收入等特定的收入标准为基数，进而按照规定的比例收取保险费用的筹资方式。定额筹资是规定参保人在一定周期内缴纳特定数额保费的筹资方式（参见附表1、附表2）。

首先，试点城市规定筹资标准，并按照医疗保险统筹基金、个人账户、财政补助等不同筹资渠道分别按规定数额进行筹资，筹资标准从每人每年24元至每人每年240元不等，筹资标准差距大。以上饶市为例，职工和城乡居民长护险筹资标准为每人每年90元，其中个人、医保统筹基金、单位缴纳或财政补助分别承担50元、35元、5元。

其次，按比例筹资的形式多样。采用比例筹资的城市有承德、长春、上海、宁波等14个试点城市，上述城市由医疗保险统筹基金、个人账户、财政补助等不同筹资渠道分别按规定比例进行筹资。采用比例筹资的城市，其筹资水平可分为三类：第一种是以居民或职工的收入水平为基数，承德、荆门、湘潭等7个城市的筹资水平主要以本市上一年度人均可支配收入、在岗职工平均工资水平来决定，主要表现在退休人员的缴费上。以湘潭市为例，退休人员长护险保费以本人上年度养老退休金收入总额为基数，个人按0.24%的费率缴纳。第二种是以社会医疗保险缴费基数为基数，包括上海、成都等9个试点城市。第三种是以医疗保险基金累计结余状况为依据确定筹资标准，如长春、宁波等5个试点城市。其中，比较特殊的是青岛市。青岛市将第二、第三种筹资方式结合，职工护理保险资金主要通过以下方式筹集：按照基本医疗保险缴费基数总额0.5%的比例，从职工基本医疗保险统筹基金中按月划转，以及按照基本医疗保险个人缴费基数0.2%的比例，从应划入在职职工本人医疗保险个人账户的资金中按月代扣。

最后，针对不同参保对象的筹资规定详细。采用比例筹资的城市中，晋城、盘锦、湘潭等6个试点城市均分别针对在职职工、灵活就业人员、退休人员的缴费比例与基数作出了明确规定，尤其是南宁市，还对在领取失业保险金期间的失业人员的缴费进行了具体说明，规定以个人当期参加职工基本医疗保险缴费基数为基数，按照0.3%的缴费比例缴纳长护险保费。值得注意的是，第二批试点城市中出现了定额筹资与比例筹资结合的筹资形式，呼和浩特市将职工与城乡居民筹资分开，职工采取比例筹资的方式进行，市本级财政每人每年补助10元，城乡居民则采取定额筹资的方式，筹资标准为每人每年70元。

（三）待遇支付

通过对各地试点方案比较发现，我国长护险服务提供分为居家护理、养老机构、医疗机构三种形式，其中青岛的服务形式划分较为细致，居家护理除了居家医疗护理外，还包括社区巡护，即由护理服务机构（含一体化管理村卫生室）照护人员通过上门形式，提供巡诊照护服务。少数地区则没有完全提供这三种服务形式，如宁波没有对居家护理作出规定，齐齐哈尔则没有规定医疗护理的服务形式。

第一，支付水平与支付范围差距较大。定额支付的城市支付标准从15元/天至100元/天不等，比例支付的城市补偿比例从产生费用的50%至100%不等，并且大多数试点城市还规定了最高支付限额，使得各个试点城市之间的支付标准存在较大差距。各个试点城市的支付范围也存在较大差距，如长春仅支付机构护理费用，而上饶的支付范围包括评估、自主照料、居家上门护理、居家上门产品（辅具）租赁等费用，导致不同试点城市参保对象所享受的待遇差距较大。值得注意的是，大部分地区机构护理的支付水平高于居家护理。居家护理的支付水平高于机构护理的地区仅有荆门、上海、成都、苏州、广州、呼和浩特、甘南州、盘锦、乌鲁木齐9个试点城市。

第二，待遇支付水平逐渐与失能等级挂钩。第一批试点城市在待遇给付时，仅有南通和苏州根据失能程度的不同进行了区分，两地区对重度失能的支付水平高于中度失能。第二批试点城市中，盘锦、南宁、呼和浩特等城市明确将待遇支付与失能等级挂钩。以呼和浩特为例，该市对不同失能程度、选择不同服务方式的人群进行了具体规定：若职工选择机构护理，则按照重度一级1 200元/月、重度二级1 500元/月、重度三级1 800元/月、中度失能900元/月的待遇支付；选择居家护理，则按照重度一级1 050元/月、重度二级1 350元/月、重度三级1 650元/月、中度失能750元/月的待遇支付；若居民选择机构护理，则按照重度一级750元/月、重度二级1 050元/月、重度三级1 350元/月、中度失能600元/月的待遇支付；若居民选择居家护理，则按照重度一级750元/月、重度二级1 050元/月、重度三级1 350元/月、中度失能600元/月的待遇支付。

第三，针对参保人员的缴费年限进行规定，并将参保年限与待遇支付水平挂钩。成都、湘潭、晋城、昆明、甘南州5个城市均在缴费年限方面作出了相关安排。成都市规定，参保人员需连续参保缴费2年（含）以上并累计缴费满15年，如果申请待遇时未缴足15年，可按标准一次性补足缴费年限后享受相关待遇。长护险制度启动前已参加市基本医疗保险，并在启动后连续缴费的参保人员，不受该项条件限制。长护险参保缴费年限累计达到15年后，累计缴费时间每增加2年，支付标准提高1%。长护险基金支付比例累计不超过100%。长护险制度启动前，参加该市基本医疗保险的实际缴费年限视作长护险缴费年限。

第四，待遇支付结合助推脱贫攻坚政策。上饶市规定对已纳入扶贫对象的建档立卡户和城镇贫困人口："失能人员选择居家上门护理，可享受亲情护理,即由亲属经护理服务机构培训,在机构的管理、指导、监督下,为其家里的失能人员提供照料护理。亲情护理标准为每人每月900元,其中800元由护理服务机构支付给失能家庭。对有劳动能力且愿意从事护理工作的扶贫对象优先吸纳并进行免费培训,在护理服务机构的管理、指导、监督下,为失能人员提供生活照料和医疗护理服务。"黔西南州规定:"为拓展就业岗位,助推脱贫攻坚,对建档立卡户贫困人口、边缘户、新市民等特殊群体中有劳动能力的人员,优先吸纳培训合格后,在护理服务机构的指导、管理、监督下,为失能人员提供相关服务。"

第五,针对异地护理、评估有效期等特殊情况作出规定。在第二批试点城市中,值得关注的是南宁的异地护理规定,选择在居住地接受长护险定点护理服务机构上门护理或入住长护险定点护理服务机构,由长护险基金按照每月护理待遇标准的60%支付,余下40%由个人支付。呼和浩特、汉中、天津3个试点城市均规定评定有效期不超过两年。

试点城市长护险的待遇标准见附表3。

四、长护险试点政策服务供给

(一) 服务内容

2016年6月,《意见》中提出,要重点解决重度失能人员的基本生活照料和与基本生活密切相关的医疗护理问题。各试点地区在长护险服务内容的设置上,基本包括生活照料和医疗护理两种,但是地区之间的服务项目数量侧重点差异较大,碎片化特征较为明显。[①]

在29个试点地区中,有部分地区对长护险的服务项目划分做了具体

---

① 戴卫东,余洋. 中国长期护理保险试点政策"碎片化"与整合路径 [J]. 江西财经大学学报,2021 (2): 55-65.

说明，见表4。大部分地区以生活照料服务为主，如上海、苏州、南通、天津、福州、开封；部分以医疗护理服务为主，如青岛、广州、石河子。极少数两者兼顾，如荆门、成都。此外，也有部分地区对服务项目做了特殊的划分，如开封增设了服务设施项目1项（护理床位），齐齐哈尔则是按照供给形式不同将服务项目又做了进一步划分，归为居家护理服务内容14项、养老护理服务机构服务内容20项、医养护理服务机构服务内容27项。

表4　　　　　　　　　部分试点城市长护险的服务内容

服务项目	试点地区										
	上海	苏州	南通	青岛	荆门	广州	成都	石河子	天津	福州	开封
生活照料	27	13	10	6	14	7（含31小项）	16	6	16	16	32
医疗护理	15	2	2	14	13	19	13	13	11	11	10
合计	42	15	12	20	27	31	29	19	27	27	43（另加服务设施1）

（二）服务供给形式

在长护险供给形式上主要分为机构护理和居家护理两种。绝大多数试点地区两者均涵盖，部分地区供给形式仍不健全，没有居家护理，只有机构护理，如宁波、湘潭、南宁。各地对机构护理的供给有进一步划分，但表述不尽相同，没有统一规范，大体可以分为两类：第一类是按机构性质划分，分为医疗机构护理和养老护理机构护理两种，如承德、长春、苏州、南通、安庆、青岛、广州、福州等18个城市；第二类是按机构提供服务的方式划分，可划分为机构内护理和机构上门护理，如上饶、盘锦、北京石景山区、晋城、乌鲁木齐等7个城市。另外4个城市则是没有详细划分。各试点城市对居家护理的划分大多是按照提供服务的方式进行，分为居家自主护理（家属）与居家上门护理两种，如成都、开封、汉中、晋城、乌鲁木齐等 10 个城市，其余试点城市则没有做详细划分。另外，上海和青岛还增设了社区日间照护这一形式。具体见表 5。

表 5 试点城市长护险的服务供给形式

服务供给形式	细分标准	试点地区
机构护理	按机构性质（养老、医疗）	宁波、湘潭、承德、长春、苏州、南通、安庆、青岛、广州、福州、齐齐哈尔、昆明、荆门、成都、开封、汉中、上海、石河子
	按提供服务的方式（机构内、上门）	南宁、上饶、黔西南州、盘锦、北京石景山区、晋城、乌鲁木齐
	无详细划分	重庆、天津、呼和浩特、甘南州
居家护理	按提供服务的方式（家属、上门）	成都、开封、汉中、上海、上饶、黔西南州、盘锦、石河子、晋城、乌鲁木齐
	无详细划分	承德、长春、苏州、南通、安庆、青岛、广州、福州、齐齐哈尔、昆明、荆门、重庆、天津、呼和浩特、北京石景山区

五、长护险试点政策管理监督

（一）基金管理

从现行试点城市的基金管理来看，政策尚不完善，大部分试点地区的长护险基金管理基本参照现行社会保险基金有关管理制度执行，主要是实行市级统筹，试点阶段按照《意见》的要求，实行"统一政策标准、统一经办管理、统一招标采购、第三方承办运营"模式，开展基金单独建账、单独核算。部分试点地区出台的相关文件中甚至没有涉及基金管理的内容，这凸显出目前我国长护险试点工作存在很多问题，制度建设不完善的情况依然存在。某些试点地区结合本地区实际情况探索出一些长护险基金管理创新办法，具体政策内容如下。

第一，建立职工居民护理保险调剂金或风险准备金制度。如青岛市，通过建立职工居民护理保险调剂金[①]，每年从职工和居民护理保险资金中分别按不超过5%的比例划取，统一调剂使用。成都市医保经办机构按季度将基金划拨给委托经办机构，用于支付待遇和失能评定费用，同时预留10%的基金作为风险准备金。

第二，建立延缓失能失智预防保障金。与调剂金制度和风险准备金制度相同，预防保障金制度也是从职工和居民护理保险基金中划拨，但不同地区划取的比例有所不同。如青岛市每年从职工和居民长护险资金中分别按不超过1%的比例划取，接受社会各界捐赠，统一用于延缓失能失智预防工作。

第三，基金的补缺。当前长护险仍处于试点阶段，基金的收支运营稳定性有待提高，基金出现缺口的情况必须要考虑到。如长春市规定当基金当期出现缺口，由省人力资源和社会保障厅会商省财政厅解决，不得使用职工基本医疗保险、工伤保险和生育保险基金等进行调剂。

各试点地区的基金管理模式见表6。

表6　　　　　　　　　　试点地区基金管理模式

管理模式	试点城市
医疗（社会）保险经办机构运营	齐齐哈尔、长春、承德、上海、石河子、盘锦、南宁、乌鲁木齐
医疗保险经办机构负责监督，委托商业保险公司管理	青岛、南通、苏州、宁波、广州、安庆、上饶、荆门、重庆、成都、福州、黔西南州、昆明、汉中、湘潭、呼和浩特、北京石景山区、天津、晋城、开封

注：甘肃省甘南自治州的试点政策相关文件尚未搜集到。

（二）信息化建设

从目前试点地区出台的相关文件中可见，所有试点地区都制定了信息化建设目标，利用移动化管理工具，实现参保管理、待遇算法、考核评

---

① 《关于印发青岛市长期护理保险办法的通知》（青政发〔2021〕6号），2021-04-01.

价、基金结算和服务行为等数据汇聚的全程智能化管理。同时，探索实现部门间信息共享，打通部门之间信息壁垒，提高信息处理能力和效率。各试点地区信息平台建设主要可分为以下两种渠道。

第一个渠道，建设地区独立的长护险信息系统，并与区域卫生平台、民政信息系统、残联系统及人口基础数据库管理系统进行信息共享。如天津市、开封市、湘潭市、威海市等，建立本市长护险信息系统，实现全过程信息化管理，委托经办机构、定点护理机构和失能评定机构按要求配置软、硬件设备，并做好信息实时上传和人员管理。开封市已建成长护险信息系统，这套系统包括电脑端和手机端（手机端分别有参保、评估、护理、稽核4项），今后将实现长护险参保缴费、失能评估、服务管理、支付结算、基金监督等全流程的智能化管理，为参保人员提供更加高效便捷的经办服务。[①] 成都市通过市医保事务中心、市医保信息中心负责按照网上申报受理、服务实时监控与费用联网结算的要求，结合长护险信息系统建设规范，建设、管理与维护全市长护险信息管理系统。石河子市是在建立独立系统的同时，推进内部信息系统与兵团金保工程网络系统的联网接口设计。通过兵团金保工程系统及时获取被服务人员的参保状态、失能程度评估结果等信息，同时，将参保人的入院出院信息、每日服务项目记录及时上传；按月进行长护险费用结算，实现对长护险业务申办、管理、服务、结算及评价等信息实时上传、实时监控和统计分析。

第二个渠道，依托现有的医保信息平台。如呼和浩特市，依托全国统一的医保信息平台。还有一些地区是依托省市级现有医疗保险管理服务信息系统，如吉林省通过完善现有医疗保险管理服务信息系统，支撑省直长护险资金归集、参保人员管理、待遇管理、定点机构管理、费用结算等功能，并纳入与医疗、工伤、生育保险一体化的经办管理。

---

① 《开封市长期护理保险制度试行办法》（汴政〔2020〕36号），2020-12-29。

各试点地区信息系统的类别划分见表7。

表7　　　　　　　　　　试点地区信息系统建设类别

建设地区独立的长护险信息系统	天津、开封、湘潭、苏州、福州、黔西南州、昆明、乌鲁木齐、南宁、齐齐哈尔、上海、南通、上饶、北京石景山区、成都、石河子
依托现有的医保信息平台	呼和浩特、青岛、荆门、广州、重庆、盘锦、长春、宁波、安庆、晋城、汉中、承德

注：甘肃省甘南自治州的试点政策相关文件尚未搜集到。

（三）质量监管

质量监管主要是指针对试点地区长护险政策内容以及具体实施过程的评价考核和监督管理。在大部分试点地区的政策文件中，都对质量监管部分作出了详细的规定，总结起来主要包含以下几个部分。

第一，所有试点地区都建立了包括运行分析、质量评价机制和日常巡查机制在内的管理检查制度，如呼和浩特市、重庆市、成都市等。

第二，建立了基本的监管框架，包括机构监管机制、信息监管机制、运行监管机制、基金监管机制、人员监管机制、第三方委托服务机构监管机制、风险防范机制、考核奖惩机制和流程监管机制等，同时还完善相关法律法规和规章制度以及投诉渠道的建设。考虑到地区间差异和原有医保制度的完备程度，不同试点地区监管框架体系侧重点不同。有些地区重点强调对基金运行的监管，各级医保经办机构通过建立举报投诉、信息披露、内部控制、欺诈防范等风险管理机制，确保基金平稳运行和安全可靠，如重庆市、成都市和济宁市等。有些地区强调对机构运行的监管，如吉林省。

第三，在监管方法方面，实施了包括信息实时上传、第三方机构审查、跟踪调查、网络信息系统、随机抽查访谈、满意度调查、绩效评估、考核奖励、建立失信清单等手段。重庆市的方法设计较为完备，通过信息网络系统、随机抽查寻访、满意度调查等手段，加大对协议护理机构运行情况的跟踪管理，同时还结合国家部委联合奖惩备忘录和相关法律法规，建立完善联合奖惩机制和措施，对已列入相关行业领域"黑名单"的严重失信主体，在政府采购、公共事业特许经营等活动中纳入约束和限制。①

第四，社保中心建立了对委托经办机构的考核考评机制，作为经办服务费用和基金划拨的主要依据，主要内容包括经办服务、失能评定、照护服务提供、照护服务满意度等情况，以及其他需要考核的内容，如东营市。

（四）经办管理评估

在现阶段试点地区中，关于经办管理的内容仍不完善，只有部分地区在实施意见政策中单独列出并作出详细规定，部分地区甚至在实施意见中完全没有涉及这部分内容。总结现阶段试点地区关于经办管理的内容主要包括：一是实行管办分离模式，管理与具体经办相分离；二是试点地区的医疗保障经办机构负责长护险经办服务，通过公开招标的方式委托具有相应资质的商业保险机构负责部分具体经办工作；三是委托经办服务费的确定及支付；四是建立绩效评估、考核激励和风险防范机制。

由于地区发展阶段和现实情况的差异性，部分试点地区在经办管理内容上呈现出求同存异的现象，在跟随大趋势的基础上作出了适宜的探索。如在长护险经办管理的责任机构方面，大部分试点地区是市医疗保险经办机构负责管理，如苏州市；有些地区则是单独设立长护险经办机构，如晋城市；还有些地区是社会保险经办机构负责管理，如北京石景山区；宁波市是一个特殊例子，由市级社保经办机构及海曙区、江北区、鄞州区、高新区、东钱湖旅游度假区的医保（社保）经办机构作为长护险经办机构，负责试点经办管理工作。

在具体经办内容方面，宁波市、重庆市、成都市和北京石景山区等都

---

① 《关于印发〈重庆市长期护理保险实施细则（试行）〉的通知》（渝医保发〔2018〕14号），2018-12-11。

作出了详细具体的规定，明确了市级医（社）保经办机构、区（县）级医（社）保经办机构和第三方商业保险机构的具体责任内容。但是各试点地区在经办机构的职能分工方面有所不同。宁波市和重庆市在长护险经办管理职责分工方面主要表现为市级社保经办机构负责统领全局，包括规则制定、监督管理、基金管理等；区级医（社）保经办机构负责对市级社保经办机构工作的具体落实；第三方机构则主要负责评估、审核、检查、宣传和咨询等工作。这种分工清晰明确，医（社）保经办机构负责主要工作内容，第三方机构起到补充协助作用。成都市在宁波市和重庆市基础上，将长护险费用的审核、结算工作交由第三方机构负责。北京石景山区则是更加凸显第三方机构的责任地位，社会保险经办机构负责长护险参保登记和基金的征缴、支付、账户管理，负责参保单位及个人的监督管理工作，区医保局对商保经办机构实行协议管理，将更多的工作交由第三方来完成，包括咨询、监督和管理、审查、结算核算以及支付、档案管理、服务管理信息系统的建设等。

目前在试点地区经办管理中最大问题就是经办人员的缺失，尤其是专业的经办人员。当前试点地区经办人员大多没有相关资质和经验，缺乏系统性培训，对长护险这一新兴保险类型了解程度不够深入，尤其是一线人员，在日常操作过程中对老年人生活护理、医疗保健和心理疏导等方面欠缺专业知识，导致服务质量监管得不到保障。

六、未来发展思考

总体上，两批29个国家长护险试点城市在制度还没有统一定型的情况下，虽然部分城市有一些创新经验，但整体上呈现出"碎片化"特征。过度"碎片化"就是其中存在的问题，未来试点扩面与定型产生制度转轨成本的可能性较大。为此，"十四五"时期需要尽早谋划，顶层设计需要采取必要的措施，以规范试点政策的健康发展。

（一）扩大覆盖面，提升制度公平性

十九大报告提出，按照"兜底线、织密网、建机制的要求，全面建成覆盖全民、城乡统筹、权责清晰、保障适度、可持续的多层次社会保障体系"，长护险应尽快扩大试点范围，将广大城乡居民纳入保障网。一方面是制度正义的内在要求，另一方面也是保障制度持续发展的源泉动力。新时代社会保障体系需要"覆盖全民""一个不能少"，同时也只有这样，长护险"资金池"才越大，制度支付能力才越强。扩容长护险"资金池"的关键是让更多居民参与其中。应该充分吸收试点经验，加强顶层设计，尽快扩大试点范围，尤其是向农村地区拓展，让农村地区失能人群尽快享受到制度实惠。

（二）扩展筹资渠道，强化制度独立性

建立我国社会长护险，需要依托资金成本投入作为保障。我国的医疗保险基金运行压力较大，医保基金收不抵支的风险增大，目前我国老龄化人群数量逐渐增加，导致长期护理需求越来越高，对于医疗保险形成了强烈冲击。长护险依靠划转社会医疗保险基金结余的方式筹集资金，不是长久之计，长护险筹资渠道需要进一步拓宽。出台和实施有关税收优惠措施，大力倡导和鼓励社会组织与个人加入制度中来。构建起多元化长护险筹资渠道，扩充主体来源，包括政府、单位、个人等，以及福彩金和慈善捐款。促进资金使用互济性提升，保证长护险基金独立性。

（三）提高给付水平，缓解老年家庭贫困

根据对先进国家长护险给付情况分析发现，我国长护险筹资机制存在给付水平较低和给付时间较短的普遍问题。据调研，相当一部分试点城市

长护险基金积累额较大,为此需要针对受益失能人员家庭进行调查,对于低保家庭或因病致贫家庭可适当提高支付比例,不一定局限于国家医保局政策文件的70%报销比例,以降低老年失能者家庭陷入贫困的风险。

(四)强调医养结合,优化服务供给方式

未来长护险服务供给应以社区、居家养老为主,辅之机构养老,并且通过科学分类、合理调配来实现真正意义上的医养结合。从老年人个人意愿、医疗资源利用以及服务可及性等角度出发,社区及居家养老辐射范围和照护效果比机构养老更适合未来老龄化社会发展。与此同时,机构养老若要更好地发挥医养结合的效用,也需要进行统一改革。如可以根据照护人数来调配不同规格的机构,入住100人以下的机构,可以启用普通养老院来应对常见病护理;入住100~500人的机构,可以通过服务外包的形式与中型医院或社区医院进行合作;入住500人以上的机构,则可以与大型三甲医院合作开通绿色通道或建立附属性养老院,来解决照护需求。科学认识家庭、社区、养老院、医院在长期护理中的服务角色与功能,以服务供给的多元组合拳来促进医养结合落地发展。

(五)完善基金管理,促进可持续发展

对于现阶段试点地区基金管理的发展方向,可从三个方面进行改善。

首先,这是一个从无到有的过程。针对目前仍未建立较为规范的基金管理条例的地区来说,可以充分发挥后发优势,将现行社会保险基金有关管理制度与本地区现实情况相结合,充分吸取国内外试点地区和国家的先进经验,因地制宜建立起一套完整的基金管理条例,完善长护险相关政策。

其次,这是精益求精进一步完善的过程。针对已有较为完善的基金管理条例的试点地区来说,需要在此基础上进一步探索。目前我国在基金管理方面存在很多的不足,市场机制的不完善以及各地区发展差距过大是重要原因,在此基础上探索更好的基金管理办法,主要体现在两个方面。一是要确定合理的费用支付方式和支付比例。合理的费用支付方式包括费用补偿型和确定型两种给付方式。当采用补偿型方式时,对长护险参保人的偿付,是参保人接受长期护理服务时发生的实际的、直接的护理费用。护理费用的补偿应当设有起付线、赔付限额和自付比例等,通过这些措施增加参保人费用节约意识,最终减少费用支出。当采用确定型方式时,首先要建立适合我国国情的长期护理服务等级标准,再根据失能的轻重程度将失能人员分为不同级别,对每一级别设定相应标准确定偿付费用。可以选用平均费用作为其偿付费用标准,即根据各护理等级费用分布的平均位置作为其平均标准,偿付长期护理服务提供方所消耗的医疗康复资源和人力资源等。二是长护险基金保值增值问题。长护险基金是一种长期基金,为了抵御通货膨胀对基金实际价值的侵蚀,必须保证长护险基金的保值增值,这与我国资本市场的良性发展密不可分。同时,需要构建营运基金的专业组织体系,以及相应管理监控制度,将不同基金依照各自目标,最终实现基金的周期平衡。

最后,要拓宽筹资渠道,提高基金支持能力。建立多元化的筹资模式是保证长护险制度可持续发展的重要基础。长护险基金应建立国家和地方进行财政补贴、企业和个人履行缴费义务的机制。允许职工采用个人账户余额缴纳长护险费用,不新增个人缴费负担。政府财政承担"兜底"投入,建议把福彩公益金作为长护险基金的固定补贴来源,不仅可以减少长护险基金对医保基金的依赖,还可以维持长护险基金的动态平衡。

(六)建立"护联网"信息系统,提高监管效率

探索"长护险+大数据"模式,实现精准监督。一是用好长护险大数据。加大参保人员基础信息库与医保数据的比对,详细把握参保人信息。整合信息资源,优化联网监测数据上报机制,实现申报和结算台账的自动生成,使数据波动一目了然,提高预警敏感度。将增加移动端信息收集纳入信

息采集渠道，实时读取信息，实时预警；打破数据壁垒，实现与医保、卫健委等部门间数据融合。建设适应长护险业务可靠安全大数据管理平台，助力监管、决策、服务，将数据的分析运用于政策调整和有针对性指导监督工作开展，提升监管的效能。二是持续助力长护险业务发展。借鉴医保智能审核系统的经验，开发长护险智能监控系统和稽核系统应用，补齐过去人工监督效能低下、数据信息采集滞后的短板，实现精准监督，高效监管。

（七）强化人才保障，保证服务质量

加强对经办队伍的培养，加大专业服务人才培养力度。目前养老护理员紧缺，直接制约长护险制度的运行和发展。第一，建议从国家层面完善护理人才培养体系，采取有力措施，鼓励中专和高等院校开设老年护理专业以及相关护理学课程，加快培养高素质护理服务的人才队伍，以扩大养老服务人才的培养规模。第二，逐步开发、推广养老护理员在岗培训课程体系。老年人生活护理、医疗保健和心理疏导等方面要纳入专业培训课程。[①] 完善培训流程，建立考核和实践相结合的准入机制，从业人员需通过统一的课程考试，完成规定时间的实习课程。要将养老机构建设成为养老服务实训基地，给实习生增加实操的机会，避免理论和实践脱节。第三，关注、关心护理人员的待遇和成长。加强从业人员培训，着重吸收年轻的护理人员，为护理行业注入活力。积极改善养老服务的工作环境，吸引更多人投身护理事业。完善职业待遇和岗位激励制度，逐级对护理人员进行补贴。保持服务机构工作人员的相对稳定性，帮助员工提高护理能力，畅通晋升渠道，明确职业发展方向。第四，建立和规范持证上岗制度，不断提高社会养老护理服务质量。在条件成熟时，对所有养老护理一线工作人员和管理人员推行养老护理员资格认证和持证上岗制度。

---

① 戴卫东. 日本、韩国长期护理教育培训体系比较及思考［J］. 老龄科学研究，2015（10）：72-79.

附表1　　　　　　　定额筹资试点城市长护险筹资水平

城市		医保基金	个人账户	个人缴费	财政补贴	单位缴费	其他渠道
南通	职工	50元/(人·年)	50元/(人·年)				
	灵活就业	50元/(人·年)			50元/(人·年)		
呼和浩特	城乡居民	50元/(人·年)		10元/(人·年)	10元/(人·年)		
天津	职工	120元/(人·年)				120元/(人·年)	
黔西南州	职工	45元/(人·年)	45元/(人·年)		10元/(人·年)		
汉中	职工	30元/(人·年)	50元/(人·年)		20元/(人·年)		
乌鲁木齐	职工	50元/(人·年)		30元/(人·年)	20元/(人·年)		
安庆	职工	15元/(人·年)		20元/(人·年)	5元/(人·年)		
长春	城镇居民	30元/(人·年)					
齐齐哈尔	职工	50元/(人·年)	50元/(人·年)				
苏州	职工	60元/(人·年)					
	居民	30元/(人·年)					
上饶	职工	35元/(人·年)	50元/(人·年)			5元/(人·年)	
	居民	35元/(人·年)		50元/(人·年)	5元/(人·年)		

续表

城市		医保基金	个人账户	个人缴费	财政补贴	单位缴费	其他渠道
开封	职工、退休人员	60元/(人·年)（按月）	60元/(人·年)（按月）				
	无个人账户人员	60元/(人·年)（按月）		60元/(人·年)			
重庆	职工	60元/(人·年)	90元/(人·年)				
	居民	60元/(人·年)		90元/(人·年)			
北京石景山区	职工	90元/(人·年)	90元/(人·年)				
	灵活就业	90元/(人·年)		90元/(人·年)			
	城乡居民			90元/(人·年)	90元/(人·年)		
石河子	职工	15元/(人·月)					福彩公益金50万/年
	居民>18周岁（除大中专在校学生）			24元/(人·年)			
	60岁以上老年人+重度残疾				40元/(人·年)		
成都	城乡居民未满60岁			12元/(人·年)	13元/(人·年)		
	城乡居民≥60岁			5元/(人·年)	20元/(人·年)		
甘南州	职工		120元/(人·年)		120元/(人·年)		

附表2　　比例筹资试点城市长护险筹资水平

类型		城市	筹资水平/基数	医保统筹基金	个人账户	个人缴费	财政补贴	单位缴费
居民或职工的收入水平	呼和浩特	退休人员	养老金				10元/（人·年）	
		无个人账户的退休人员	养老金			0.2%（按年）		
	承德	职工	上年度工资总额的0.4%	0.20%		0.15%	0.05%	
	荆门		上年度居民人均可支配收入的0.4%	0.10%		0.15%	0.15%	
	湘潭	退休人员	本人上年度养老退休金收入总额			0.24%		
		灵活就业	上年度湖南省全口径城镇单位就业人员平均工资			0.24%		
	晋城	退休人员	退休工资		0.15%（按年）		0.15%（按年）	
	南宁	退休人员	上年度个人基本养老金		0.15%（按月）			
	广州	享受职工医保退休待遇参保人员	上年度本市在岗职工月平均工资的60%		0.12%			
医疗保险缴费基数	呼和浩特	职工			0.20%			0.20%
		单建统筹的职工			0.2%（按年）			
		城乡居民		50元/（人·年）		10元/（人·年）	10元/（人·年）	
	成都	职工＜40岁		0.200%	0.10%			
		职工≥40岁		0.200%	0.20%			

续表

类型	城市	筹资水平/基数	医保统筹基金	个人账户	个人缴费	财政补贴	单位缴费
医疗保险缴费基数	成都	退休人员	退休人员城镇职工基本医疗保险个人账户划入基数	0.3%（按月）	0.30%		每人每月0.1%（按年）
	晋城	职工		0.15%（按月）	0.15%（按月）		
		灵活就业			0.30%		
	南宁	在职职工			0.15%		0.15%
	青岛	职工		0.50%	0.20%	30元/（人·年）	
	福州	职工		0.125%	0.125%		
		灵活就业		个人缴纳的医保费中0.25%			
	盘锦	职工			0.200%		0.20%
		灵活		个人缴纳的医保费中0.2%	0.20%		
	上海	第一类人（职工）					1%（按季）
	昆明	职工		0.20%	0.20%		
		灵活就业		0.400%			
	广州	未满35岁参保人员		0.05%			
		满35岁至未满45岁参保人员		0.05%	0.020%		
		满45岁至退休前参保人员、退休延缴人员		0.05%	0.080%		

续表

类型	城市		筹资水平/基数	医保统筹基金	个人账户	个人缴费	财政补贴	单位缴费
医疗保险缴费基数	广州	居民≥18岁的在校学生				0.030%	0.03%	
		居民≥18岁的其他城乡居民				0.12%	0.12%	
	承德	灵活就业	0.150%					
	湘潭	职工		0.120%	0.120%			
	长春	职工		0.30%	0.200%			
		灵活就业		0.50%				
医疗保险基金累计结余	盘锦	退休人员	职工基本医疗保险个人账户划入基数	0.20%		0.20%		
	上海	第二类人		居民医保统筹基金				略低于第一类人
	昆明	退休	退休人员医疗保险个人账户划入基数		0.200%		0.20%	
	宁波		职工医保基金子账户划转					

附表3　　试点城市长护险的待遇标准

分类	城市	医疗机构住院护理	养老机构护理	居家护理	居家上门护理
定额支付	齐齐哈尔	75%，30元	70%，25元	70%，20元	50%，20元
	安庆	60元/天	50元/天	重度失能：15元/天	—
	上饶	1 200元/(人·月)	1 200元/(人·月)	450元/(人·月)	900元/(人·月)
	重庆	50元/(人·日)	50元/(人·日)	50元/(人·日)	—
	黔西南州	70%，1 000元/(人·月)	70%，1 000元/(人·月)	70%，200元/(人·月)	70%，900元/(人·月)

续表

分类	城市	医疗机构住院护理	养老机构护理	居家护理	居家上门护理
定额支付	晋城	70%，每人每日定额100元	70%，每人每日定额100元	30元	70%，每月定额1 500元
	宁波	40元/(人·日)	40元/(人·日)	—	—
	天津	70%，70元/(人·天)	70%，70元/(人·天)	75%，2 100元/(人·月)	—
	南通	重度：50元/天 中度：10元/天	重度：40元/天 中度：10元/天	重度：15元/天或6选1套餐 中度：8元/天	—
	湘潭	70%，二级及以上医疗机构限额为100元/(人·天)；一级及以下医疗机构支付限额80元/(人·天)	70%，限额为50元/(人·天)	—	80%，限额40元/(人·天)
	苏州	重度：30元/天 中度：23元/天	重度：30元/天 中度：23元/天	重度：每月服务15次，每次服务时间2小时 中度：每月服务13次，每次服务时间2小时 93.75%，支付居家护理普通护理员费用	95%，支付医疗护理员服务费用
	呼和浩特	职工：重度一级1 200元/月；重度二级1 500元/月；重度三级1 800元/月；中度失能900元/月 居民：重度一级750元/月；重度二级1 050元/月；重度三级1 350元/月；中度失能600元/月	职工：重度一级1 200元/月；重度二级1 500元/月；重度三级1 800元/月；中度失能900元/月 居民：重度一级750元/月；重度二级1 050元/月；重度三级1 350元/月；中度失能600元/月	职工：重度一级1 050元/月；重度二级1 350元/月；重度三级1 650元/月；中度失能750元/月 居民：重度一级750元/月；重度二级1 050元/月；重度三级1 350元/月；中度失能600元/月	—

续表

分类	城市	医疗机构住院护理	养老机构护理	居家护理	居家上门护理
比例支付	承德	70%,限额每日60元/(人·床)	70%,限额每日50元/(人·床)	—	70%,限额每日40元/(人·床)
	广州	职工:75%;居民:70%	职工:75%;居民:70%	职工:90%;居民:85%	—
	甘南州	70%	70%	75%	—
	南宁	70%	70%	—	75%
	盘锦	70%	70%	—	80%
	上海	—	85%	90%	—
	长春	职工:90%;居民:80%	职工:90%;居民:80%		
	汉中	70%,不超过1 200元/月	70%,不超过1 100元/月	70%,不超过450元/月	70%,不超过800元/月
	开封	65%,月支付限额为1 900元/人	—	支付限额为900元/人	75%,月支付限额为1 500元/人
	乌鲁木齐	—	70%	75%,全日居家护理	50%,限额40元/(人·时),每日不超过2小时
	荆门	70%,日限额150元/(人·床)	75%,每人每床日限额100元	全日居家护理:80%,每人每日限额100元;非全日居家护理:每人每日限额40元	—
	北京石景山	70%,90元/(人·天)	70%,90元/(人·天)	70%,由家政护理员(或亲属)提供居家护理服务,60元/小时,支付上限30小时/月;80%,机构护理人员上门服务12小时/月,90元/小时	80%,90元/(人·天),每月支付上限为30小时

续表

分类	城市	医疗机构住院护理	养老机构护理	居家护理	居家上门护理
比例支付	成都	75%，重度一级542元/(人·月)；重度二级722元/(人·月)；重度三级903元/(人·月)	75%，重度一级542元/(人·月)；重度二级722元/(人·月)；重度三级903元/(人·月)	75%，由家属等个体服务人员提供居家照护服务的：重度一级434元/(人·月)；重度二级578元/(人·月)；重度三级722元/(人·月)。个体服务人员参加规范化培训，培训合格的：重度一级542元/(人·月)；重度二级722元/(人·月)；重度三级903元/(人·月)	75%，重度一级542元/(人·月)；重度二级722元/(人·月)；重度三级903元/(人·月)
	青岛	职工90%；一档缴费成年居民、少年儿童和大学生80%；二档缴费成年居民70%			
	石河子	参保年限小于5年，支付比例50%，支付标准375元；参保年限每增加5年，支付比例提高20%，支付标准提高150元；大于等于15年的，支付比例为100%，支付标准为750元			
	福州	不低于70%			
	昆明	月支付限额原则上不超过待遇计发基数的70%			

2.5 曜阳养老品牌的打造

沈淮[①]

中国红十字会总会事业发展中心(以下简称"中心")是中国红十字会总会直属事业单位,长期致力于公益养老、教育助学、扶贫济困、文化宣传等公益事业,开展了一系列工作,打造了"曜阳养老""拔萃教育""博爱中国"三个品牌。在公益养老服务领域,中心结合红十字组织的性质和优势,探索公益性服务与市场化运作相结合的新型社会养老服务模式,不断强化"曜阳养老"公益品牌的党建引领、人文关怀和医养结合特色,逐步形成了曜阳养老模式。经过20多年的努力和探索,曜阳养老的服务内容不断拓展,社会影响越来越广,中心由公益养老服务的实践者逐渐成长为公益养老服务的引领者。

一、曜阳养老发展历程

自1999年以来,中心秉承"人道、博爱、奉献"的红十字精神,主动发挥社会组织优势,积极探索公益服务与市场化运作相结合的新型社会

---

① 中国红十字会总会事业发展中心办公室副主任。

养老服务模式，着力打造了以党建引领、人文关怀和医养结合为特色的"曜阳养老"服务品牌，逐步形成了包括兴建曜阳养老机构、开展曜阳关爱行动、开展养老志愿服务行动、构建曜阳支持平台为主要内容的"曜阳养老"服务体系。

一是兴建曜阳养老机构。中心先后在扬州、杭州、济南、贵阳、邯郸、北京海淀等地建成了10家曜阳养老机构，为5 000多名老人提供高品质专业化的养老服务。其中扬州曜阳和杭州富春江曜阳，各自包含自理型养老公寓、康复（老年）医院和护理院三大功能板块，形成了"全程照护医养结合型养老服务"模式，成为曜阳养老品牌旗舰店。

二是开展曜阳关爱行动。中心主动关爱贫困老人和失能半失能老人，先后协调中央彩票公益金1.73亿元、募集爱心捐赠5 000多万元，帮助中西部地区近1 100家养老机构，惠及老人近15万人。中心还组织爱心艺术家，经常赴中西部养老机构开展慰问演出，丰富了老人的精神文化生活。

三是开展养老志愿服务行动。中心直属养老机构及曜阳联盟成员单位大力发展曜阳志愿者并搭建曜阳志愿者团队为老人开展志愿服务。这些为老服务志愿工作深受老人欢迎，取得很大成效，社会反响良好。2019年12月2日，"守护夕阳——为老服务志愿者荣耀盛典"举行，活动由中央广播电视总台央视《社会与法》频道联合中国红十字会总会事业发展中心共同举办。活动旨在讲好为老服务志愿者故事、树立为老服务志愿者榜样、号召整个社会共同参与为老志愿服务。该活动通过宣传和推广为老服务志愿行动，感召更多社会公益力量关爱老人，在全社会积极营造"养老、孝老、敬老"的良好氛围，引起了社会广泛关注和好评。

四是构建曜阳支持平台。中心与3 000多家养老机构建立了联系，在提供物资支持的同时，举办了50期养老护理员培训和养老院长培训，累计培训2 000多人次；与中国社会保障学会合作，连续举办7届"中国养老服务业发展高层论坛";组织养老院长3 000多人次,参加了近30次学术交流活动。2018年,中心与CCTV合作举办了"职业盛典——优秀养老护理员事迹展播活动"并在CCTV-12频道播出,极大地提升了养老护理员的社会地位和职业荣誉感。

经过多年的努力,"曜阳养老"工作取得了突出的成绩,不仅产生了良好的社会影响,而且得到了有关领导的高度肯定。

二、曜阳养老主要业务

(一)曜阳养老模式

自成立以来,中心着力打造以党建引领、人文关怀和医养结合为特色的"曜阳养老"服务品牌,着力探索发展公益性服务与市场化运作相结合的养老服务模式,不断推动公益养老事业可持续发展。

第一,寻求与政府、企业长期合作办公益事业的方式方法。公益机构与企业合作,公益机构承接政府"公建民营"项目以及公益机构、企业和政府合作举办养老机构是多年来中心探索举办公益养老机构的三种方式。扬州曜阳利用社会各界定向捐赠资金和设备建设运行。富春江和济南两所曜阳老年公寓与企业合作,由企业出资兴建。北京海淀、黑龙江抚远和吉林白城是承接"公建民营"项目。江西德兴曜阳是企业承接"公建民营"项目后与中心合作兴办。总之,地方政府、公益机构、爱心企业可以发挥各自优势,整合各方资源力量,共同推动可持续发展的新局面。

第二,探索公益性服务与市场化运作相结合的着力点。一方面,积极筹集社会资金,努力争取政府政策扶持和资金支持,为特殊贡献和特殊困难家庭老人提供免费或低于成本的公益性服务,充分体现公益性。另一方面,面向社会,按照市场经济规律运营。增设特色养老服务项目,满足有稳定收入来源老人的个性化需求。同时,将一部分公寓和文化娱乐设施对外开放,将运营盈利的一部分再用于公益养老,促进和扩大公益性服务。

(二)曜阳农村养老服务

针对农村老人经济资源有限、经济自养能力不足、身体健康状况堪忧、日常生活照料自理困难、情感慰藉匮乏等养老难题,中心通过联合地方政府、派驻曜阳养老服务团队、共建社区曜阳老年人活动中心、组织当地志愿者、进行对口帮扶等多种途径,开展农村多元化主体参与的养老服务工作,并探索出农村居家养老服务工作体系。

第一,整合农村养老资源。突破传统家庭单一供给主体的局限,强调政府、社会、社区和家庭等多元养老主体共同参与农村养老服务,通过整合政府的政策资源、社会的人力资源、社区的设施资源和家庭的亲情资源,构建为老服务社会支持网络。

第二,满足农村居家养老需求。一是满足老人居住在家或熟悉的社区中享受养老服务"叶落归根"的传统养老观念,体现居家养老便利性强、舒适度高、自由度大等特点。二是通过大量的走访调研,优先解决老人的吃饭难、精神空虚等难题,配套提供健康管理、心理咨询、精神慰藉、个人卫生清洁、家务清理、生产生活帮扶、代买代办等养老服务。

第三,提供农村居家养老志愿服务。农村居家养老服务志愿者由经过培训的当地爱心志愿者和低龄健康老年人所构成,形成了"就地取材"式的志愿服务队伍。进行一对一结对帮扶,既增强了志愿者社会认同感,又利用其相互熟悉的优势,为高龄老年人带来较高质量、较高效率的服务。

第四,构建农村社区"孝老"文化。一是广泛开展"孝道"宣传教育,弘扬中华民族传统美德,做到子女孝顺,创造和谐的家庭环境,恢复农村以往的"孝老"文化传统。二是在志愿者的带动和志愿服务活动的影响下,在社区形成一种"人人为我、我为人人"邻里互助的良好氛围,广泛传播"友爱、互助、进步"的志愿服务精神和"人道、博爱、奉献"的红十字精神，构建农村社区守望相助的精神文化家园。

（三）曜阳社区居家养老服务

曜阳社区居家养老服务，主要是按照"服务架构、实现途径、支撑体系"的顶层设计来推进和落实。

第一，构建三位一体的社区居家养老服务架构。"三位"是指曜阳老年公寓、曜阳托老所和曜阳管家服务，包含了机构养老、社区养老和居家养老三种服务模式。"一体"是指曜阳养老服务中心，是曜阳养老的服务窗口，是养老需求与养老服务的转换平台。三位一体的服务架构体现了曜阳社区居家养老模式的高效化、便捷化、专业化。

第二，寻找三点一线的社区居家养老实现途径。"三点"是指曜阳养老服务中心（服务窗口）、曜阳社区居家养老服务工作站和家庭。"一线"是指居家老人向曜阳养老服务中心提出服务请求，曜阳养老服务中心根据请求，协调安排相关服务工作站执行，各服务工作站接到指令后，与居家的服务对象直接联系与沟通，将养老服务送到家庭，并完成服务项目。结合曜阳养老服务中心"12349"服务热线和专属手机App，实现三者紧密联系，层层相扣，连成一线，缺一不可。

第三，建立三制一网的社区居家养老支撑体系。"三制"是指体制、机制和法制。体制支撑表现在政府的政策主导作用、公共财政的投入和部门支持；机制支撑表现在各级政府、全社会的各类相关组织在养老服务业的多元化参与和投入上；法律支撑表现在法律制度对养老服务业的监管、评估和风险规避上。"一网"是指互联网。互联网支撑体系形成"互联网+养老服务"创新模式。在建设好社区养老服务综合信息平台基础上，着力建设好智能养老云系统。

（四）曜阳机构养老服务

中心通过筹资举办、公建民营、品牌合作等多种形式，在江苏扬州、浙江杭州、北京海淀、山东济南、河北邯郸、贵州贵阳、江西德兴、湖北公安、吉林白城和黑龙江抚远等当地民政部门注册成立或合作举办的民办非企业养老机构，按照"公益引领+市场推动"的经营管理理念，为做出突出贡献的革命功臣、劳动模范、烈士家属等，以及高龄、失能、失智、独居、生活困难的社会老年人，提供人性化、专业化、规范化的养老服务。

第一，打造精准化的养老服务。曜阳养老机构努力打造"医护康养+全程照护"的综合养老服务模式，按照《老年人能力评估（民政行业标准）》将老年人精准分类分级为自理型老人、半失能老人、失能老人和患病老人等各类各级，分别提供生活照料、文化娱乐、精神慰藉、康复治疗、医疗护理和安宁服务等人性化、个性化、规范化的综合养老服务。

第二，打造标准化的养老管理体系。曜阳养老机构按照中心建设标准、管理标准和服务标准的养老标准建设要求，组织人员学习并贯彻执行了"曜阳托老所系列标准"、《曜阳养老标准（失能失智篇）》，学习了"曜阳养老机构指导系列丛书"，充分体现了建设适老化、管理标准化、服务规范化的标准建设要求，形成了独具"曜阳"特色的管理标准体系、服务标准体系和建设标准体系。

第三，打造特色化的养老品牌。一是党建引领。按照"党建工作引领养老服务"的思路，建立养老机构基层党组织，丰富党组织活动，鼓励党员志愿参与养老帮扶工作。二是人文关怀。引入了专业社会工作者和志愿服务组织，为入住老人提供必要的精神慰藉和心理咨询服务。依据自理型老人的兴趣爱好，组建了不同门类的老年人协会，鼓励老年人自理自立、主动参与。三是医养结合。延伸传统养老服务模式，开创医养结合服务模式，依据全程照护型、专业护理型、医养结合型三种模式，形成多层次、多种类、可流动、规范化、体现公益性与市场化相结合的医养结合服务体系。

此外，曜阳养老机构还以机构为平台，将养老服务向周边社区、农村辐射，探索进村入户为老人开展养老服务的有效途径。同时，全面开展了党建引领养老工作、志愿结对帮扶工作，试点开展了智慧化养老和服务社会化工作。

（五）曜阳数字康养

随着人们对养老服务质量的要求越来越高，养老机构及其服务、平台的管理和运营能力也面临更大挑战，中心运用"大数据"、互联网、人工智能等新一代数字技术，驱动康养领域的全面创新，为养老院赋能，让养老不再困难。

第一，建设曜阳数据中心。一是统计组成联盟成员单位的养老机构、企业、社会组织及志愿者组织为老服务的业务发展动态数据。二是监控曜阳连锁机构安全营运和为老服务的即时状况。三是存储曜阳养老服务大数据，为联盟发展决策和业务运营提供大数据支持，不断提升曜阳养老服务的数字化发展水平。

第二，建设曜阳互联网养老院。曜阳互联网养老院就是指建设一所"没有围墙的联盟曜阳养老院"，即用现代化信息技术，把现实养老院虚拟化，运用互联网、人工智能手段把养老的"建设、管理、服务"资源实行无缝连接和无限整合，让资源互联互通共享，为养老院提供互联网医疗室、社区健康服务、院务管理及家庭床位的信息化管理系统助力运营和服务支撑，让养老不困难，让老人分享服务更方便、更快捷、更优质。

第三，提供曜阳大健康智能居家服务。曜阳大健康智能居家服务以智能居家网络为基础，以社区养老服务中心为依托，以居家服务站为网点，为居家养老服务、居家分时护理服务提供智能解决方案和运营方案,打造以"健康、智能、快捷、高效"为特色的曜阳居家养老服务产品。

(六)曜阳养老标准体系建设

为推动全国养老机构的标准化建设,提高养老机构的规范性管理和服务水平,中心着力打造了曜阳养老标准体系。为此,中心联合中国社会保障学会(以下简称"学会")、中共中央党校等,邀请全国人大常委会委员、人民大学教授、中国社会保障学会会长郑功成等专家学者,在梳理广大养老机构建设、管理与服务等方面必须遵循的最基本和最起码的工作要求的基础上,融入了曜阳养老机构的有益经验和特色做法,形成了"曜阳养老标准体系"。

该标准体系为养老机构负责人,以及从事养老服务管理、养老服务建设、养老服务保障的工作人员提供了行业标准化参考,为从事护理及相关服务的工作人员提供了出入院服务、生活照料、医疗护理、医疗康复、文化娱乐、心理精神支持、安宁服务、风险防范与应急处理等标准化服务规范。

为提升全国养老机构管理和服务水平,中心自 2012 年开始,面向全国养老机构的院长和一线护理人员,开展曜阳养老院长、护理员培训工作。中心在北京、江苏、河北、云南、贵州等地,建立了养老服务培训基地,支持扬州技师学院、江海学院、云南经管学院、贵州省护理职业学院、承德护理职业学院等院校设置了养老护理专业,并根据相关意见和建议系统梳理和设计了养老管理和护理培训内容,设立了相关课程;中心联合中国社会保障学会制定了"曜阳养老"服务标准,编制了"曜阳养老"服务培训教材 6 册,组建了专业师资队伍;在调研和"实战化"培训的基础上,以人力资源社会保障部初、中级养老护理员国家职业技能标准为蓝本,结合养老服务工作实际,编制出版了曜阳养老培训指导丛书,包括

《养老护理管理手册》《养老护理基础知识》《老年护理技术指导》《曜阳养老机构建设与管理指南》《曜阳养老机构服务规范》《曜阳养老机构员工手册》等。中心共完成养老院长、护理员、乡村医生培训近50期,培训和评价管理人员、专业护理人员近5 000人次,积累了丰富的经验。

(七)曜阳养老志愿服务

为响应习近平总书记指出的要健全社会参与机制,发挥有关社会组织作用,发展为老志愿服务和慈善事业的指示精神,以及《国务院办公厅关于推进养老服务发展的意见》提出的要"大力支持志愿养老服务,积极探索互助养老服务",发挥红十字志愿组织的作用,让更多的老年人安享晚年的政策要求,中心在经过5年探索的基础上,总结了江苏扬州、河北正定、湖北英山、江西兴国等地的养老志愿服务经验,于2019年5月8日正式启动了曜阳养老志愿行动,确定了机构、社区、农村三种养老志愿服务模式。

同时,中心在志愿服务中引入"时间银行"理念,将志愿者服务时间换算为积分。一方面,志愿者提供的志愿服务积分将作为今后兑换志愿服务的依据。另一方面,联系周边商家,定点接受志愿者用服务积分兑换相应的打折商品,以此作为志愿服务激励机制,取得了良好的效果。

截至2020年年底,中心直属养老机构发展志愿者400余人,为1 088位老人开展结对志愿服务;曜阳联盟成员单位发展志愿者4 000余人,开展服务4万多小时,惠及老人3万多人次;组建了由6万名医疗工作者组成的志愿者队伍,为老人提供医疗志愿服务;试点单位组织了近2万名志愿者队伍,活跃在各地养老机构、社区和农村。

(八)曜阳法律援助服务

我国已经进入老龄化社会,这是今后较长一段时期我国的基本国情。

党和国家高度重视老年人权益保护。1996年全国人大常委会通过了《中华人民共和国老年人权益保障法》，2019年中共中央、国务院根据我国进入老龄社会的实际，印发了《国家积极应对人口老龄化中长期规划》，强调"健全老年人权益保障机制，加强老年人法律服务和法律援助"。由于我国是在经济尚不发达的情况下提前进入老龄社会的，属于未富先老，伴随老年人口数量持续增加，高龄和失能失智老人数量不断提升，养老服务需求持续增长，对服务能力和质量提出了更高要求，涉及的法律问题也越来越多，如何保障老年人权益是全社会需要共同面对的重要课题。

中心认真落实党中央、国务院保障老年人合法权益的各项政策、方针，于2021年2月创新成立了法律援助部，号召全社会关注老年人权益保障，探索落实老年人权益保护，并积极与中国法律援助基金会进行合作，2021年5月初正式成为中央专项彩票公益金法律援助项目的实施单位，并于5月18日在中心举办了法律援助在行动公益律师进曜阳启动仪式暨首届中国老年人权益保护与法律援助论坛。同时，中心还组织了北京市12家律师事务所的300多名律师志愿者，以法律援助项目为支撑，主动拓展公益服务渠道，为老年人提供法律咨询、风险评估、法律援助、法律帮扶等方面的服务，满足广大老年人日益增长的法律服务需求。

(九) 曜阳关爱行动

2013年，中心开展曜阳关爱行动，主动关爱贫困老人和失能半失能老人。2014年起，在中央彩票公益金共计1.73亿元的专项支持下，中心为全国739家养老机构改善了入住条件。中心利用"曜阳护理员关爱基金"，为977名养老护理员提供了意外保险保障，直接惠及入住老人9万人。这些项目重点支持各省（自治区、直辖市）经济欠发达地区和失能老人养老问题比较突出地区，特别是国家扶贫工作重点县，以入住低收入失能老人达到一定比例的养老机构为资助对象。

(十) 曜阳养老联盟

曜阳养老联盟联系和组织了众多的养老机构,为全国各级各类养老机构搭建学习、交流、展示平台。同时,通过举办高端养老论坛等方式,凝聚政府、学界、养老行业及社会力量,使联盟成为全国"养老机构之家"和养老行业组织的"领头羊"。

曜阳养老联盟建立独立、完善的组织架构,参照行业协会的运作模式,为成员单位提供法律援助、政策咨询、宣传推广、重大活动参与、成员单位管理和护理人员培训等基础服务,并根据成员单位的需求信息,为成员单位提供参与物资采购、大型论坛、行业博览会等高端服务。

目前,中心与3 000多家养老机构建立了联系,在提供物资支持的同时,举办了近50期养老护理员培训和养老院院长培训,累计培训2 000多人次;与中国社会保障学会合作,连续举办7届"中国养老服务业发展高层论坛";组织养老院院长3 000多人次,参加了近30次学术交流活动。

三、曜阳养老典型案例

(一) 公安县众信养老服务中心——曜阳连锁化发展

公安县众信养老服务中心(以下简称"众信")是中心在湖北省公安县打造的曜阳养老示范基地。众信通过全面实施养老品牌建设,努力实现连锁化经营,以及品牌化和规模化发展。众信按照"1313"养老运营模式,连锁经营了宜昌市夷陵区小溪塔街农村福利院和孝昌县社会福利中心养护楼2家养老机构,承接了精神康复关爱项目、政府购买居家养老服务项目、"银龄行动"3个服务项目,实现了经济效益和社会效益的双丰收。

众信"1313"养老运营模式包含一个智慧信息平台、三块运营支撑体系、一套服务升级机制、三方实时监管保障。

一个智慧信息平台：线下运营活动，包括安全、食品、卫生、服务、管理、培训、娱乐、会议等，实行在线化留痕管理，且做到随时可追溯、可监管。实现业务移动化、数据互通化、管理协同化，满足老人"多位一体"的服务需求。

三块运营支撑体系：通过文化体系、培训体系、管理体系的建设，保障机构养老的组织运营能力。通过文化体系解决员工工作主动性问题，通过培训体系解决员工能力提升问题，通过管理体系解决员工团队建设和工作氛围问题。

一套服务升级机制：为了让老人得到幸福感受，在满足老人享受公益化服务的同时，开展市场化运作，创造经济价值和社会价值的双重效应。通过对老人生活路径的细致研究，形成一张养老服务需求全覆盖的服务网络地图，利用智慧养老信息云平台的大数据分析，根据老人需求要素的满意度在线数据分析，动态升级和创新服务内容，建立一套自动升级、迭代的服务创新系统。

三方实时监管保障：实现各级政府、养老管理人员、老人家属三方监管，要求员工通过手机终端或 PC 端，将工作内容实时上传至信息平台；对机构养老中的安全、服务、管理等工作状态，实行"事前、事中、事后"以及整个运营过程的全程全方位实时监管。

众信于 2018 年 3 月承接宜昌市夷陵区小溪塔街农村福利院项目后，团队人数从 7 人增加到 15 人，根据总部体系化标准，完善各项服务，精细化展开护理照料，逐步注入精神娱乐服务、个性化饮食服务等相关服务项目。第一，通过机构向居家延伸的方式，开展残联关爱老人居家上门照料服务。在接手该项目经营的当年，就赢利 2 万多元。第二，与宜昌家和医院开展了医养结合服务工作，显著提高了入住率，共收住政府集中供养的失能半失能老人111人，社会自费代养老人45人。

众信于2020年12月初承接了孝昌县社会福利中心养护楼失能半失能特困人员集中供养服务项目。现入住集中供养全失能老人40人，计划收住社会老人45人。

2017年，众信承接斗湖堤城区政府购买居家养老服务项目，为居家老年人提供助医、助餐、助洁、助浴等上门服务。2019年，众信承接了精神康复关爱项目，为城区130名（精神残疾、智力残疾）精神康复患者提供上门服务。2020年，众信尝试推行社会老人"助老卡"项目，同时正在筹备针对公安县高龄独居老人的"银龄行动"项目。

经过多年不断努力探索和不懈经营服务，众信收获了养老行业的多项荣誉，于2016年获得全国老龄工作委员会授予的"敬老文明号"荣誉称号，2017年被评定为"湖北省四星级养老机构"，2020年11月成为荆州市医养结合示范单位，2020年被评定为"国标级四星养老机构"。

（二）长沙青松老年公寓——党建引领曜阳养老服务

长沙青松老年公寓是曜阳养老联盟骨干会员单位之一，是2009年在民政部门登记成立的民办非营利企业养老机构，现有员工300余名，拥有养老床位1 200多张，是集养、护、医、临终关怀于一体的综合性养老服务机构。

长沙青松老年公寓领导班子非常重视党组织建设，公寓设立的第二年，即2010年便经上级党组织批准成立了党支部，2017年经上级党组织批准设立党总支，现在已发展成为长沙县青松老年公寓党委会。现有党员214名，其中员工党员43名（含两名预备党员）、流动党员171名（均为入住公寓的老人）。养老公寓党委会下设四个正式支部（员工党员支部）、三个功能支部（入住老年人党员支部）。

在运行机制上，坚持"三同步"模式。将党的建设与公寓事业发展联系起来，将党总支、党员的先进性与养老事业的责任心、使命感联系起来，坚持党建工作与公寓事业发展和日常管理同步共振，即同步部署、同步落实、同步检查。

在组织设置上，形成并坚持"员工正式支部+入住老党员功能支部"模式。员工支部活动按照党章要求活动，党员的先进性要体现在爱岗敬业、全心全意为老年人服务上。入住老党员支部按照"支部建在楼层、活动开展在楼层"的方式建立，实施"四不两参与"管理，即不转党的关系，不在支部交纳党费，不发展党员，不参加支部以外的选举，参与党的学习，参加党的各类活动，以此增强老党员的荣誉感、责任感、组织归属感，保护其健康、快乐、正能量的养老心境并感染其他入住老人，保护其参与公寓建设和管理的积极性。

在阵地建设上，实行"党建+N建"模式。保持以党建促进养老事业发展的积极态势，坚持党建带动工会、共青团、妇委会、民主党派、老龄委、志愿者组织等群团组织建设，吸引社会上的各种力量关心公寓入住老人、支持公寓养老事业发展。

在队伍建设上，实行"双培、双用"模式。将党的建设与职工队伍建设、公寓文化建设、公寓制度建设紧密联系起来。在抓实"三会一课""主题党日""两新党组织建设"党建教育培养的同时，实施"双培、双用"工程，即将公寓员工中的优秀骨干培养成党员，将党员骨干培养成公寓管理骨干。

长沙青松老年公寓2012年被中组部授予"全国创先争优先进基层党组织"荣誉，2015年被民政部授予"全国先进社会组织"荣誉，2013年被湖南省老龄委确定为"湖南省农村综合老年福利机构示范工程"示范单位，2018年被中共湖南省委宣传部授予"湖南省社会主义核心价值观示范点"，共取得各项社会荣誉38个。

（三）常德福寿颐康园——曜阳养老标准化建设

常德福寿颐康园是经常德市民政局、市卫健委、市人社局备案、验收、批准成立的一家集社区养老、机构养老、安宁疗护、职业培训为一体的民办非企业养老机构，设计养老床位700余张，入住老人530余人。在湖南中质信管理技术有限公司派驻的专家组的帮助下，常德市福寿颐康园根据《曜阳养老机构服务规范》《曜阳养老机构建设与管理指南》《曜阳养老机构员工手册》等标准规范及自身实际情况，通过精心策划，组织实施了一套完整且高标准的质量管理体系，并顺利通过了ISO 9001认证审核，是湖南省首家通过ISO 9001质量管理体系认证的养老机构。

常德福寿颐康园成立了由院长任组长的标准贯彻认证工作小组，由湖南中质信管理技术有限公司专家担任技术顾问，制定标准贯彻认证计划书，召开专题办公会议，明确职责分工，召开全园实施ISO 9001认证动员大会。

一是标准培训。通过各种不同形式的培训，并尽量多地采取互动方式，不断加强对标准条款的认识和理解，不明白、有疑义的就讨论，统一思想，达成共识。中层以上干部利用每周六上午中层会时间集中学习ISO 9001标准，各部门主管再将学习的内容向本部门员工讲解，连续一个半月。每次院长办公会、中层例会第一小时先由管理者代表主讲有关质量管理标准体系的相关内容。另外，园区还举行了5期专题培训班，分别对要素分工与程序文件编写、部门作业文件编写、内部审核等具体问题进行了培训。

二是文件梳理。标准文件梳理工作分为三部分。第一部分是对园区所有下发的有关质量管理类文件进行梳理和修订，包括园区管理规定和基本规章制度，形成了《福寿颐康园管理通则和基本规章制度》。第二部分是对园区应执行的有关法律法规进行梳理，包括法律、条例、部门规章，形成了《福寿颐康园质量管理体系适用的法律法规汇编》。第三部分是对园区设置的各岗位的职责、权限进行梳理和修订，形成了《福寿颐康园各岗位描述》。

三是体系文件编写。园区质量管理体系共分三个层次文件。第一层次是按照要素分配，园长编写准则和第六章的指导原则，由园长发布并解读福寿颐康园的质量方针和目标，阐述对医疗、护理服务质量的管理理念，发表《园长声明》。第二层次是确定了园区的组织机构，明确了园区各岗位的职责和权限，管理者代表负责编写《质量手册》，组织职能部门编写《程序文件》。第三层次是部门作业文件由部门主管组织编写，部门质控员执笔。文件编写过程中对行文格式进行了统一。

四是内审与管理评审。体系试运行期间，由8名内审员分四组，按照《内审程序》进行了两次内审和一次管理评审，对园区质量管理体系的充分性、适宜性、有效性及其业绩进行了全面评价，提出了质量管理体系改进方案。

质量管理是一个永恒的主题。常德福寿颐康园通过开展ISO 9001质量管理体系认证工作，在质量管理的方法和有效性上找到了一条有效途径，服务质量得到了改进，服务业绩和老人满意度得到了提升。

一是明确了质量目标。通过标准贯彻过程，全园质量方针（科学管理、一流服务、老人满意、持续改进）和质量目标更加明确，投诉率≤5%，入住流失率≤2%，回访率100%，服务满意度≥90%，餐饮满意度≥85%，采购合格率≥95%，岗位持证上岗率、员工健康证持证率、员工培训完成率、老人评估完成率、药品合格率、安全生产落实率等均为100%质量目标。

二是理顺了管理关系。标准执行对园区各项工作的开展起到了重要的指导和规范作用，园区管理水平和效能得到了进一步的提升。

在财务管理方面，通过标准贯彻进一步加强成本控制，合理调配资金，组织财务人员开展业务培训。两年来，园区成本费用节约达50多万元。

在为老人服务方面，园区聘请了具有丰富管理经验、身体健康、工作热情高的30名老人代表作为监督员，对园区生活、服务、安全等三个方面加强监督。园内老人的问题及建议，可以通过监督员及时反馈至园方，不断推进园区服务水平的提升。

经过全园上下的不懈努力，得到了老人及家属的高度认可，园区收到锦旗232面，字画80余幅，感谢信55封，口头表扬300余次。

三是强化了部门职能。部门职能的理顺和强化，有效促进了园区管理工作的加强以及管理效能的提升。

四是优化了工作流程。工作流程是园区的筋骨，支撑着全园区经营运作，工作流程的优化有效提高了服务工作的针对性和操作性。

ISO质量管理是一套科学、成熟的管理体系，常德福寿颐康园通过ISO 9001质量体系认证，树立了湘西北甚至湖南省养老行业的新标杆地位。

中国养老服务发展报告(2021)

3. 地区篇

3.1

京津冀养老服务发展报告

杨立雄[①]

作为我国的"首都经济圈"、三大人口经济密集区之一,京津冀人口老龄化发展呈现出老年人口增速快、规模大、寿龄长等特点。面对着日益严峻的人口老龄化形势,以及养老设施总量不足、布局不当、标准不高等普遍存在的问题,北京市、天津市、河北省积极响应国家战略,把握机遇、勇于求变,按照"养老扶持政策跟着老人走"的思路,主动探索有利于三地资源共享、优势互补、高质高效的养老服务发展路径。但也要看到,目前在加快推进京津冀养老服务协同发展方面还存在一些制约因素,导致三地养老服务质量参差不齐,影响着京津冀养老服务一体化的进程。为此需要引入整体性治理思路,激发老年人异地养老的需求并发挥区域间协同治理的作用。

一、北京市养老服务发展现状

按照第七次人口普查结果推算,北京市常住人口达 2 189.3 万人,60

[①] 中国社会保障学会养老服务分会副会长、中国人民大学教授。

岁及以上人口429.9万人，占19.6%。其中，老龄化的快速发展导致老年抚养系数持续上升，按15~59岁劳动年龄户籍人口抚养60岁及以上户籍人口计算，北京市老年抚养系数为44.3%。为应对老龄化危机，北京市采取了一系列措施，探索大都市养老服务新模式。

(一) 主要措施

具体措施主要有以下几个方面。

一是加强顶层设计。近些年来，北京市相继印发《关于全面放开养老服务市场进一步促进养老服务业发展的实施意见》（京政办发〔2017〕13号）、《关于加强老年人照顾服务完善养老体系的实施意见》（京政办发〔2018〕41号）、《关于加快推进养老服务发展的实施方案》（京政办发〔2020〕17号），统筹谋划养老服务发展。立法通过《北京市居家养老服务条例》，组织编制《北京市养老服务专项规划（2021年—2035年）》，围绕国际一流的和谐宜居之都及老年友好型城市的建设目标，全面建成全面覆盖、城乡统筹、独具北京特色的"三边四级"精准居家社区养老服务体系。出台养老机构运营补贴管理办法、加强养老服务人才队伍建设意见等政策。据统计，截至2020年年底，由北京市人民政府、北京市民政局、北京市老龄工作委员会等单独或联合出台的养老服务政策法规共计58份，内容涉及居家养老服务、街道养老照料中心、康复辅助器具、福利机构消防安全标准、家庭医生签约服务、新冠肺炎疫情防控、养老护理员职业技能培训、老年人能力综合评估等方面，为北京市养老服务业的健康快速发展创造了良好的制度环境。

二是完善养老服务产业发展政策。2017年，北京市人民政府印发《关于全面放开养老服务市场进一步促进养老服务业发展的实施意见》（京政办发〔2017〕13号），提出推动养老服务产业发展的21条措施；2019年3月，北京市民政局制定《北京市促进养老领域消费工作方案》

（京民养老发〔2019〕43号），从增收减支、有效提高支付能力、扩大养老供给、引导消费意愿、优化养老领域消费环境、保护老年人权益等方面提出9条措施；2020年5月，北京市人民政府制定《关于加快推进养老服务发展的实施方案》（京政办发〔2020〕17号），以"保基本、优体系、通堵点、强管理"为目标，提出新时代推进养老服务发展的30条举措；2021年，北京市又组织编制了《北京市养老服务专项规划（2021年—2035年)》，从优化养老服务资源空间配置等20多个方面强化规划引领。上述政策促进了北京市养老服务产业的快速发展。

三是加大养老服务支持力度。北京市逐步加大了对养老服务的支持力度，具体支持政策包括：对社会兴办的非营利性养老机构，每新建一张养老床位给予4万元至5万元一次性建设补贴；对社会资本开办养老照料中心最高给予450万元补助；对养老机构每床每月给予最高达到1 050元的补贴；所有养老驿站用水、用电、用气、用暖统一落实居民价优惠；分别为进入养老服务行业的本科、专科、中职毕业生给予6万元、5万元、4万元的一次性入职奖励；对符合条件养老护理员发放护理岗位奖励津贴，最高每人每月1 500元；对在养老服务机构内专职从事养老护理服务工作的人员，按照每人1 500元的标准给予培训机构职业技能培训补贴。

四是加快养老服务领域"放管服"改革。北京市深入贯彻落实"放管服"改革要求，取消养老机构设立行政许可，实行备案管理，优化营利性养老服务机构登记备案流程；将营利性养老服务机构备案纳入"多证合一"登记改革，简化办事流程；降低养老服务业准入门槛，从事养老服务的市场经营主体办理工商登记的，按照《国民经济行业分类》"老年人、残疾人养护服务"核定行业，开展连锁经营的，可在同一区级行政区域内通过绿色通道集中办理登记注册；按照政事分开、管办分离的原则，将公办养老机构交由连锁化品牌化养老机构运营，主要是通过建立养老照料中心和驿站衔接机制、给予连锁运营补贴等措施，支持连锁品牌机构承接驿站建设运营。

(二) 取得的成就

经过多年的建设,北京市养老服务取得了以下成就。

一是构建了"三边四级"就近养老服务体系。北京市积极创新养老服务,围绕老年人床边、身边、周边,按照市级组织、区级指导、街乡统筹、社区落实的体系规划要求,制定实施区级养老服务指导中心、街乡镇养老照料中心、社区养老服务驿站建设意见和规划,形成党委领导、政府负责、社会主体、市场主力的基本养老服务发展格局。市、区层面,建设两级养老服务指导中心,作为北京市和区域养老服务的运行枢纽和指挥平台,集成区域专业化资源。在街乡层面支持社会力量建设具备机构养老、居家助老、社区托老、专业支撑、技能实训、信息管理等六大功能的街乡镇养老照料中心,打造就近养老的集中养老专业平台,实现机构、社区和居家三类服务相互依托、资源共享。在社区层面采取"政府无偿提供设施、服务商低偿运营"方式建设社区养老服务驿站,构建社区居家养老服务的"总服务台"。截至2020年年底,已建成并运营262个街乡镇养老照料中心,1 005家社区养老服务驿站。

二是养老服务质量逐步提升。截至2020年年底,北京市共建成并运营养老机构544家,养老床位10.8万张。100%机构实现医养结合,100%机构实现明厨亮灶,100%实现运营养老机构基础指标合格。深入推进养老服务标准化建设,编制9项居家养老、机构养老地方标准,累计发布机构标准17项、居家养老标准13项,其中7项已被推荐为国家标准;优化完善养老机构、驿站服务质量星级评定制度标准,新评定或复评养老机构70家,星级养老机构达430家。出台社区养老服务驿站管理办法,建立驿站准入退出机制,进一步规范了驿站管理标准、服务规范。做实信用监管,将违法违规开展金融活动、欺老虐老等11种情形纳入信用黑名单,实行运营商禁入、联合惩戒。2020年,在全国率先发布了21条失信数据,涉及15家养老服务机构。扩大社会监督,制定养老服务业诚信自律公约,推动行业自律。

三是老年人福利水平居全国前列。北京市扩大社会优待范围,364.8万常住老年人持养老助残卡获得社会优待、社会服务、社会福利。整合建立困难老年人养老服务补贴、失能老年人护理补贴、高龄老年人津贴制度,每人每月补贴最高可达1700元,惠及75万名老年人。出台困境家庭服务对象入住养老机构补助政策,每人每月补助可达3600元。出台特殊家庭老年人通过代理服务入住养老机构政策,解决失独、孤寡等特殊老年人入住养老机构、就医等难题。60岁及以上的本市户籍老年人和常住外埠老年人均可享受包括政务服务优待、交通出行优待、文体休闲优待、维权服务优待等在内的六大项共44条优待政策。累计为常住老年人制发养老助残卡467.34万张,累计依托北京通养老卡发放养老助残服务补贴3530.72万次、补贴金额41.37亿元。

四是养老产业蓬勃发展。北京市民政局等多部门联合出台了《北京市养老服务人才培养培训实施办法》,积极推进养老服务人才队伍专业化、职业化建设,提高养老服务人才队伍整体质量。加大养老护理员职业技能培训和从业人员技能提升培训,成绩合格后给予培训机构每人1500元的补贴。北京市还通过政策扶持、资金补贴,撬动社会养老产业蓬勃发展。截至2020年年底,北京市共有养老机构544家,其中街乡镇养老照料中心306家,社区养老服务驿站1005家,养老服务商近2万家,2/3以上养老床位由社会资本运营。2014年至2016年政府投入街乡镇养老照料中心建设补助资金近5亿元,撬动社会直接投资20多亿元。

(三)发展建议

北京市养老服务也存在一些问题,主要表现为:养老资源配置不均,存在空间错配现象，中心城区床位供给紧张，郊区床位闲置；养老服务设施得到明显改善，但是服务能力有待进一步提升，护理人员短缺问题日渐凸显；人均养老设施用地不达标，存量养老设施土地性质不符、规划不合法、建设手续不全等问题突出；养老产业有待进一步拓展，金融、保险、税费、融资等支持性改革尚未有效落地实施，社会资本前期投入较高，回报周期过长等。

在"十四五"期间，北京市养老服务应在以下几个方面进行完善。

一是健全基本养老服务制度。厘清政府和市场的边界，制定出台基本养老服务对象清单，重点将经济困难、失能、失智、重度残疾等特殊老年群体纳入政府兜底保障范围；加快推进养老补贴制度从"补床头"为主向"补人头"为主转变；推进建立失能失智老年人照护体系；建立健全家庭照护政策；建立健全养老机构应急制度。

二是完善"三边四级"养老服务体系。重点推进街乡镇养老照料中心和社区养老服务驿站建设，完善市级指导、区级统筹、街乡落实、社区参与的养老服务网络；制定实施养老服务驿站管理办法，明确其为失能、失智、高龄独居等老年人提供日间照料、家庭床位、助餐、助浴、助洁、应急援助等服务的功能定位；因地制宜综合发展家庭养老、机构养老、互助养老、志愿服务等养老服务模式；改造提升乡镇敬老院设施；全面落实养老服务机构用电、用水、用气、用热享受民用价格政策。

三是构建多层次养老服务联合体。推动京津冀养老服务联合体建设；推动以区为主体，建立健全中心城区和远郊区养老服务供需对接机制，实现中心城区和远郊区养老服务协同发展；以辖区内养老服务机构、照料中心、敬老院、社区养老服务驿站、家庭照护床位为重点，加强养老服务资源的统筹协调、对接转介、相互支持，促进就近养老服务功能连续衔接，盘活区域内养老资源，满足多样化养老需求。

四是加快补齐养老服务短板。做实养老服务用地规划，推进闲置设施利用；实施养老服务人才队伍技能提升专项行动，制定养老服务人才培养培训实施办法；培育发展老年用品市场，建立养老消费监测机制，推进养老服务机构品牌化连锁化运营，加快商业养老保险试点改革，促进养老产业发展。

五是加强养老服务监督管理。建立健全与中央部门、国家机关、中央企业、驻京部队等有效协调的工作机制，推动形成党委领导、政府主导、部门负责、社会参与、央地协同的养老服务工作格局；建立跨部门协同监管机制，建立失信联合惩戒机制；建立健全养老机构服务标准和评价体系，全面提升养老服务标准化水平。

二、天津市养老服务发展现状

随着经济社会发展水平、人民生活水平、医疗技术的不断提高，天津市人口平均寿命不断延长，老年人口总量不断增长，老年抚养系数持续上升。截至 2020 年年底，天津市 60 岁及以上常住人口 300.27 万人，占总人口的 21.66%，其中 65 岁及以上人口为 204.57 万人，占 14.75%，80 岁及以上人口为 36.27 万人，占 2.62%。为积极应对老龄化危机，天津市采取了一系列措施，取得了明显成效。

（一）主要措施

为积极应对人口老龄化，天津市构建了居家为基础、社区为依托、机构为补充、医养相结合的养老服务体系，从满足老年人实际养老需求出发，织密养老事业"五张网"，养老事业发展取得明显成效，天津市老年人幸福感和获得感得到大幅提升。具体措施有以下几个方面。

一是优化养老机构设施。截至 2021 年 6 月，天津市养老机构 390 家，各类床位总数达 7.7 万张，社会建养老机构占比 85%，形成国办和社会办养老机构优势互补、有序发展的格局。

二是加大社区养老服务设施建设。依托现有的1 200多个照料中心（站）、居家养老服务中心等设施，为老年人提供生活照料、家政服务、餐饮配送、便利购物、活动场所等服务，着力打造"没有围墙的养老院"。探索嵌入式养老模式，进一步推动社区养老服务设施达标工作。

三是开展居家适老化改造。天津市民政局、发展改革委、财政局、住建委、卫生健康委、残联等7部门印发《天津市老年人居家适老化改造实施方案》，对全市分散供养特困人员，低保和低收入家庭中的高龄、失能、残疾老年人，按照户均3 500元标准，对7类基础项目实施居家适老化改造，进一步提升老年人居家安全环境。

天津市按照"企业为主、党政助力、公益支持、群众参与"的思路，以"一卡、一键、一中心、一平台"为切入点，实施居家养老"133"工程，制定居家养老工作文件、制度、政策39篇，探索形成多层次、广覆盖的居家养老服务格局，形成了一套基层养老管理服务体系，建设了一批能够满足老年群众基本需要的综合为老服务设施，基本完成全区统一的老年人口数据库、养老服务网、居家养老服务管理平台整体框架的设计和搭建工作，形成了"一库一网一平台"的基础格局。

（二）取得的成就

天津市养老服务取得了长足进展，主要表现在以下几个方面。

一是成功地完成了居家养老试点。按照0.7千米服务半径，布局居家养老服务中心（以下简称"中心"）45个，总面积达到2.5万平方米，在36个中心现场制餐，为老年人提供助餐、生活照料、康复理疗和家政等服务，在中心嵌入社区卫生服务站或健康驿站19个，形成居家养老"15分钟服务圈"，日均服务量达到5 800多人次；免费为有需求的4 000余名独居老人提供呼叫服务，为600余名困难独居老人安装"一键通"；为60

岁以上河西户籍老年人购买意外伤害保险，将助餐补贴由年满80岁扩展至70岁，得到广泛好评。目前，天津市河西区已在区、街道、社区三级逐步开通使用统一互联互通的养老服务平台，助餐、助医、助急三项服务持续开展，线上与线下服务、现场与入户服务、管理与服务功能"三个融合"稳步推进。

二是推进全国居家和社区养老服务改革试点。天津市积极争取国家支持，分批将河东区、南开区、静海区、和平区先后纳入全国居家和社区养老服务改革试点。目前，河东区围绕公益创投、产业和互联网等方面的"养老+"服务模式，南开区在第三方评估和标准化方面的养老服务监管模式，静海区"1+3+N"的农村养老服务模式，和平区"嵌入式"服务模式等已得到辖区内老年人的充分认可。

三是推进老年人助餐服务。天津市政府办公厅印发《关于推进老年人助餐服务工作试行办法的通知》，通过补老人和补企业并举的"双补贴"方式，为老年人提供安全、方便、实惠的助餐服务，全市共设立老人家食堂1 600余家，享受政府助餐补贴的老年人累计70余万人次，累计惠及100余万人次。

四是推进照料中心可持续发展。天津市采取购买服务或服务外包方式，吸引专业社会组织和养老服务企业承包运营照料中心、支持社会组织和企业利用自有或租用房屋开办照料中心共490余个，每年对评估合格的社会化运营照料中心给予12万元补贴。

五是落地智能化服务。落实《天津市智慧健康养老产业发展实施意见（2018—2020年）》，扶持企业和社会组织探索智能健康养老模式。目前，培育46家智能服务企业，落地社区119个，2家公司被授予"智慧健康养老示范企业"称号，河东区东新街道被授予"智慧健康养老示范街道（乡镇）"称号，5家公司9款产品、2项服务入选2020版全国智慧养老健康产品和服务推广目录。

六是拓展农村养老服务。出台加强农村留守老年人关爱服务工作的政策措施，初步形成农村留守老年人关爱体系；加强农村养老服务设施建设，70%以上的照料中心向农村倾斜；加大政府购买力度，困难老年人居家养老服务（护理）补贴实现城乡统筹。

七是助力养老服务结构信贷。疫情期间，坚持多措并举，牢牢守住安全底线，全力打好疫情防控阻击战。2020年、2021年上半年拨付运营补贴6 000万元，并下达一次性防疫补贴金497万元；协调各区政府开展为期一个月的"助力减租暖心"活动，共计减免199.47万元；与中国银行开展合作，推出专项信贷额度支持等10条措施，满足养老服务机构信贷资金需求。根据疫情变化，多次调整养老服务机构防控措施，力保"一老"阵地安全。

八是成立困难老年人应急响应平台。各区民政部门在积极推进困难老年人应急响应平台，滨海新区、和平区、河西区、河东区等8个区均建立老年人应急呼叫服务平台，红桥区承接"津治通"社会治理重点关爱群体智能服务平台试点任务，河北区开展居家困难高龄、失能老年人智能安全、巡访试点工作，社区网格员坚持"早看窗帘晚看灯""敲敲门、拍拍窗"，采取多种方式定期问候，开展关爱服务工作，帮助解决实际困难。为做好封闭中的养老机构老人和工作人员思想疏导工作，天津市开通热线，持有国家心理咨询专业资质的志愿者在线提供放松减压、心理疏导等方面的服务。

(三) 发展建议

天津市需要在以下几个方面进一步加强养老服务工作。

一是加强老年医疗保健机构建设。将老年医疗卫生服务纳入本市各级卫生事业发展规划。鼓励基层医疗卫生机构、区级医院和老年病专科医院等医疗卫生机构与养老服务机构建立签约服务机制。鼓励社会资本举办护理院、康复医院和提供临终关怀的医养结合机构。基层医疗卫生机构为辖区内 65 岁以上常住老年人普遍建立健康档案。

二是建立居家为主的养老服务体系。巩固家庭养老基础地位,加快完善居家为基础、社区为依托、机构为补充、医养相结合的养老服务体系。将城乡经济困难老年人全部纳入居家养老服务(护理)补贴范围。推广"互联网+养老"的智能居家养老模式。探索"物业服务+养老服务"模式,支持物业服务企业开展老年供餐、定期巡访等形式多样的养老服务。逐步建立以社区为平台、社会组织为载体、社会工作者为支撑的居家养老服务"三社联动"机制和以空巢、留守、失能、重残、计划生育特殊家庭老年人为主要对象的居家探访制度。调整照料中心职能定位,加快推进社会化运营改革,由养老机构、社会组织和企业承包运营服务,新建的要全部实行,原有的要逐步实现。延伸照料中心服务功能,向行动不便的居家老年人、空巢和失能老年人延伸服务。

三是积极拓展服务领域。引导养老服务企业和机构优先满足老年人基本服务需求,拓展养老服务内容,鼓励和引导相关行业积极拓展适合老年人特点的文化娱乐、体育健身、休闲旅游、健康服务、法律服务、精神慰藉等服务。加强残障老年人专业化服务,对接老年旅游需求,发展适合老年人的自驾车、房车露营和邮轮旅游,繁荣养老服务消费市场。

四是开发老年产品用品。围绕老年人的衣、食、住、行、医、文化娱乐等需要,引导企业积极开发康复辅助器具、食品药品、服装服饰等老年用品用具和服务产品。

五是完善养老保险政策。完善覆盖全体城镇职工和城乡居民、更加公平可持续的养老保障体系,逐步扩大基本养老保险参保人数,按照国家统一部署,构建包括职业年金、企业年金以及个人储蓄性养老保险的多层次养老保险体系。落实养老保险关系转移接续政策,进一步畅通养老保险关系转续通道。

六是完善医疗保障制度。推进异地就医住院医疗费直接结算,将符合条件的医养结合机构按规定程序纳入定点医疗机构范围,将低收入家庭老年人纳入重特大疾病医疗救助范围,将符合条件的低收入计划生育特殊家庭老年人纳入城乡医疗救助范围。

七是完善社会福利和社会救助制度。逐步调整经济困难老年人居家养老服务(护理)补贴受益人群范围和补贴标准,使补贴政策更加精准。继续实施农村计划生育家庭奖励扶助和特别扶助制度。将所有符合条件的老年人按规定纳入最低生活保障、特困人员救助供养等社会救助制度保障范围。完善临时救助制度,加强对老年人的"救急难"工作。

三、河北省养老服务发展现状

(一)取得的成就

第七次全国人口普查数据显示,河北省 60 岁及以上老年人口 1 481.20 万人,占常住总人口(7 461.02 万人)的 19.85%,65 岁及以上老年人口 1 038.79 万人,占常住总人口的 13.92%,"十四五"时期河北省将进入中度老龄化社会(老年人口占比超过 20%)。为应对老龄化危机,河北省大力发展养老服务,取得了以下成就。

第一,养老服务法规政策逐步健全。河北省制定了《河北省居家养老服务条例》,修订了《河北省老年人权益保障条例》等,为全省养老服务高质量发展提供了坚强的法制保障。河北省政府先后印发《关于加快发展养老服务业的实施意见》《关于全面放开养老服务市场提升养老服务质量的实施意见》《关于加快推进养老服务体系建设的实施意见》等文件,相关部门围绕养老服务财政扶持、税费优惠、用地保障、人才培养等方面出台了系列专项扶持政策文件,基本构建起符合河北省实际的养老服务政策体系。养老服务体系建设规划列入省政府"十四五"专项规划序列,养老服务设施配建和配置标准纳入国土空间规划,各市养老服务设施建设专项规划编制工作取得积极进展。

第二,基本建成养老服务供给体系。河北省委、省政府坚持"政府引导、部门协调、企业参与、市场化运作、社会化服务"原则,全面推进社区和居家养老服务发展,不断提升机构养老服务质量,大力扶持医养康养创新模式。截至 2019 年年底,全省共有养老机构 1 671 家(其中社会办养老机构 1 255 家,占比 75.1%),床位 21.4 万张(含经营性养老机构床位 2.57 万张),入住老年人 10.8 万人,床位使用率达 50.5%。全省共建有养老服务设施 3 474 个,点对点覆盖城镇社区 3 147 个,建成标准化(建筑面积 750 平方米以上)的社区居家养老服务中心 579 个,社区日间照料服务站(点)2 262 个,具有日间照料功能的养老机构 633 家。全省养老机构医疗服务实现全覆盖,其中 779 家(占全省养老机构的 46.6%)内设医疗机构,453 家(占全省养老机构的 27.1%)具有医保定点资质。石家庄、邯郸、保定、邢台被选为"国家级医养结合试点"城市,全省共计 52 家"省级医养结合试点单位",沧州泊头市解放街道等 9 家单位入选"国家智慧健康养老应用示范"单位。

第三,养老服务保障要素得到优化。河北省对省内 8 000 户老年人家庭进行无障碍和适老化改造,对 218 家农村特困人员供养机构进行改造升级。建立经济困难高龄、失能老年人养老服务补贴、护理补贴制度,共惠及老年人 18.2 万人,其中享受护理补贴的老年人 3.7 万人,享受养老服务补贴的老年人 10.5 万人,享受高龄补贴的老年人 108 万人。累计救助供养农村特困老年人 22.6 万人,为 8.68 万名农村贫困失能人员提供稳定可持续的照护服务。全省共有城市低保老年人 3.4 万人,农村低保老年人 79 万人。社会资本加快进入养老服务市场,养老服务资金来源日趋多元化。互联网、物联网、云计算、大数据技术与养老服务融合发展,智能养老产品日益丰富，建成并运营 36 个养老服务综合信息平台，初步实现 13 个市（含定州、辛集）主城区全覆盖。省内高等院校和中职学校涉老和护理专业不断增多，养老机构护理人员岗前培训和定期培训制度逐步健全，养老服务从业人员队伍不断优化。

第四，养老服务支付体系日益完善。河北省积极开展城镇职工、企业职工、城乡居民基本养老保险的扩面工作，在实现基本养老保险全覆盖的基础上积极推进企业（职业）年金、个人储蓄性养老保险和商业保险发展，多层次养老保险制度基本建立。承德、巨鹿长期护理保险试点稳步推进，邢台市在全省率先建立推行了"长护险"制度。适老金融产品加快发展，为老金融服务便利性进一步增强，居民养老财富储备和养老服务支付能力得到提升。

第五，养老服务监管体系初步建立。河北省不断加强养老服务领域放管服改革，养老机构设立由行政许可制转为登记备案制。建立河北省养老服务联席会议制度，24 个部门协同监管，联合执法，全省累计关停养老机构 129 家，取缔非法经营养老机构 94 家。连续 4 年开展"养老院服务质量建设专项行动"，全省各级累计投入资金 7.35 亿元，重点清除养老机构消防、食品和特种设备等重大风险隐患，规范养老机构内部管理，推动服务质量、消防安全"双达标"。覆盖从业人员和服务对象的养老服务行业信用管理体系初步建立，对存在严重失信行为的养老服务机构及人员实施联合惩戒的信用监管机制正在形成。养老服务标准化建设取得积极进展，星级养老机构示范带动作用日益凸显，养老服务质量建设长效机制逐步完善。

第六，养老服务业态日趋丰富。新型康养业态逐步兴起，一批康养服务基地和特色康养小镇建设完成。康复辅助器具产业加速发展，初步形成石家庄市以高端装备制造和区域服务、秦皇岛市以健康监测和康养示范、唐山衡水两市以机器人和医疗康复床为特色的差异化产业格局。结合乡村振兴等重大战略,因地制宜,探索总结"集体主办+自愿互助""机构运营+辐射周边""低偿收费+互助养老""扶贫项目+集体补贴""老年食堂+休闲娱乐""医养融合+康养服务"6种农村互助性养老新模式。全省建有1所省级老年大学,市县老年大学实现全覆盖,69%的乡镇(街道)建有老年学校或老年大学分校,超过30%的村(社区)挂牌设立城乡社区教学点,老年教育阵地不断扩大,覆盖城乡的省、市、县(市、区)、乡镇(街道)、村(社区)五级社区教育办学网络基本形成。经常性参与教育活动的老年人占比达到21.98%,公共文体设施适老化程度显著提升,群众性老年文体活动广泛开展,老年健康旅游蓬勃发展。

(二)有待改进的方面

一是资金投入不足,市场参与率低。河北省养老服务运行资金主要来源于财政拨款和补贴以及社会福利彩票,政府财政压力较大。养老服务机构前期投资大,回报周期长,回报率低,难以吸引社会资本广泛参与,且融资渠道较为单一,滋生融资难的问题。大部分养老机构多由民间资本进行注资,自负盈亏,资金压力大,导致投资者热情锐减,影响养老机构的良性发展。

二是队伍素质不高,专业人才匮乏。河北省养老服务从业人员以下岗、退休、失业人员或外出打工的农村妇女为主,专业化程度不高,理论知识储备不足,年龄结构偏大,持证上岗率低,工作效率低,很多养老服务仅局限于简单的医疗照顾和基本生活照顾类服务,无法有针对性地满足老年人多层次、个性化、差异化的需求。人才配置整体缺少统筹规划和统一的管理机制,各地养老服务人才管理混乱。职业社会认同感低,工资收入和地位难以提升,离职转岗频繁,人员流动性大。

三是市场定位存在偏差,医养结合融合度低。近年来,河北省养老服务机构数量不断增加,大多数养老机构推行"医养结合"模式,但是仍然偏"养"轻"医",且"医""养"融合度低。部分养老机构定位存在偏差,主要针对高端消费人群,盲目定位高端市场,床位空置率高。

(三) 发展建议

为进一步加强河北省养老服务体系建设,建议做好以下几个方面的工作。

一是加大政府指导力度。河北省政府要在养老服务体系中发挥带头引导作用,加大资金支持,对社区养老服务、机构养老服务等提供一定的资金,形成多元化投资主体,建立各层次均衡发展的新格局。合理确定"十四五"时期养老服务发展目标和关键指标,确保指标能量化,措施可落实。提升政府兜底性养老服务保障水平,完善各类补贴政策制度,探索建立居家社区定期探访制度。制定合理监督评估机制,增强各类制度的精准度和有效性。

二是丰富普惠型养老服务资源供给。加快推进养老服务机构规划建设,促进高质量发展,有效解决养老服务机构供需不平衡、发展不充分、市场不活跃等问题。制定医养结合机构服务和管理指南,有效整合医养资源。推进社区日间照料全覆盖,增强居家社区普惠服务能力;规范养老机构的内部管理,建立管理体制,因地制宜,提高管理水平。[1]

三是重视人才队伍建设。政府应加大政策扶持力度,落实相关专业人才培养补贴政策,将养老服务专业人才纳入紧缺人才培养目录中。制定养老专业人才行业标准,不断提升从业人员的技能水平和专业素养。[2] 同时,提高相关从业人员薪酬水平和社会地位,吸引和留住专业人才;加大从业人员职业技能培训力度,提升全员素质结构,整合教学资源,将技能培训

---

[1] 汪凤兰,张小丽,邢凤梅,等. 河北省城市社区居家养老服务供需状况实证研究及分析:以唐山市为例 [J]. 华北理工大学学报(社会科学版),2017,17(5):59-64.
[2] 王梅,李清晨. 从供给侧发力推动河北省养老服务业高质量发展 [J]. 中外企业家,2018(5):198-199.

与教学试点相结合,探索引导社会资本进入养老服务类职业院校,实现产教学深度融合。

四是深化供给侧结构性改革。大力发展经济,不断深化供给侧结构性改革,确保经济高质量发展,加强引导银发经济的创新与发展,将其和"乡村振兴"、共享经济等多领域结合起来。通过大力发展河北省乡镇企业来进行农村产业结构调整①,加快发展经济,合理提高居民收入在国民收入分配中的比例,增强居民应对人口老龄化的收入保障。

四、京津冀养老服务一体化进展

(一) 养老服务一体化发展现状

京津冀三地老龄人口规模与发展趋势存在显著差异,京津老龄人口分布较为集中,河北呈现均衡分布态势。京津两地已进入养老人才需求急速增长期,对高素质、高技能养老人员的需求日益增加,亟须优化劳动力结构,持续扩大就业规模。京津冀三地人口老龄化发展进程与未来趋势存在较大差异,可以协同发挥三地资源、社会资本、劳动力等要素优势,实现不同的养老服务效能。自 2016 年以来,三地养老服务工作协同发展深入推进,建立起联席会议制度,重点在政策衔接、信息共享、项目对接、补贴互认、人才培训培养等方面加强协同治理,形成常态化协同发展机制,为京津冀老年人安享幸福晚年提供了更多更好、更加实惠便利的养老服务。2017 年 12 月,北京市民政局、天津市民政局、河北省民政厅、内蒙古自治区民政厅联合印发《京津冀区域养老服务协同发展实施方案》,积极创新养老服务协同发展的体制机制。目前,三地养老服务取得以下进展。

---

① 谷宏,丁国钰. 河北省农村人口老龄化下养老问题研究 [J]. 河北经贸大学学报,2013,34(4): 104-106.

一是建立京津冀养老服务协同发展机制。2014年6月，国务院成立京津冀协同发展领导小组，主要负责组织拟订并协调实施京津冀协同发展战略规划、重大政策，承担雄安新区建设相关工作，承担领导小组日常工作。目前，京津冀三地在养老服务方面不断深化协同合作，协调推进与养老服务发展相关的医疗、养老、低保、救助、慈善、住房等政策对接，逐步构建京津冀三地共同适用的养老服务标准化体系。

二是搭建了京津冀养老服务协同发展政策体系。2015年11月，京津冀三地民政部门在北京签订《京津冀民政事业协同发展合作框架协议》，确定"十三五"期间，京津冀围绕推动养老服务业、省际救助、社区服务协同、公益慈善与志愿服务等十大重点领域加强合作。其中，出台了京津冀三地老年人入住北京、天津、河北的三家试点养老服务机构可享受养老补贴政策叠加使用的优惠政策。2016年，又相继出台《京津冀养老工作协同发展合作协议（2016年—2020年）》《京津冀区域养老服务协同发展实施方案》，消除养老服务领域的行政壁垒、身份壁垒和户籍壁垒，逐步做到标准协同、监管协同。2017年12月，京津冀蒙四地联合印发《京津冀区域养老服务协同发展实施方案》，推动京津冀协同发展区域养老公共服务共建共享。2021年7月14日，京津冀三地民政部门共同签署《京津冀民政事业协同发展三年行动计划（2021—2023年）》，将在养老服务、社会事务、社会组织、干部人才交流等重点领域持续推进协同发展。

三是养老服务壁垒正在逐步被打破。开展协同发展以来，京津冀三地在医保省际对接、税收优惠、财政体制、土地供给、综合监管等方面加强政策对接，为实现三地养老服务衡量尺度标准化、合理评价监管和政府购买服务提供标准基础；另一方面，推动建立规则统一开放、资质互认、标准互通、监管协同的管理模式，促进三地养老产业转移升级，推动政策跟着户籍老年人走，对老年人跨区域入住试点养老机构的给予床位运营补贴。

目前，京津冀养老服务协同发展取得一定成绩。河北省将养老服务协同发展作为疏解非首都功能的一项重要工作积极推动，鼓励环京津各市依托当地资源要素，高质量规划建设一批环京津养老服务项目，以三河市燕达金色年华康养中心为代表，分布在张家口、沧州等地 6 个收住京津老年人的养老服务示范项目顺利运行。强化养老服务区域协同发展顶层设计，在养老服务补贴政策跟着户籍老年人走、养老服务标准一体化、养老人才培训及资质认定等方面取得了积极进展，入住河北养老机构的 4 000 余名京津老年人都能享受到京津异地服务补贴、医养结合扶持、金融服务扶持等优惠政策；截至 2021 年 6 月底，天津各养老机构收住京籍老年人 140 余人，津籍老年人 300 余人入住河北省养老机构。

（二）有待改进的方面

相较于京津冀三地日益增加的养老服务需求，京津冀养老服务供给面临供给总量不足、结构性矛盾突出、区域性医疗和养老保险相关政策衔接不完善等现实困境，养老服务一体化进程较为缓慢。主要表现在以下方面。

首先，京津冀养老服务一体化发展机制尚未健全。京津冀养老服务体系建设是一项整体性工程，需要根据三地老年人养老服务需求，整合利用相关养老资源，但是现行养老服务体系存在部门设置分散化、配套政策与服务设施不健全、国家和省出台的法规与政策在基层落地执行力度不足等漏洞。由于缺少养老服务部际、区域性联席会议制度，难以高效协调民政、卫生、残联、发改委、财政、住房建设等多元管理主体，不同部门、不同区域在"部门利益化"和"地方保护主义"的本位主义倾向下，容易产生养老项目建设重数量轻质量、服务供给不均等、部门多头管理、相关政策在基层的有效落实缺乏保障和监管等问题，加剧了养老服务一体化体系割裂和整体目标碎片化。

其次，京津冀养老服务一体化发展存在行政瓶颈。京津冀三地存在较为明显的区域差异，尚未形成区域性、相统筹的养老服务产业扶持政策体系。此外，在社会保障、养老保险、救助补贴、床位配置等方面，京津冀三地尚未做好统筹规划与政策衔接，养老服务模式不明晰，没有明确"就近""精准"的养老服务供给模式，存在京津床位供给紧张、河北床位闲置并存的供需空间错配现象。[①] 在人才供给方面，北京市养老服务人才队伍严重匮乏，整体规模小，从业人员素质偏低，年龄结构偏大。在养老服务补贴力度方面，三地存在缴纳机制、报销机制与给付水平的多重差异，部分福利待遇仅限于本地户籍老年人。

最后，京津冀养老服务一体化发展存在市场化瓶颈。在市场标准体系方面，京津冀三地尚未构建统一的、标准互认的养老机构服务标准和评价体系，缺乏统一开放、标准互认、要素自由流动的市场环境，制约了京津冀养老服务领域的统筹供给，不利于促进养老服务资源自由流动与市场化配置。在社会资本投入方面，由于养老服务机构的前期投入大、投融资渠道有限、激励约束机制不健全，民间资本在用水、用电、用气、用暖、融资、补贴、床位、税收等方面存在区域流动壁垒，压缩了社会力量参与空间，加剧了养老服务供给区域性结构不平衡。从区域性人力资源供给方面来看，存在养老服务人才队伍匮乏问题，不仅整体规模小，还存在着从业人员素质偏低、年龄结构偏大、人才培养层次单一、难以实现职业化发展等问题，降低了人才进入养老服务产业的吸引力，日常看护、专业护理等专业人员的缺口较大。

（三）发展建议

为了破除养老服务户籍壁垒、治理碎片化、市场主体限制等区域性养

---

① 王雯，张菲. 京津冀协同发展背景下北京老年人异地养老服务研究［J］. 经济与管理，2018，32（6）：13-17.

老服务综合治理的现实困境,需要引入整体性治理理念,激发老年人异地养老需求。

一是完善京津冀养老服务协同合作机制。在整体性治理理念下,顺应京津冀协同发展规划纲要的要求,将养老产业发展放在更加突出的位置,正确处理政府、市场、社会的关系[①],逐步完善养老服务政策支撑体系[②],推动养老产业可持续发展。在居家养老方面,把居家养老补贴由服务券改为现金形式发放,由过去的指定企业服务变为让老年人可以向三地服务市场自主选择购买服务。在社区养老方面,推进照料中心社会化运营,开放社区养老设施的兴办主体,三地社会组织、企业均可建设或承包运营照料中心,并给予同等优惠政策。在机构养老方面,鼓励三地社会力量建设或运营养老机构,给予建设补贴、运营补贴、用工补贴、水电气热优惠价格和统一投保综合责任险等政策。三地老年人可入住京津冀所有民办非营利性养老机构,并给予机构运营补贴,破除入住养老机构户籍壁垒。

二是进一步消除相关壁垒,以需求为导向配置资源。三地应在社会保障、养老保险、救助补贴、税收优惠、财政体制、土地供给等方面做好政策衔接,促进养老服务制度体系渐进融合。同时,三地应探索建立统一的市场标准体系,营造规则统一开放、标准互认、要素自由流动的市场环境,取消妨碍商品、要素自由流动的区域壁垒和歧视性规定,推动养老服务要素市场发展,鼓励联建或跨市共建养老服务设施,努力打通养老服务户籍限制,在养老服务领域率先消除行政壁垒等,逐步做到标准协同、监管协同。全面放开市场,破除养老服务户籍壁垒,加快完善养老服务信息平台,并与户籍、医疗、社保等信息资源对接,为老年人提供京津冀养老机构设施、环境、费用标准、服务项目等具体信息,满足不同老年群体的

---

① 刘亚娜,董琦圆,谭晓婷. 京津冀养老政策差异与协同:基于"十三五"老龄事业发展和养老体系建设规划的政策文本分析 [J]. 社会发展研究,2019,6(3):189-202,245-246.

② 张丽莉. 跨域治理:京津冀社会管理协同发展的新趋势 [J]. 河北学刊,2018,38(2):163-168.

多元化需求。

三是完善京津冀养老服务资源配置的责任考评机制。加强对京津冀养老服务资源配置的动态评价，完善养老机构等级评定制度，将评价结果作为识别、考察与任用干部的重要依据。强化以"双随机、一公开"为基本手段、以重点监管为补充、以信用监管为基础的区域性养老服务综合监管机制和区域性联合巡查制度，加强对京津冀养老服务资源配置全过程的监督力度。完善养老机构等级评定制度，主动公开养老机构信息，强化养老机构违规线索处置。积极发挥养老行业协会、老龄产业协会、基层老年协会等行业组织的监管作用，推动将养老机构全部纳入行业管理范围，形成完善的监管制度体系。[①]

四是利用京津冀区位优势，推动优质社会资本互联互通。鼓励京津两地社会资本向河北转移，引导河北发挥土地与劳动力方面优势。河北省打造养老服务人才供给基地，严格从业标准，为京津两地提供养老服务人才。加强养老机构内设医疗机构及其医护人员的执业标准、职称评定、待遇考核等标准化建设，打通京津冀三地相关从业人员的流动壁垒，不断满足京津冀三地高龄人群日益增长的养老服务需求与护理需求。

---

① 吴国英，赵蕾霞. 我国养老服务业的非均衡性测度及发展对策：以京津冀三地为例［J］. 山西大学学报（哲学社会科学版），2018，41（4）：87-93.

3.2 长三角养老服务发展报告

李静[①]

党的十九届五中全会提出"实施积极应对人口老龄化"国家战略,是以习近平同志为核心的党中央总揽全局、审时度势作出的重大战略部署。长江三角洲(以下简称"长三角")地区是我国经济发展最活跃、开放程度最高、创新能力最强的区域之一,同时也是人口老龄化程度较高、老年人数众多[②]的地区。区域内三省一市积极响应国家战略,主动创新发展思路,努力满足老人需求,探索出了贴合区情、符合实际、独具特色的养老服务发展路径。

一、长三角地区养老服务发展形势

(一)长三角地区经济社会发展情况

2018 年 11 月 5 日,习近平总书记在首届中国国际进口博览会上宣布,

---

① 河海大学教授。
② 根据第七次人口普查数据显示,长三角地区各省市 60 岁以上人口占比情况如下:上海 23.38%,列全国第二,人数超 581 万人;江苏 21.84%,列全国第六,人数超 1 850 万人;浙江 18.70%,为全国平均水平,列全国第十八,人数超 1 207 万人;安徽 18.79%,列全国第十七,人数超 1 146 万人。

支持长江三角洲区域一体化发展并上升为国家战略,着力落实新发展理念,构建现代化经济体系,推进更高起点的深化改革和更高层次的对外开放,同"一带一路"建设、京津冀协同发展、长江经济带发展、粤港澳大湾区建设相互配合,完善中国改革开放空间布局。

2019年12月1日,中共中央、国务院印发《长江三角洲区域一体化发展规划纲要》,规划范围包括上海市、江苏省、浙江省、安徽省全域(面积35.8万平方公里)。以上海市,江苏省南京、无锡、常州、苏州、南通、扬州、镇江、盐城、泰州,浙江省杭州、宁波、温州、湖州、嘉兴、绍兴、金华、舟山、台州,安徽省合肥、芜湖、马鞍山、铜陵、安庆、滁州、池州、宣城27个城市为中心区(面积22.5万平方公里),辐射带动长三角地区高质量发展。

长三角地区经济实力较强,经济总量约占全国1/4;科技创新优势明显,拥有两个综合性国家科学中心,全国约1/4的"双一流"高校、国家重点实验室、国家工程研究中心,年研发经费支出和有效发明专利数均占全国1/3左右,上海、南京、杭州、合肥研发强度均超过3%;开放合作协同高效,拥有开放口岸46个,进出口总额、外商直接投资、对外投资分别占全国的37%、39%和29%;城镇乡村协调互动,常住人口城镇化率超过60%,城乡居民收入差距相对较小,城乡要素双向流动;交通运输便利快捷,依托国家综合运输大通道,已形成以上海为核心,南京、杭州、合肥为副中心,融多种运输方式于一体的综合交通运输系统;传统文化融汇相通,江苏吴文化、浙江越文化、上海海派文化、安徽徽派文化使得四地在社会、经济等方面持续不断地交往与合作,文化相通、人缘相亲、风土人情相似、生产方式与生活习俗相近成为区域养老融合发展的内生动力。这些优势都为该地区积极应对人口老龄化国家战略,创新养老服务发展模式,满足老年人多样化需求奠定了坚实基础。

(二)长三角地区人口老龄化现状

首先,老年人口多、占比高。截至 2020 年年底,长三角地区常住人口总数超 2.35 亿,相较 2019 年增速为 3.5%。60 岁及以上人口 4 786.27 万人,占常住人口总数的 20.35%,较 2019 年增加 126.79 万人,增速为 2.72%;65 岁及以上人口 3 550.13 万人,占户籍人口总数的 15.09%,较 2019 年增加 140.68 万人,增速为 4.13%。在老年人口规模方面,长三角地区户籍 60 岁及以上人口最多是江苏(1 850.53 万人),其次是浙江(1 207.27 万人),第三是安徽(1 146.92 万人),第四是上海(581.55 万人)。65 岁及以上人口最多是江苏(1 372.65 万人),其次是安徽(915.94 万人),第三是浙江(856.63 万人),第四是上海(404.90 万人)。此外,就人口老龄化水平来看,长三角地区 60 岁及以上人口占比,上海最高(23.38%)、江苏其次(21.84%)、安徽第三(18.79%)、浙江最低(18.70%)。而 65 岁及以上人口占比仍是上海最高(16.30%)、江苏第二(16.20%)、浙江第三(15.01%)、安徽最低(13.27%)。①

其次,人均收入水平高、需求旺。近年来,由于受地缘优势与政策红利的影响,长三角地区经济社会发展迅速,人民收入水平增长较快。上海人均可支配收入在全国遥遥领先,2020 年已达 72 232 元,率先进入"7 万元俱乐部",大致相当于中低等发达国家的平均水平,类似于匈牙利、波兰等中东欧国家水平。而区域内的浙江(52 397 元)、江苏(43 390 元)两省则排名第三和第五位,其收入水平相对于中国实际消费水平与购买力也已跻身富裕省份之列。收入水平提高导致老年人的支付能力及其家庭的支持能力增强,必然带来老年人需求层次的多维化与需求内容的多样

---

① 国家统计局、国务院第七次全国人口普查领导小组办公室.第七次全国人口普查公报(第五号):人口年龄构成情况[ED/OL]. http://www.stats.gov.cn/ztjc/zdtjgz/zgrkpc/dqcrkpc/ggl/202105/t20210519_1817698.html.

化。正如夏普所言,"人类的总体需要是无限的,或者说是永不满足的。事实也是如此,因为一旦我们的基本需要得到了满足,我们的欲望就开始多样化——食物、房屋、服装,以及娱乐的多样化"。在基本生存需求得到满足的前提下,长三角地区老年人的多样化个性需求不断彰显,娱乐、养生、教育、文化、旅游、社会参与等发展性需求不断释放,对本地区养老服务发展也提出了更高要求。

最后,养老机构与设施较多、服务能力较强。截至 2019 年年底,长三角地区共有养老机构 7 928 家(包括内设医疗机构的 2 916 家,占 36.78%),其中公建公营 2 759 家(占 34.8%)、公建民营 1 705 家(占 21.5%)、民建民营 3 464 家(占 43.7%),共有养老床位 167.65 万张,千名老年人拥有床位 35.8 张。社区居家养老服务设施方面,共有综合类社区居家养老服务设施 22 585 家,日间照料类社区居家养老服务设施 24 709 家,助餐类社区居家养老服务设施 21 847 家。长三角地区数量众多的养老服务机构与设施在一定程度上满足了该地区老年人的养老服务需求。

二、长三角养老服务发展现状

(一) 长三角养老服务总体情况

2018 年 5 月 11 日,首届"长三角民政论坛"在上海举行,论坛发布了《长三角区域养老合作与发展·上海共识》,长三角养老服务一体化协同发展被提上三省一市政府重要议事日程。在各界的广泛关注与大力推动下,长三角养老服务一体化协同发展进行了诸多探索,出台了一系列重要举措(见附表)。

经过三年的快速发展,区域内养老服务体系相对完善,依托名牌高校成立了4家跨区域联合职业教育集团,为养老服务人才队伍建设奠定了基础;城市医院协同发展联盟成员已覆盖长三角30个城市112家三甲医院,跨区域社会保障便利化程度明显提高,目前参保患者跨省异地就医直接结算近23.6万人次、结算医疗费用约54亿元。同时,养老服务协商协作机制初步建立,养老服务资源初步共享。① 此外,作为该地区承接养老服务重要作用的养老机构也呈现鲜明特色:一是原有政府托底的公办养老机构在软硬件条件上进一步完善,且服务主体多元化趋势明显;二是由社会力量举办的养老机构数量迅速增加,已成为机构养老及服务的中坚力量;三是不断完善托底服务,对老年人中的弱势群体,江浙沪三地都始终坚持政府主导,强调"保基本,兜底线"。

(二) 江苏省养老服务发展现状

江苏省人口老龄化程度仅次于北京、上海,近年来无论是老年户籍人口数量还是占比均呈现不断增长趋势(见图1)。第七次人口普查数据显示,

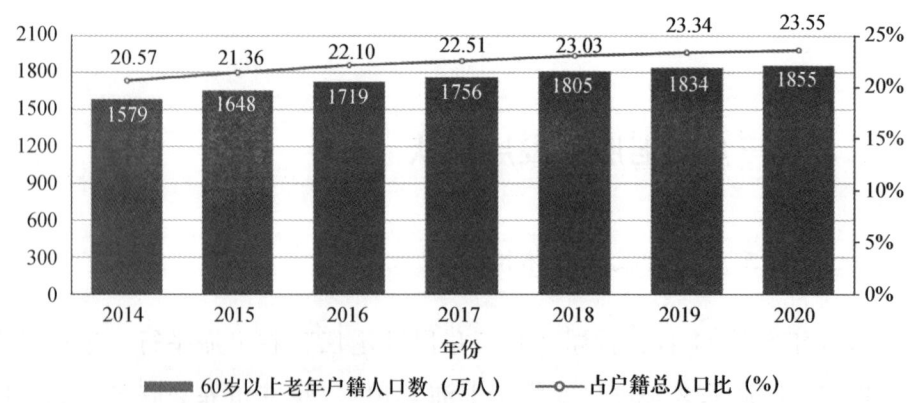

图1 江苏省老年人口变化趋势图(2014—2020年)②

---

① 新华社. 中共中央 国务院印发《长江三角洲区域一体化发展规划纲要》[ED/OL]. http://www.gov.cn/zhengce/2019-12/01/content_5457442.htm?tdsourcetag=s_pcqq_aiomsg.

② 江苏省民政厅. 数说民政[ED/OL]. http://mzt.jiangsu.gov.cn/col/col78570/index.html.

3.2 长三角养老服务发展报告

从常住人口来看,截至2020年,江苏省60岁及以上老年人口占比达21.84%,65岁及以上占比达16.20%,已迈入深度老龄化社会。其中,南通老龄化程度(30.01%)排名全省第一,而由于苏南四市(南京、苏州、无锡、常州)拥有大量外来年轻人员在当地就业,导致当地老龄化程度低于全省平均水平(21.84%)(见表1)。

表1　2020年江苏省各地区人口年龄构成统计表[①]　　　　　　%

地区	比重			
	0~14岁	15~59岁	60岁及以上	
				其中:65岁及以上
全省	15.21	62.95	21.84	16.20
南京	12.75	68.27	18.98	13.70
无锡	12.96	67.29	19.75	14.65
徐州	22.36	58.13	19.51	14.72
常州	13.26	66.73	20.01	14.88
苏州	13.55	69.49	16.96	12.44
南通	10.90	59.09	30.01	22.67
连云港	21.40	58.20	20.40	14.63
淮安	17.70	59.50	22.79	16.42
盐城	15.03	57.64	27.32	19.88
扬州	11.57	62.42	26.01	19.99
镇江	11.89	64.55	23.56	17.51
泰州	12.36	59.39	28.25	22.01
宿迁	23.48	57.94	18.58	13.56

---

① 江苏省统计局.江苏省第七次全国人口普查公报(第四号):人口年龄构成情况[ED/OL]. http://www.jiangsu.gov.cn/art/2021/5/18/art_34151_9817857.html.

"十三五"时期江苏省养老服务发展情况如下。

一是保障能力不断加强。财政支持力度显著提升,"十三五"期间省级财政累计投入养老服务体系建设经费42.2亿元,带动市县财政安排专项资金130亿元以上,并将养老服务纳入省级政府购买服务目录。全面建立并落实老年人福利补贴制度,"十三五"期间累计发放80周岁以上老年人尊老金70亿元、经济困难老年人养老服务护理补贴28.8亿元,有力保障了困难老年人基本养老需求。截至2019年年底,全省享受高龄补贴的老年人258.5万人,比上年增长2.4%;享受护理补贴的老年人10.7万人,比上年增长3.9%;享受养老服务补贴的老年人147.0万人,比上年增长43.5%。① 全省范围建立城乡独居留守老年人关爱巡访制度,启动特殊困难老年人居家适老化改造工程。探索解决重度失能人员基本护理保障需求,7个设区市建立了长期护理保险制度。聚焦补齐农村养老服务短板,重点加强农村特困供养服务机构设施建设,全省农村特困供养服务机构数量达到851家,部分机构探索转型为区域性养老服务中心。

二是服务供给不断扩大。全省共建成各类养老床位74.3万张(其中有53.47万张为社会力量举办或经营),每千名户籍老年人拥有养老床位40张,较"十二五"末分别增加16.3万张、4.49张(见图2)。全省10个设区市、25个县(市、区)全面落实国家和省级居家社区养老服务改革创新试点任务,其中9个设区市获评全国居家社区养老服务改革试点优秀地区。共建有居家社区养老服务中心1.82万个,街道日间照料中心589个,社区老年人助餐点8 094个,3 358万人次接受专业化居家养老上门服务,"15分钟养老服务圈"基本形成。全省养老机构总数达到2 374家,床位数46万张,其中护理型床位29.32万张,占比63.74%。大力推动养

---

① 江苏省民政厅. 2019年江苏民政事业发展统计公报[ED/OL]. http://mzt.jiangsu.gov.cn/art/2020/8/5/art_78624_9356219.html.

老服务信息化、智能化发展，全省智慧养老服务平台实现县域范围全覆盖，截至2019年全省建成虚拟养老院111家，以数字化转型拓展养老服务优质资源。南京、苏州、南通入选国家医养结合试点城市，全省80%养老机构与医疗机构建立了预约就诊、双向转诊等合作机制。

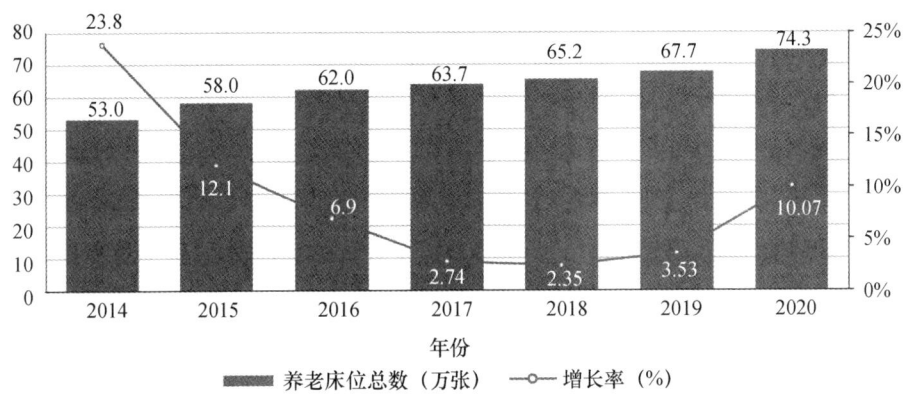

图2　江苏省各类养老床位总数增长情况示意图（2014—2020年）①

三是服务质量不断提升。开展养老机构消防审验问题专项整治和民办养老机构消防安全达标提升行动，全省养老机构重大安全隐患全部清零。连续4年实施养老院服务质量建设专项行动，提升养老机构综合管理服务水平。大力推进养老服务人才队伍建设，累计培训养老护理员12万人次，养老机构负责人实现轮训，建立健全养老服务专业技术人员激励制度，省民政厅与南京中医药大学开展全国首家本科养老服务与管理学院合作共建，8所高职院校开设老年管理与服务等相关专业，年培养毕业生超过2 000人。成立省级养老服务标准化委员会，制定了《智慧养老建设规范》《养老机构入住评估服务规范》等一批省级养老服务行业标准，80%以上养老机构《养老机构服务安全基本规范》实现达标。加快养老服务领域信用体系建设，出台养老服务市场失信联合惩戒对象名单管理

---

① 江苏省民政厅. 数说民政［ED/OL］. http://mzt.jiangsu.gov.cn/col/col78570/index.html.

实施办法,进一步规范养老服务市场秩序,营造安全放心的养老服务发展环境。

四是发展活力不断增强。深入推进养老服务"放管服"改革,全面取消养老机构设立许可,实行备案管理制度。鼓励外资参与全省养老服务发展,享受与内资同等的土地、税费、人才等政策待遇,全省新增4家外资举办运营的养老机构。统一公办、民办养老机构扶持政策标准,各级财政给予民办养老机构支持超过20亿元,全省社会力量举办或经营床位数超过50万张,占比超过70%。推进养老服务产业化发展,全省认定18个省级养老服务业综合发展基地和23个省级养老服务创新示范企业,开展城企联动普惠养老专项行动。连续5年举办江苏国际养老服务博览会,参展中外养老服务企业超过1 000家次,推动更深层次、更宽领域、更高质量的养老服务合作开放。

五是地方探索不断深入。全省各地结合当地实际积极进行实践探索。截至2019年,全省认定11个省级养老服务业综合发展基地和14个省级养老服务创新示范企业。苏州、南通探索开展长三角区域养老服务合作一体化试点。无锡、徐州、常州、苏州、南通、扬州、泰州7个设区市设立了长护险制度。苏州由市民政局组织、苏州福彩公益金资助,通过统一采购,引入商业保险机制,在全省率先推出三项"惠老保险",并尝试推行"家庭养老夜间照护床位"。徐州市以国家"城企联动普惠养老"专项行动项目为引领,深入开展城企合作,按照"政府支持、社会运营、合理定价"的工作思路,积极探索有徐州特色的普惠养老发展模式,大力支持社会资本参与徐州养老服务体系建设。① 截至2020年5月,徐州市"全国城企联动普惠养老试点城市建设"项目荣获"江苏高

---

① 根据笔者调研所得。2020年笔者承接了江苏省"十四五"重点规划《江苏省"十四五"养老服务发展规划》的编制工作,带领研究团队在江苏省13个地市进行了较为全面的调研,通过座谈会与实地走访,基本掌握了江苏省养老服务发展概况。

质量现代民政建设"优秀成果奖。农村敬老院发展方面探索出南通启东"区域中心敬老院"、苏州昆山"公办（建）民营运行"、徐州铜山"失能老人集中供养"等几种模式。① 扬州推进"颐养社区"建设，积极营造老年友好型社会。

（三）浙江省养老服务发展现状

根据第七次人口普查结果，浙江省60岁及以上老年人口为12 072 684人，占18.70%，在全国排第18位，其中65岁及以上老年人口为8 566 349人，占13.27%，在全国排第17位。与2010年第六次全国人口普查相比，60岁及以上人口比重上升4.81个百分点，65岁及以上人口比重上升3.93个百分点。② 预计到2025年，全省60岁及以上户籍老年人口总数将达约1 500万人、占比28%左右，常住老年人口将达到1 550万人、占比25%。③

浙江省老龄化呈现"一升一降"的显著特点。一方面，人口老龄化率不断提高，老龄化程度在加深；另一方面，浙江人口老龄化率在全国的排名却有所下降（见图3）。其主要原因是省外净流入人口的增加，因为流动人口以劳动力为主，年龄结构相对较年轻，缓解了浙江的老龄化程度。浙江各市民营经济发达，吸引了众多外来人口。《浙江省第七次人口普查结果数据》显示，与2010年相比，全省流动人口增加6 938 805人，增长37.27%。

"十三五"时期浙江省养老服务发展情况如下。

---

① 2019年笔者参与了江苏省民政厅课题《江苏农村敬老院发展现状及改革研究》，与课题组成员一起通过在全省13地的实地调研概括得出。
② 浙江省统计局，浙江省人民政府第七次人口普查领导小组办公室. 浙江省第七次人口普查主要数据公报［1］［ED/OL］. http://tjj.zj.gov.cn/art/2021/5/13/art_1229129205_4632764.html.
③ 浙江省民政厅. 浙江省养老服务发展"十四五"规划［ED/OL］. http://mzt.zj.gov.cn/art/2021/4/28/art_1229262776_4626718.html.

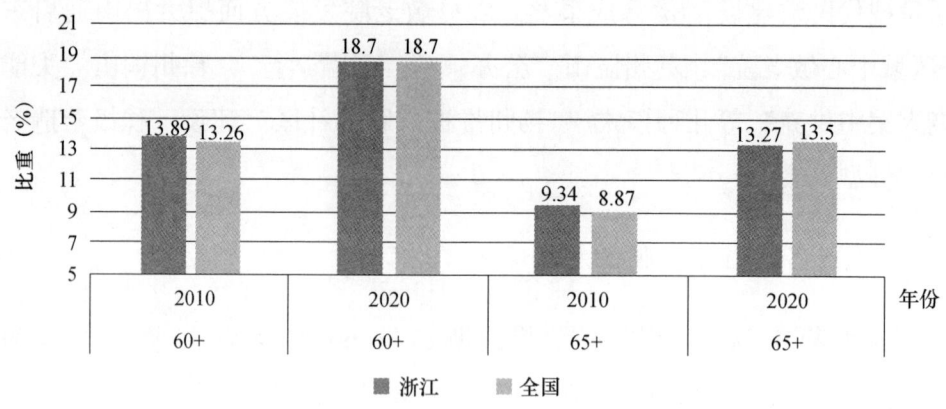

图3　2010—2020年全国与浙江省老龄化水平比较示意图

一是超额完成指标任务。截至2020年年底,每千名老年人拥有社会养老床位55张,拥有养老机构床位40.2张,养老机构护理型床位占比为53%,民办养老机构床位占机构床位比例为75%,建成城乡社区居家养老服务照料中心2.34万个,养老服务补贴对象占老年人口的比例达到3.1%[1],各项指标均超过"十三五"设定目标。老年医疗和健康服务能力持续提升,医养结合扎实推进,65岁及以上老年人健康管理率达到71%,建成两证齐全的医养结合机构330家。[2] 敬老爱老助老的社会氛围更加浓厚,老年人的获得感、幸福感、安全感明显增强。

二是全力推进城乡统筹。政府兜底养老对象服务补贴制度全面实现城乡一体,不区分服务对象户籍,享受统一补贴标准;居家养老服务设施建设城乡同步,全省2.36万个居家养老服务照料中心实现了城乡社区全覆盖;对街镇照料中心、社区居家养老服务中心的建设和运营补助政策实现城乡同标。同时,加快调整农村敬老院布局,实施敬老院改造提升工程以

---

[1] 浙江省民政厅. 浙江省养老服务发展"十四五"规划 [ED/OL]. http://mzt.zj.gov.cn/art/2021/4/28/art_1229262776_4626718.html.

[2] 浙江省发展和改革委员会. 浙江省老龄事业发展"十四五"规划 [ED/OL]. http://www.zj.gov.cn/art/2021/6/8/art_1229505857_2302643.html.

整合资源，打破乡乡都建敬老院格局，分片设置农村养老服务机构，保证特困人员收住，同时接收社会老人；实行分片设置，撤并规模过小的、改造消防不达标的，重点为经济困难失能失智老年人、计划生育特殊家庭老年人提供无偿或低收费托养服务；借助养老院服务质量建设专项行动，加大农村敬老院整治提升力度，消防整治关停敬老院179家，撤并养老院56家，关停养老院38家。

三是积极引入社会力量。近年来，浙江省降低市场准入门槛，优化营商环境，不断深化养老服务领域"最多跑一次"改革，鼓励有理念、有能力、有实力的社会资本参与养老服务业，推进品牌化、连锁化、集团化发展，吸引了江苏朗高、上海佰仁堂、重庆百龄帮、湖南普亲等养老服务企业进入。截至2020年4月，全省共有养老机构2 207家，其中，民办养老机构数量和民办机构床位占比均在60%以上。床位建设运营政策向护理型床位倾斜，全省20余万张护理型床位占机构床位总数的49%以上。全省863家公办养老机构，实现公建民营的448家，占比51.9%，社会化运营社区照料中心8 300家，占比35%。[①]

四是大力发展智慧养老。近年来，浙江全面升级全省养老服务信息管理系统，突出养老政务与公共服务，实现老年人优待证全省通办，推进"一通一查，三录三码"（老年优待证全省通办，老年食堂等实体助餐点网上查询，录入机构老年人、机构护理员和农村留守老年人信息，养老院入住申请"码上办"、养老机构备案"码上办"和老年优待证办理申请"码上办"）。同时，杭州市在积极打造"数字治理第一城"的过程中，将互联网引入养老服务各个领域环节，全面实施"互联网+养老"服务行动，打造形成了线上快速响应、线下良性互动、全程留痕监管的智慧化养老模式，以"数字+数治"促进服务提速、强化动态监管、加强制度保

---

① 马丽萍. 幸福养老看"浙"里：浙江省养老服务迈入高质量发展新时代（上）[N]. 中国社会报，2020-04-29.

障,实现养老服务全效管理;以"线上+线下"推进"一网"服务集成化、"一键"呼叫智能化、"一卡"支付便捷化、"一码"办理数字化,实现服务平台全域推进;以"温度+精度"推进咨询服务升级、照护服务升级、安全守护升级、无触感体验升级,实现服务响应全时在线。

(四) 上海市养老服务发展现状

根据全国第七次人口普查数据,截至2020年11月,上海市常住人口中60岁及以上人口为5 815 462人,占23.4%,其中65岁及以上人口为4 049 012人,占16.3%。与2010年第六次全国人口普查相比,60岁及以上人口的比重提高8.3个百分点,65岁及以上人口的比重提高6.2个百分点。[①]

截至2020年年底,全市共有"纯老家庭"[②] 老年人数157.79万人,其中80岁及以上"纯老家庭"老年人数35.39万人;独居老年人数30.52万人,其中孤老人数为2.26万人。上海人口老龄化进程不断推进的同时,高龄化倾向也日益突显,2020年年底本市户籍人口预期寿命为83.67岁,其中男性81.24岁,女性86.20岁。各区60岁及以上老年人口占该区总人口比重列前三位的依次是虹口区、黄浦区和普陀区,比重分别为42.5%、41.7%和41.1%;老年人口比重增加列前三位的依次是奉贤区、虹口区和普陀区,与上年比分别增加1.7个百分点、1.3个百分点和1.2个百分点。各区80岁及以上高龄老年人口占该区总人口比重列前三位的依次是长宁区、虹口区和徐汇区,比重分别为6.9%、6.7%和6.5%;高龄老年人口比重增加列前三位的依次是崇明区、奉贤区和金山区,与上年比分别增加0.22个百分点、0.12个百分点和0.08个百分点。各区高龄老年人口占该区60岁及以上老年人口比重列前三位的依次是徐汇区、长宁

---

① 上海市统计局. 上海市第七次全国人口普查主要数据公报(第一号)[ED/OL]. http://tjj.sh.gov.cn/tjgb/20210517/cc22f48611f24627bc5ee2ae96ca56d4.html.

② "纯老家庭"指家庭全部人口的年龄都在60岁以上的家庭。

区和崇明区，比重分别为18.2%、17.8%和16.5%；全市该比重较上年有所下降，各区下降列前三位的依次是黄浦区、静安区和普陀区，与上年比分别下降0.60个百分点、0.47个百分点和0.46个百分点。

"十三五"时期上海市养老服务发展情况如下。

一是持续增强保障能力。城乡居民基本养老保险基础养老金和城镇职工养老保险基本养老金更好地体现多缴多得、长缴多得，基本养老保险跨省市转移接续进一步细化规范，小城镇养老保险整体纳入城镇职工养老保险稳妥实施，养老保险制度实现全覆盖，城镇职工养老保险参保人数1 616.67万人，比"十二五"末提高14.5%。稳步提高基本养老金水平，城镇职工养老保险企业退休人员月平均养老金4 321元，比"十二五"末提高1 004元。实现城镇居民基本医疗保险和新型农村合作医疗两项制度整合，建立统一的城乡居民基本医疗保险制度。创新推进个人税收递延型商业养老保险、长期护理保险、住房反向抵押养老保险、商业健康保险个人所得税等试点。2018年，长期护理保险试点在全市推开，仅2020年就完成老年照护统一需求评估34.4万余人次，惠及老年人达42.7万人。老年综合津贴自2016年5月实施以来，全市共发放老年综合津贴257亿元，累计426万人享受老年综合津贴。

二是加快推进养老服务体系建设。涵盖养老服务供给、服务保障、政策支撑、需求评估和行业监管的"五位一体"社会养老服务体系建设持续推进。全市共有养老机构729家，养老床位15.7万张（较"十二五"末增长24.6%）。在中心城区大力推进社区嵌入式养老，累计建成320家"枢纽型"社区综合为老服务中心、204家长者照护之家（床位数共计5 838张）、758家老年人日间服务中心（月均服务人数1.5万人）、1 232个老年助餐服务场所（月均服务人数12万人，比上年增加18.8%）、6 223家标准化老年活动室，259家社区养老服务组织为老年人提供居家上门照护服务（服务对象中获得政府养老服务补贴的老年人数为7.48万人），完成5 000户困难老年人家庭适老化改造。在农村地区因地制宜推广互助式养老，全面构建镇有"院"、片有"所"、村有"点"的服务网络，完成133家薄弱养老机构改造，通过盘活闲置宅基地、回租村民空置房源探索建设了一批农村就近照护为老服务场所，"十三五"期间累计建成2 544家示范睦邻点。累计完成4 999张认知障碍照护床位改造，启动77个老年认知障碍友好社区试点。推出养老顾问制度、智慧养老服务平台、养老机构等级评定与服务质量日常监测机制。开展养老护理、健康照护培训12.9万人次，为老服务人员专业化水平进一步提升。

三是创新养老服务方式。中国银行与上海市民政局合作，在徐汇、长宁、普陀、虹口、杨浦等市辖区开展"上海养老时间银行"项目试点，依托中行开发的"中银公益互助养老平台"，实现"年轻存时间、高龄取服务"的良性循环。同时，长宁区民政局、长宁街道、建信养老金公司、上海建信住房服务有限责任公司、建行上海市分行依托建设银行集团金融牌照优势，为老人提供住房租赁服务，盘活不动产，并提供包括机构养老、社区养老、居家养老等一站式养老服务，实现"存房养老"。此外，上海多个区还在探索"物业+养老"创新模式，以居家为基础、社区物业为依托、合格养老服务供应商为支撑，为老年人提供更便捷、高品质的家门口养老服务。截至2020年年底，长宁区已设置"物业+养老"点位30余个，累计服务超过4万人次。"物业+养老"的探索在一些郊区农村也在展开。闵行区梅陇镇永联村依托吴介巷长者照护之家试点经验，由物业公司回租闲置民宅，按养老机构设计标准进行改造，探索让老人离家不离乡即可享受专业化、品质化的集中养老服务。

四是全面深化医养结合。全市331家社区卫生服务中心（含分中心）、745个社区卫生服务站、1 179个村卫生室已形成较为完善的基层健康服务网络，优先满足老年人的医疗服务需求。全市家庭病床数近8万张，开展上门诊疗近80万次，老年患者约占服务总量的九成。150张以上床位养老机构按规定均设置了医疗机构,全市729家养老机构中已有317家(占43.5%)设置了各种类型的医疗机构。社区综合为老服务中心普遍设有社区卫生站或护理站。推进老年护理床位建设,全市老年护理床位达8万余张。开展全国安宁疗护服务试点,在全市社区卫生服务中心实现安宁疗护服务全覆盖。稳步扩大家庭医生签约覆盖面,全市家庭医生"1+1+1"累计签约60岁以上老人超过400万人。

(五)安徽省养老服务发展现状

根据全国第七次人口普查数据,截至2020年11月,全省常住人口中60岁及以上人口为1 146.9万人,占18.79%,其中65岁及以上人口为915.9万人,占15.01%。与2010年第六次全国人口普查相比,比重分别上升了3.78和4.78个百分点。[①] 安徽省老龄人口比重上升,表明人口老龄化程度进一步加深,人口长期均衡发展的压力持续加大。同时,安徽省人口老龄化状况呈现较为明显的"南高北低","皖南五市"黄山、铜陵、宣城、池州、马鞍山60岁及以上老年人占常住人口的比重居于全省前五,均超过全省平均水平(18.79%)(见表2)。

表2　　　　　　2020年安徽省各地区人口年龄构成统计表[②]　　　　　　%

地区	占常住人口比重			
	0~14岁	15~59岁	60岁及以上	其中:65岁及以上
全省	19.24	61.96	18.79	15.01
合肥	16.52	68.22	15.26	11.99
淮北	20.47	63.07	16.46	13.44

---

① 安徽省统计局. 安徽省第七次全国人口普查主要数据情况[ED/OL]. https://www.ah.gov.cn/zfsj/sjjd/553988141.html.
② 安徽省统计局. 安徽省第七次全国人口普查公报(第四号):人口年龄构成情况[ED/OL]. http://tjj.ah.gov.cn/ssah/qwfbjd/tjgb/sjtjgb/145782431.html.

续表

地区	占常住人口比重			
	0~14岁	15~59岁	60岁及以上	其中：65岁及以上
亳州	25.61	57.89	16.51	13.61
宿州	23.53	58.31	18.15	14.83
蚌埠	22.21	59.77	18.03	14.40
阜阳	24.44	58.69	16.88	13.79
淮南	19.68	59.34	20.98	16.37
滁州	16.26	63.89	19.85	15.97
六安	18.53	60.21	21.26	16.86
马鞍山	14.35	63.92	21.73	17.53
芜湖	14.54	65.17	20.30	16.11
宣城	13.64	63.78	22.59	18.04
铜陵	14.37	62.94	22.69	17.46
池州	15.58	62.40	22.03	16.74
安庆	16.68	61.81	21.50	17.05
黄山	14.32	61.58	24.10	18.11

"十三五"时期安徽省养老服务发展情况如下。

一是探索建立基本养老服务清单制度。安徽在全国率先建立基本养老公共服务清单制度，2018年4月28日，安徽省民政厅和财政厅联合印发《关于建立基本养老公共服务清单发布制度的通知》，列出了基本养老公共服务指导性清单，面向七类人群，提出了政府供养老年人兜底保障、困难老年人养老服务支持项目、普惠型养老服务项目、老年人优待服务四大类七小类服务项目。为推进安徽省政府购买基本养老服务改革，规范政府购买基本养老服务流程，两部门于2020年12月28日联合印发《政府购买基本养老服务指南（试行）》。截至2020年年底，全省已有35万老年人被纳入特困供养范围，特困供养人员平均生活水平达到月人均846元，失能、半失能人员护理补贴标准分别达到月人均353元和144元，生活不能自理人员集中供养率达到50%。77.9万老年人被纳入最低生活保障范围，城乡平均保障水平达到月人均640元。逐步施行低收入老年人居家养老服务补贴制度，惠及59万低保老人，覆盖面达到75.7%。高龄津贴、低收入老年人养老服务补贴制度全面建立，分别惠及170万和61万老年人。

二是不断提升供给能力。截至2020年，全省运营中的养老机构总数2 456家、床位39.4万张；城市社区养老服务设施配建总面积达到192万平方米，县级、街道、社区三级养老服务中心覆盖率超过90%；建设15分钟居家和社区养老服务圈，推动104个县级养老服务指导中心、249个街道养老服务中心和3 000个社区养老服务中心提质增效。全省护理型床位总数达到15.6万张，占比达到39.6%。全省各类医养结合机构现已达到489家，打造了50家示范智慧养老机构、50家智慧社区居家养老服务项目。与此同时，全国首个世界银行支持养老服务体系建设示范项目在安徽落地，项目贷款总额1.18亿美元。

三是持续优化服务水平。深入推进"放管服"改革，截至2020年年底，安徽省已全面取消养老机构设立许可，初步建立养老机构综合监管机制。开展养老院服务质量专项行动，全省运营中的养老机构重大风险隐患基本清零。养老机构疫情防控取得阶段性成果，全省2 456家养老机构入住老人和工作人员无一人感染。实施养老服务人才培养培训"十百千万"工程，为养老服务高质量发展储备人才队伍。全面实施城乡"三级中心"运营补贴、社会办养老机构补助，推进居家适老化改造与养老智慧化建设。

四是全面推进标准化建设。截至2019年年底，共发布养老服务领域地方标准20项，承担养老服务国家级标准化试点示范项目5个，承担养老服务省级标准化试点示范项目9个；4家企业获批国家级智慧健康养老示范企业，8个街道（乡镇）获批国家级智慧健康养老示范街道（乡镇），安庆市获批国家级智慧健康养老示范基地；8家养老服务主体获批安徽省第一批智慧养老试点示范工程项目。

五是积极开展地方探索。安徽各地市紧密结合当地经济社会发展实际，精确瞄准老年人需求，开展了一系列有益探索。滁州推出21项基本养老公共服务保障老年人乐享安康，实现基本生活无忧、护理照料无虑、健康安全无虞、优待服务无缺。同时积极探索医养直接融合、医养联合运行、医养辐射对接、医养护理保险四种模式，成功创建省级医养结合综合示范区。蚌埠创新家庭医生签约服务"369"模式，即"构建3级签约网，形成24小时咨询等6大服务体系，实现健康宣教等9大功能"。安庆、马鞍山被确定为国家养老服务业综合改革地区，池州、芜湖、合肥列为全国医养结合试点地区，安庆市列为全国第一批长期护理保险试点地区，铜陵、合肥、安庆、阜阳、淮北、马鞍山、蚌埠、池州、滁州九市先后纳入五批国家居家和社区养老服务改革试点地区。

三、长三角地区养老服务发展经验

（一）持续发挥政府政策引领作用，提升养老服务治理效能

长三角地区养老服务的快速发展得益于各地政府对养老服务发展的重视与领导。通过政策梳理不难看出，三省一市的民政、卫健等部门先后出台省级层面涉及养老服务的政策一百余项，对养老服务的总体发展方向、促进养老事业与养老产业协同发展、建立基本养老服务制度、推进居家社区养老服务改革、提升养老机构服务质量、统筹城乡养老服务发展、养老服务标准化建设、养老服务供给流程管理（服务购买—服务供给—服务监督—效果评价）、养老机构等级评定、养老服务人才队伍建设等重要事项进行了全面、及时的政策引导，基本涵盖养老服务各领域各环节，形成了具有区域特色的养老服务政策体系。江苏省出台全国首部综合性养老服务

地方性法规《江苏省养老服务条例》;以地方法规形式确立并施行的《上海市养老服务条例》对大城市养老探索经验进行了固化与提炼,成为引领上海市养老服务发展的"基本法",为大城市养老服务发展与长三角养老服务高质量发展保驾护航。安徽也即将出台养老服务条例以规范引导养老服务健康发展。此外,浙江、上海已相继发布养老服务"十四五"规划与老龄事业发展"十四五"规划,江苏和安徽也即将发布养老服务"十四五"规划。这些法规条例为长三角经济圈养老服务协同发展提供了法律保障。

同时,区域内各地市还不断出台法规规章、政策措施,凝练总结与概括提升地方有益探索与创新实践。2019年南京市先后出台《南京市养老服务时间银行实施方案(试行)》《南京市养老服务时间银行专项基金管理办法(试行)》《南京市养老服务时间银行系列标准(试行)》等一系列文件,进一步规范了时间银行的发展。2020年苏州市民政局出台《苏州市家庭养老夜间照护床位建设运营管理办法(试行)》,率先试水养老服务"无人区",坚持政府引导、市场运作、普惠适用原则,通过多部门联合推出"物业+养老"新尝试,有效解决夜间照护服务队伍人员少、服务人员女多男少的问题。上海市于2018年、2020年先后发布《上海市民政局关于开展社区"养老顾问"试点工作的通知》《上海市民政局关于深化本市养老顾问制度建设的实施意见》,解决养老服务供需对接的"最后一公里"问题,提升养老服务精准化水平。2016年至今,杭州市先后就智慧养老服务转型、监督考核、服务提升等发布通知,进一步规范了"1+1+N"智慧养老服务体系。2019年无锡牵头编制并实施国内首个智慧养老省级标准《智慧养老建设规范》。

(二) 充分彰显市场配置资源功能,增加优质养老服务供给

作为我国经济发展最活跃、开放程度最高、创新能力最强的区域之

一，长三角地区长期领跑全国经济。在养老服务领域，更是凭借强劲的地缘优势、开放的交通体系、高速发展的信息快车，领跑全国的养老服务市场，打造了一批品牌优势明显、辐射范围广泛的养老服务机构，为区域内老年人提供多样化、个性化、品质化的养老服务。

市场因素在长三角地区养老服务发展进程中发挥着重要作用。从表3可以看出，截至2018年年底，长三角地区公建公营养老机构总数量为3 266家，占养老机构总数的41.8%；公建民营养老机构数量为1 233家，占养老机构总数的15.8%；民建民营养老机构数量为3 312家，占养老机构总数达42.4%。从三省一市情况来看，江浙沪民建民营养老机构数量均高于公建民营机构数，而安徽省公建公营养老机构数量居四地之首。由此可见，长三角养老服务供给中，市场力量发挥重要作用，为高质量的专业养老服务供给提供了强大支撑。同时，四地彰显各自优势，上海养老服务机构在医疗技术、管理水平等方面具备优势，江苏、浙江、安徽则在养老机构服务价格、土地供给等方面体现一定优势。目前，上海已有10个区与三省15个城市签订了试点合作协议，还有部分区正在与三省市对接。

表3　　　　　　　长三角地区养老机构统计表（2018年）①

	公建公营机构（家）	公建公营比例（%）	公建民营机构（家）	公建民营比例（%）	民建民营机构（家）	民建民营比例（%）
上海市	226	31.7	134	18.8	362	49.5
江苏省	982	41.0	353	14.8	1 058	44.2
浙江省	414	18.8	448	20.3	1 345	60.9
安徽省	1 644	66.0	298	12.0	547	22.0
长三角合计	3 266	41.8	1 233	15.8	3 312	42.4

---

① 资料来源于2021年7月10日，华东师范大学钟仁耀教授在"长三角养老服务论坛"上的主旨发言《长三角养老服务协同发展的现状与基本特征》。在此对钟教授表示感谢。

各区市主要围绕信息公开、标准互认、政策互通、产业促进、要素流动等多方面开展共建合作，为长三角区域内养老服务均衡发展和老年人异地养老提供支持，这将进一步促进长三角地区养老市场成熟发展，进一步推进养老服务产业健康发展。

同时，根据《2020年中国养老产业发展白皮书》显示，在区域结构上，华北、华东和西南三地区是中国健康养老市场发展领先区域，其中华东地区市场份额达25%，高于华北地区与西南地区的18%和17%。毋庸置疑，华东地区凭借雄厚的经济实力，已成为中国养老市场发展最为领先的区域，社区养老基础设施和养老上市公司的发展水平均居全国领先地位。华东地区涌现了一大批领跑全国养老产业并具有品牌化、连锁化、规范化、标准化优势的大型养老企业，提供多样化的优质养老服务。

(三) 高度重视人才队伍建设，多措并举培育优秀人才

加强养老服务人才队伍建设，是实施积极应对人口老龄化国家战略、推动养老服务高质量发展的必然要求，也是推动经济结构转型升级、稳定和扩大劳动力就业的重要举措。区域内各地高度重视多层次、多类型养老人才队伍建设，既着力于合格护理人员的培训，也关注优秀管理人才的储备。

各地通过政校、政企、政社、校企合作与产教融合，多元助力人才培养。2017年上海市发布《关于加快推进本市养老护理人员队伍建设的实施意见》，意见要求大力开展养老护理专业学科建设、师资建设，实行养老护理专业招生的优惠政策，加大对从业人员的培训以及培训费用补贴。而在《安徽省构建多层次养老服务体系（2018—2020年）行动计划》中，明确指出要强化人才支撑，开展养老人才培养培训"十百千万"工程，遴选10所省内院校培养养老服务专业人才，培养、引进100名医养结合、科技助老领域管理、运营人才，并要求2020年年底前，市、县两级要出

台本地养老服务从业人员待遇保障实施意见，落实大中专毕业生从事养老服务学费补偿、入职奖补有关规定。江苏省政府则在2019年发布《省政府关于进一步推进养老服务高质量发展的实施意见》，鼓励养老服务行业协会、培训机构和第三方评价机构在人力资源社会保障部门备案后，开展养老护理员职业技能等级认定，认定结果作为养老护理员享受相关补贴政策的重要依据；将养老护理员培训纳入职业技能提升行动，所需资金按规定从失业保险基金支持职业技能提升行动资金中列支；开展养老服务人才培训提升工程，到2022年年底，全省培养培训养老护理员13万名、专兼职老年社会工作者1万名，所有养老机构负责人轮训一遍；推进养老服务实训基地建设，2020年年底前，各设区市均建有2个以上养老服务实训基地；建立依据职业技能等级、工作年限与入职补贴和服务价格挂钩制度，增强养老护理员职业吸引力。① 浙江省民政厅则通过政校合作与政企合作模式对养老护理人员开展培训。由省财政厅、教育厅等部门支持部分大中专院校开展养老服务与管理人才教育，采取"3+2"或"五年一贯制"模式培养养老护理人才。2020年，浙江省全省27所大中专院校开设了13个老年服务类专业及方向，近两年招收学生近3万名；同时全省设立160余家养老护理人员教育培训基地，仅在2019年期间，举办护理员技能培训多达100余场、2万余人次，打造了一支素质过硬的养老护理员队伍。②

长三角区域内人才建设交流合作日益频繁。2019年9月"首届长三角养老行业人才培养与发展论坛暨长三角养老行业人才培养共享平台成立仪式"在上海举办，通过长三角养老人才招聘会、首届长三角护理员风采展示大赛、首届长三角养老护理职业技能大赛、两届长三角养老行业人才培养与发展论坛等多种形式的活动，全面提升养老服务能力，培养养老行业人

---

① 江苏省人民政府. 省政府关于进一步推进养老服务高质量发展的实施意见［ED/OL］. http://www.jiangsu.gov.cn/art/2019/12/31/art_46143_8896595.html.
② 张婷. 更加充实、更有保障、更可持续：浙江省养老服务迈入高质量发展新时代（下）［N］. 中国社会报，2020-04-30.

才。目前长三角共有43所大中专院校设立了养老类相关专业,有20 000余名在校学生,为养老行业储备了优秀人才。同时,全国首个养老服务能力建设基地——上海(闵行)养老服务能力建设基地于2020年10月成立,通过实景实训的方式,为长三角养老服务人才队伍培育赋能。

(四) 强化域内联络机制,稳步推进区域协同

随着长三角一体化上升为国家战略,江苏、浙江、安徽、上海三省一市高度重视区域内养老服务一体化协同发展,通过完善政府、企业、社会组织等多元主体间协商协作机制,增加各主体之间平等交流机会。

"一核多元"推进充分协作。在政府层面,四地民政部门建立区域协商协作机制,定期召开工作联席会议;在行业协会方面,四地省级行业协会搭建行业平台,在行业交流、行业发布、行业研究等方面开展区域合作服务;在市场层面,参与养老产业的国资国企搭建长三角国资养老产业发展平台,聚焦产业资源,对接项目合作,构建国资国企参与养老产业发展的生态圈。而以上海长三角区域养老服务促进中心为代表的专业部门则具体承接与落实养老行业区域合作创新任务,在政府、行业、老年人中搭建桥梁,成为长三角区域养老服务发展的"孵化器"和"加速器"。

"三级联动"共助政府协调。第一级是分管副省长或者副市长建立定期的联席会议制度,主要是解决重大的、纲领性问题;第二级是各个省市民政厅长和局长的联席会议制度,主要是解决省领导决策和落实的问题;第三个层面是各个民政厅(局)养老服务处的处长联席会议制度。

通过协作机制的不断完善,区域互访增多、交流合作加速、信息整合发布、标准互认启动,养老服务区域协同发展不断深入。

(五) 现代科技强势支撑,智慧养老蓬勃发展

《中华人民共和国国民经济和社会发展第十四个五年规划和2035年远

景目标纲要》明确要求分级分类推进新型智慧城市建设、建设智慧城市和数字乡村。养老服务作为公共服务的重要组成部分，理应成为智慧城市发展的题中应有之义。

长三角地区凭借鼓励创新的社会氛围、雄厚的科学技术基础，成为全国领先的智慧养老建设区域。无锡市民政局在省民政厅和省市场监督管理局的支持下，联合中国科学院等科研院所、科技企业，制定国内首个智慧养老建设省级地方性标准《智慧养老建设规范》，该标准规定了智慧养老建设的概念模型、系统架构、技术要求、框架功能等内容，填补了目前国内智慧养老建设具体规范方面的空白，成为引领智慧养老规范化、科学化发展的工作规范。[①] 南京市则依托现代信息技术，在"时间银行"探索上成效卓著，由南京市民政局牵头相关部门，制定了各级时间银行建设及运营标准、志愿者管理标准、服务对象管理标准、服务流程及标准、专项基金管理办法等数项标准规范。目前共计成立1 061个时间银行运营服务点、吸纳注册志愿者19 908人、服务对象注册量为13 684人、完成有效订单14 774个，充分运用现代信息技术，为志愿服务、社会共助以及老年人力资源开发插上了科技的翅膀。

四、长三角地区养老服务发展展望

（一）现存问题

一是省级层面协商机制有待完善。当前，长三角地区养老服务的协同发展缺乏高层级的法律支持，更多局限于合作协议签署、座谈交流等方式，四地之间省级层面的具有约束性、强制性、系统性的协商机制尚未确

[①] 根据笔者调研所得。2021年笔者承接了《无锡市"十四五"养老服务发展规划》的编制工作，通过座谈会了解所得。

立,更未实现法制化,故而地区间协商结果的权威性、稳定性、统筹性严重不足。由于"行政区经济"仍然存在,市场壁垒和制度性障碍有待突破,不同的行政区在养老服务相关标准、规范和政策等方面尚未统一,长期累积形成的行政分割壁垒在短期内难以打破,服务商品、资金、劳动力等统一要素市场尚未形成,加之各行政区易受地方利益最大化因素影响,在实践中竞争多于合作,造成地方利益与区域利益协调的体制障碍。同时,区域合作机制层级较多且难以协调,影响区域养老服务的整体统筹与推动。此外,在养老服务领域,长三角地区的产业特征与发展思路同质性较强,基本都采用传统居家养老、社区养老、机构养老多层次体系,养老产业也多围绕观光养老、医养结合展开,缺乏协同合作的互补机制,导致竞争吸引力大于协作吸引力。

二是地区之间信息共享有待推进。目前长三角地区江浙沪皖四地老年人口信息管理平台数据还未实现完全开放共享。一方面,现有养老信息平台并未实现老年人口健康、服务、医疗等一系列信息的集合。另一方面,各省市信息平台并未实现横向互通,区域间信息难以统筹管理。这种信息隔离现象阻碍了老年人口实际流动与养老融合发展,不利于对区域内老年人口进行统一的综合评估、医疗护理与成本管控,信息平台的共建共享机制有待加强。除此之外,涉老相关标准也未统一,如上海市各个区的养老服务政策都存在差异,各街道也有各自不同的养老服务政策,在政策尚未统筹之前,外区县老人无法享受当地养老服务政策,甚至街道级养老服务政策也无法惠及外街道老人,信息不共享、标准不统一、政策不协调严重阻碍了区域内养老服务协同发展。

三是区域发展不均衡有待解决。从发展区位上来看,三省一市的经济总量、财政实力、人均收入水平各有不同,以致各地的财政支持力度、老年购买能力、产业发展前景均存在差异。即便在省内也呈现地区差异,以江苏省为例,近年来苏中、苏北地区人口老龄化进程不断加快,但在养老服务体系建设的规模和质量上与苏南仍存在一定差距，养老服务供需矛盾更为显著，突出表现为优质床位总量不足、养老服务市场培育不充分等。从城乡统筹上看，农村地区的养老服务设施、能力、投入水平普遍低于城市。以江苏为例，全省农村敬老院床位数仅为15.3万张，较城市养老机构28.38万张的床位总数存在较大差距，特别是农村养老服务发展面临的管理机制不顺、筹资能力不强、人员队伍不足、服务水平不高等问题短板交互叠加，对农村养老服务高质量发展提出了现实挑战。[①]

四是养老服务供给结构有待优化。老年群体急需的护理型床位、家庭照护床位、社区嵌入式机构等养老资源供给不足，优质床位"一床难求"与部分床位闲置的结构性矛盾未得到根本性缓解。对于大多数老年群体所需的基本养老服务和普惠养老服务标准边界不清，政府、社会、市场协同高效的多元化养老服务供给制度有待健全完善。同时，养老设施空间配置同样存在供给结构不合理问题。2019年，通过对上海中心城区3 541个社区养老设施（包括综合为老服务中心、长者照护之家、日间照护机构、社区老年人助餐服务点、社区老年活动室）的调研分析得知，中心城区整体社区养老设施空间布局基尼系数高于0.4，60%的老年人在仅25%的社区养老设施整体服务覆盖之下，空间资源分配差距大，存在健康不公平性；而各类养老设施因其在定位和功能、设置的时长和方式等方面的差异，形成了当前不同的基尼系数表现，其中社区老年活动室公平性最高，而日间照护机构的公平性最低；此外，各类设施的显著高需低配空间集聚基本相似，其中长者照护之家的高需低配供需失衡区最多，亟待优化调整。

五是服务质量有待提升。综合而论，养老服务整体质量与区域经济社会发展水平的匹配性不足。养老服务标准化建设无法完全适应养老服务专业化、精细化发展趋势，家庭照护床位、居家适老化改造、农村特困供养

---

① 笔者在编制《江苏省"十四五"养老服务发展规划》时通过调研所得。

服务机构等常规服务标准体系尚未形成，制约了养老服务高品质、规范化发展；养老服务人才紧缺，以江苏省为例，全省养老护理员保有总数6.13万人，存在较大缺口，同时高层次养老服务人才短缺，激励褒扬机制不健全，养老服务职业吸引力和社会认同感有待提升。①

六是投入保障有待加强。近年来，为有效回应"积极应对人口老龄化"国家战略，区域内四地党委政府高度重视养老服务发展，养老服务体系财政投入不断增加，但是与逐年递增的老年人口以及老年人日益增长的服务需求相比，保障水平仍显不足，稳定的财政经费支出增长机制亟待建立。此外，长期护理保险制度尚在试点阶段，待遇享受覆盖面有待提高。而以高龄津贴和养老服务、护理补贴为代表的老年人福利政策整合性不强、补助标准不高、补贴对象范围不够精细精准。

（二）发展路径

第一，共识共建共融共享，打造区域性养老服务共同体。为打破资源行政区块状分割现象，促进要素资源跨省区有序自由流动，为长三角养老服务区域资源整合消除制度性障碍，促进长三角资源共享和优化资源空间配置，需要四地人大或政府沟通协调、联合立法，统一出台适用于区域内养老服务规范发展、高质量发展的地方性法规或政策，开创"共识、共建、共融、共享"新局面，合力打造区域性养老服务共同体。（1）"共识"是基础，主要指在政府、行业、社会组织内形成创建养老服务共同体的认识与理念。（2）"共建"是关键，包括建立区域现代服务业标准体系，建立市场化运作的企业和个人信用服务体系，建立社会保险关系跨区转移制度和信息网络，建立区域养老服务协作协商机制，建立养老服务领域统计制度，建立健全区域内流动人口管理与服务协调机制，建立区域内

---

① 笔者在编制《江苏省"十四五"养老服务发展规划》时通过调研所得。

养老服务专业共建、人才共育、成果共享机制。(3)"共融"是手段，包括融合现代服务业人才培训与职业教育、融合养老事业与养老产业发展、融合服务标准和照护需求评估标准，推进护理员水平评价资格互融互认、异地诚信系统与黑名单制度互融互认。(4)"共享"是目标，主要实现平台共享、资源共享、福利共享。

第二，持续推动信息共享，大力发展智慧养老。相较于京津冀城市群、成渝双城经济圈以及粤港澳大湾区的养老服务实践与探索，长三角地区最为突出的养老服务特色之一便是智慧养老。长三角地区智慧养老服务具备"四有"优势：有技术基础、有经济条件、有市场需求、有发展前景。因此，信息技术的嵌入成为构建区域养老服务一体化的重要桥梁，区域智慧养老协同发展列为应有之义，必须破除地区间数字鸿沟与信息孤岛，持续推进信息共享，深度推进智慧养老。(1)明确主体定位，谋划长远发展。明确四地民政、卫健和工信部门在智慧养老部级联席会议制度中的核心地位，充分整合核心机构与非核心机构间的资源要素，构建协调型主体网络构型，共同服务于区域养老一体化建设，同时在区域智慧养老服务的发展水平、发展定位和资源禀赋认识的基础上，取长补短，联合制定长三角区域智慧养老的长期规划。(2)构建基础平台，加强区域信息共享。推进长三角养老服务信息平台建设，将区域内各地的养老服务资源集中发布到信息平台，让老年人更便利地获取符合自身需求的养老服务资讯；联通各地各级政府官方网站及养老服务信息平台，统筹发布各地养老服务政策，引导养老服务品牌、连锁机构在长三角区域开展合作，激发养老服务市场活力；整合各地常住人口、户籍人口老龄化、纯老家庭及空巢老人等基础数据，实现区域内老年人口基础信息有效对接。(3)加快平台对接，实现资源共享。依托智能技术打造养老服务供需对接平台、建设智慧养老产品及服务展示和租赁平台，推进智慧养老数据、信息、接口等统一，提高产品及服务推广力度，探索建设长三角区域养老服务数据资源中心，逐步实现长三角养老服务供需资源有效对接,为异地养老、医疗等提供信息咨询、服务预约、精准配单等服务;共同创建在全国乃至国际具有较大影响力的长三角养老服务博览会品牌;共同推出"线上+线下"养老服务地图。

第三,大力发展异地养老,统筹整合区域内资源优势。目前,长三角地区已基本形成以中心城市为主要资源配置节点向外辐射的较为密集的一体化高铁网络,上海、南京、杭州、合肥等国家中心城市和区域中心城市"一日生活圈""一小时通勤圈"范围大幅扩大,同城化效应显著,异地养老具备了现实基础。(1)立足各地优势,链接区域资源。发挥上海市龙头带动作用,突出品牌化、连锁化养老服务企业的领跑优势,拓宽优秀龙头企业的市场范围,推动上海品牌和管理模式全面输出,力争高质量服务辐射长三角经济圈,发挥利用市场资源、激发市场活力的作用;发挥江苏科教资源丰富、开放程度高等优势,推进沿沪宁养老产业创新带发展;发挥浙江数字经济领先、生态环境优美、民营经济发达等特色优势,打造全国数字养老服务创新高地;发挥安徽创新动力强劲、制造特色鲜明、生态资源良好、内陆腹地广阔、养老成本优惠等优势,推进皖江城市带养老服务联动发展。(2)完善保障机制,便利异地养老。在长三角地区41市已实现医保"一卡通"的基础上,深化长三角区域养老服务业合作发展中的异地结算、跨区补贴机制,实现医疗保险(门、急诊)异地结算、长期护理保险、养老服务补贴异地对接等。同时,在长期护理保险制度试点的基础上,探索建立区域性长期护理保险制度,为推动长三角区域异地养老创造更加便利的条件;推进养老保险异地办理,开展养老服务补贴异地结算试点,探索老年人补贴"跟人走"机制;实施老年人基本信息档案跨区查档服务项目,建立互认互通的档案专题数据标准体系;探索构建长三角区域养老服务平台,促进老年人异地享受基本公共服务并便捷结算,推动实现资源均衡分布、合理配置;深化"养老顾问",构建区域养老信息咨询、信息发布及行业服务管理平台,实现养老信息互通,推进区域内老年人异地养老信息精准对接。

第四，统一服务标准，实现互认共通。实现标准统一与互认，能够在最大程度上推进养老服务资源、人员在区域内有序而充分流动，也能够极大减少因政策区隔和制度障碍造成的资源浪费，充分发挥区域协同发展的优越性。(1) 建立长三角养老服务重点领域制度规则、重大事项与重大项目共商共建机制，提高政策制定统一性、规则一致性和执行协同性。(2) 探索构建长三角养老服务一体化标准体系，成立长三角区域养老服务标准化联合组织，在养老服务标准、照护需求评估、养老护理员资质等领域先行开展区域统一标准化试点，以标准化促进区域养老服务提质增效。(3) 制定统一的老年人能力评估等级划分标准，实现能力等级可评判、服务需求可衡量的目标。实现养老服务机构资格互认，经长三角任一地区评定的养老机构，其等级评定结果在区域内互认，作为享受相关扶持激励的依据。(4) 以"一地认证，三地认可"为目标，逐步探索养老服务机构设施、服务和管理标准，老年照护需求评估标准和评估结果，养老护理员及管理人员从业资格等的互认互通，建立养老服务优质诚信品牌互认和推介机制。(5) 共同建立养老诚信系统和失信登记制度，对列入失信名单的养老服务机构和个人，实施区域内行业准入限制。

第五，多方深度合作，推动区域人才共建。数量充足且水平过硬的养老护理人员及管理人才队伍是长三角地区养老服务高质量发展的重要保障，必须充分发挥区域内高校众多、教育资源丰富、企业实力雄厚的优势，持续推进政校、政企、政社深度合作。(1) 加强养老服务人才培养。区域内院校加强合作，建立以职业技能培训为核心、中职教育为主体、高职以上教育为补充、学历提升为辅助的人才队伍培养体系，探索"学制教育+职业培训+继续教育+实习实训"四位一体的养老服务行业人才培养模式。开展政校合作、校校联合，鼓励各类院校单独开设或合作开设养老服务二级学院，增设养老服务相关专业，加强老年服务与管理、健康服务与管理、社会工作、护理学（老年方向）等专业学科建设，不断提高养老服务人才专业化水平。推动养老服务产教融合发展，充分发挥养老服务企业等市场主体作用，通过订单式培养、共建实习实训基地等形式，引导区域内各院校建立适应养老行业需求的人才培养模式，探索开展养老服务产教融合项目试点，培育一批养老服务领域产教融合型企业，推动养老服务职业教育集团化发展。（2）提升养老服务人员职业技能水平。在区域内常态化开展养老服务从业人员岗前培训、在岗轮训、转岗培训，强化从业人员实际操作技能训练和综合能力素质培养，建设职业化、规范化、专业化的养老服务人员队伍。将养老护理员等相关职业（工种）列为职业培训紧缺型职业（工种），落实职业培训补贴、职业技能认定补贴和参保职工技能提升补贴。（3）完善养老服务人员激励保障机制。全面建立专业对口毕业生入职奖励制度，鼓励各地在职业技能等级认定基础上建立月度养老护理员（不包括事业单位编制）岗位津贴制度。举办"长三角地区养老护理员技能大赛"，给予获奖选手职级晋升和荣誉称号等奖励，且荣誉在区域内通认。设立"养老护理员节""养老护理员关爱基金"，统一评选"长三角最美护理员""长三角优秀养老护理员""长三角优秀养老院长"和养老服务先进（示范）单位，提升养老服务人员的职业荣誉感和社会认同感。（4）实现养老服务人员资格互认。推动共建统一开放的养老服务人力资源市场，推进养老护理员技能等级认定、从业年限与资质、养老机构院长从业资质区域内互认。成立区域间养老服务行业专家库，促进养老领域科学研究，提升区域养老服务专业化、标准化水平。

第六，联结各方资源，助力养老服务高质量发展。长三角地区是一个智力资源、技术资源、人力资源、资本资源汇集的"宝地"，要有效利用域内高校众多、科研资源丰富、相关企业大量聚集的优势，发挥好各方优势，推动长三角养老服务高质量发展。（1）整合高校优势科技资源，在重大基础研究和关键理论与实践等方面形成联合攻关机制；建立长三角一流高校与科研机构的智库联盟，引领智库、行业协会、社会组织积极参与；建立完善养老服务专家咨询机制，开展长三角地区养老服务重大战略问题研究和决策咨询，持续推进银发顾问的实践与探索，推动长三角养老服务一体化高质量发展。(2) 优化支持方式，加大对长三角校企研合作的支持力度，更好发挥财政资金示范引导作用；创新地方财政投入方式，加强对重大项目的联合资助，提升财政资金使用效率。(3) 打造域内老年博览会品牌，构筑规模更大、资源更广、服务更完善、效果更出众的长三角经济圈老龄产业顶尖交流及采购平台，强化域内养老服务龙头企业影响力、规模、资源和专业等优势，推动经济圈整体养老服务实力提升，促进行业沟通。(4) 规范时间银行发展，合理开发老年人力资源，拓宽养老志愿资源网。构建区域内统一的时间银行运行机制，制定统一的服务标准体系，建立统一的时间银行信息管理平台，加强时间银行的制度设计；探索建立区域内时间银行积分兑换养老服务制度，研究"时间货币"省域通存通兑，确保"时间银行"承接机构到位率逐步提高。(5) 建立健全"养老服务顾问"制度，设立一批社区和专业机构养老顾问点，为老年人提供养老服务政策咨询、养老服务机构信息、个人权益维护、法律咨询与援助等服务，促进养老服务供需精准对接。

3.2 长三角养老服务发展报告

附表　　长三角养老服务一体化协同发展重要举措一览表①

时间	事件	主要内容
2018.5.11	首届"长三角民政论坛"在沪举行	达成《长三角区域养老合作与发展·上海共识》,"社会养老服务业发展"被确定为首个区域合作项目
2018.6	《长三角地区一体化发展三年行动计划（2018—2020年）任务分解表》发布	2018年长三角地区主要领导座谈会在上海举行,就"行动计划"达成共识;"任务分解表"指出养老领域的"九大任务",合理推进养老服务一体化稳步发展
2018.11.28	长三角养老协会联合体成立	达成《长三角养老协会合作框架协议》,搭建行业发展平台,将重点围绕区域政策、行业标准、行业规范、行业管理、服务技术交流、论坛、沙龙等领域,加强养老福利政策跨省市使用、长期护理保险的互联互通、养老服务业发展规划衔接
2019.4.13	长三角旅居共同体成立	将共同探索旅游地产、养老地产可持续性发展之路
2019.5.11	健康长三角研究院正式成立	在首届健康长三角峰会上成立研究院,长三角三省一市卫生健康合作备忘录和2019年重点项目签约
2019.5.22	长三角养老一体化发展示范区共建对接合作机制	长三角示范区上海市青浦区、江苏省苏州市吴江区、浙江省嘉兴市嘉善县探索建立人大交流协作机制以及上海市辖区与三省试点市建立区（市）养老共建对接合作机制
2019.6.12	长三角养老一体化确定首批17个市（区）联动试点	四地民政部门签署"合作备忘录",共同促进区域养老资源共享,激发养老服务市场活力,并确定江苏省苏州市、南通市,浙江省嘉兴市、湖州市,安徽省芜湖市、池州市,以及上海的11个区,作为开展区域养老一体化的首批试点
2019.6.12	长三角养老政策汇编（2018年版）正式发布	2019中国养老机构发展暨长三角养老一体化高峰论坛上发布,为行业发展提供参考;开通上海市养老服务平台长三角频道,推动养老政策信息互通
2019.8.29	长三角国资养老产业发展联盟成立	联合长三角参与健康养老产业的国资企业以及相关养老产业机构,搭建一个行业交流、信息共享、协同合作的公益性平台

---

① 部分资料来源于2021年7月10日,华东师范大学钟仁耀教授在"长三角养老服务论坛"上的主旨发言《长三角养老服务协同发展的现状与基本特征》。在此对钟教授表示感谢。

续表

时间	事件	主要内容
2019.9.21—9.22	首届长三角养老行业人才培养与发展论坛暨长三角养老行业人才培养共享平台成立仪式	签署并发布《养老行业人才培养长三角共识》,将依托平台实现在专业建设、人才培养、师资培训等方面联动合作,实现资源共享、优势互补和共同发展,强化养老专业人才储备
2019.9.23	启动一系列长三角养老行业评优活动	长三角养老协会联合体开展"长三角养老从业人员实训基地(P100)""长三角异地养老机构(G100)"征集推选工作,示范引领行业发展
2019.9.25	长三角地区异地就医门诊费用直接结算工作阶段总结会	标志长三角区域全部41个城市实现医保"一卡通",三省一市医疗机构覆盖已达3 500余家;长三角异地就医门诊费用直接结算将进一步提升服务便利性
2019.11.19	"2019长三角民政论坛"在安徽合肥举行	签署《深化长三角区域养老合作与发展·合肥备忘录》,确定"资源互补、市场共享、务实合作、协同发展"原则,协同推进区域养老事业和养老产业更高质量发展
2020.3	上海闵行、浙江丽水、安徽安庆签订《长三角区域养老一体化服务协作备忘录》	民政部门签订备忘录,推进"社区养老顾问",推进养老服务标准的互认及培训交流,建立统一的养老服务管理区域信息平台,实现养老设施均衡布局,建立"养老服务机构的统一管理机制"
2020.6	上海松江、浙江嘉兴、安徽宣城签订《长三角区域养老一体化服务协作备忘录》	建立试点合作常态机制,建设养老服务管理区域信息平台,促进养老服务市场要素自由流动,加强养老服务规划引领,推进区域内养老服务标准互认,引导养老服务市场广泛合作,加强养老服务机构的统一管理,提升认知障碍照护能力,共建异地养老示范项目,加强养老服务资源宣传推介
2020.6.15	上海浦东、浙江湖州签订《长三角区域养老服务一体化协作备忘录》	两地将建立区域养老服务协作协商机制,共享养老服务信息平台,加强养老服务规划引领,加强养老机构统一监管,研究推进服务标准和照护需求评估结果互认互通,加强养老服务资源推介宣传,加强两地养老服务队伍人才建设,研究统筹规划区域养老产业布局
2020.7	上海浦东、江苏南京签署《长三角区域养老服务一体化协作备忘录》	不断深化合作与共享资源,在区域养老服务协作协商机制、信息共享平台、服务标准互认互通、养老资源推介、队伍建设、产业布局等方面进一步共同推进与协作共赢

续表

时间	事件	主要内容
2020.10	首批长三角异地养老机构名单在上海发布	入选名单包括来自江苏张家港、浙江嘉兴、安徽池州、宣城等20个城市的57家养老机构,核定床位共计25 698张
2020.12.16	长三角(东台)康养小镇项目在南京正式签约	长三角康养小镇由盐城市政府、东台市政府和上海地产集团合作共建,拟打造长三角区域康养服务一体化示范区、跨行政区康养政策协同试验区
2021.1.5	长三角养老产业协同发展研讨会在上海召开	根据长三角区域养老一体化发展的工作要求,2021年为"长三角养老深化合作年",三省一市将聚焦"5+5"十项任务,全面深化养老服务合作
2021.3.20	上海将"区域养老一体化发展"写入法规	《上海市养老服务条例》于2021年3月20日正式施行,明确上海基于长三角区域一体化发展战略,按照资源互补、信息互通、市场共享、协同发展的原则,推进区域养老服务一体化发展
2021.6	上海老博会设立长三角养老一体化联合展区	长三角养老一体化联合展区由三省一市民政厅局指导,上海长三角区域养老服务促进中心整体策划,旨在宣传长三角养老创新模式及典型经验,推广长三角城市养老名片

3.3 黄河流域养老服务发展报告

席恒　李东方　翟绍果[①]

黄河流域是我国重要的生态屏障和重要的经济地带，2019年9月，习近平总书记在黄河流域生态保护和高质量发展座谈会上作出重要部署，将"黄河流域生态保护和高质量发展"上升为重大国家战略。解决好流域人民群众关心的养老服务问题，对巩固全面建成小康社会成果、推动落实黄河流域高质量发展战略具有重要意义。

2020年，青海、四川、甘肃、宁夏、内蒙古、陕西、山西、河南、山东等黄河流域九省区紧紧围绕老年人服务需求，强化政策创制，切实提高老年人民生保障和福利水平，进一步加强养老服务体系建设，积极构建老龄健康服务体系，加快建设新时代现代化养老服务体系，培育引导社会力量投入老龄事业，大力弘扬社会敬老风尚，进一步发挥好低龄、健康老人的积极作用，着力提升老年人获得感、幸福感、安全感，推进黄河流域养老服务协同发展、共同进步。

---

① 西北大学教授。参与本报告讨论与写作的还有任行、王睿、余澍、郭丹蓓、郝森婧、张易知、谷怀涛。

一、黄河流域老年人口现状

根据第七次全国人口普查数据，黄河流域9个省份总人口数达4.2亿人，占全国人口总数的29.8%，其中常住总人口数排名前三位的省份为山东省、河南省、四川省，分别为10 153万人、9 936万人、8 367万人。黄河流域9个省份65岁及以上常住老年人口总数为6 019.4万人，占全国65岁及以上老年人总数的31.6%，占黄河流域9省份总人口数的14.3%，65岁及以上常住老年人口占常住总人口比重排名前三位的省份为四川省、山东省、河南省，依次为16.93%、15.13%、13.49%，具体见表1。

表1　　　　　　　　2020年黄河流域九省区老年人口总量

地区	总人口数（万人）	65岁及以上人口数（万人）	65岁及以上人口所占比重（%）
青海省	592	51.4	8.68
四川省	8 367	1 416.5	16.93
甘肃省	2 502	314.8	12.58
宁夏回族自治区	720	69.3	9.62
内蒙古自治区	2 405	313.9	13.05
陕西省	3 953	526.5	13.32
山西省	3 492	450.5	12.90
河南省	9 936	1 340.4	13.49
山东省	10 153	1 536.1	15.13

根据第七次全国人口普查数据，黄河流域9个省份中，总人口性别比均在100以上、105以下，在100至103之间的省份有3个，在103至105之间的省份有6个，具体见表2。

表2　　　　　　　2020年黄河流域九省区性别构成　　　　　　　%

地区	男	女	性别比
青海省	51.21	48.79	104.97
四川省	50.54	49.46	102.19
甘肃省	50.76	49.24	103.10
宁夏回族自治区	50.94	49.06	103.83
内蒙古自治区	51.04	48.96	104.26
陕西省	51.17	48.83	104.79
山西省	50.99	49.01	104.06
河南省	50.15	49.85	100.60
山东省	50.66	49.34	102.67

注：总人口性别比是以女性为100，男性对女性的比例。

根据第七次全国人口普查数据，黄河流域9个省份中，15～59岁人口比重在65%以上的省份有3个，在60%～65%的省份有5个，在60%以下的省份有1个。9个省份65岁及以上老年人口比重均超过8%，其中，7个省份65岁及以上老年人口比重超过10%，2个省份65岁及以上老年人口比重超过15%，具体见表3。

表3　　　　　　　2020年黄河流域九省区人口年龄构成　　　　　　　%

地区	0～14岁人口所占比重	15～59岁人口所占比重	60岁及以上人口所占比重	65岁及以上人口所占比重
青海省	20.81	67.04	12.14	8.68
四川省	16.10	62.19	21.71	16.93
甘肃省	19.40	63.57	17.03	12.58
宁夏回族自治区	20.38	66.09	13.52	9.62
内蒙古自治区	14.04	66.17	19.78	13.05
陕西省	17.33	63.46	19.20	13.32
山西省	16.35	64.72	18.92	12.90
河南省	23.14	58.79	18.08	13.49
山东省	18.78	60.32	20.90	15.13

根据第七次全国人口普查数据，黄河流域9个省份中，按15~64岁劳动年龄户籍人口抚养65岁及以上户籍人口计算，老年人口抚养比排前三位的省份是四川省、山东省、河南省，分别为25.27%、22.89%、21.29%，具体见表4。

表 4　　　　2019 年黄河流域九省区户籍人口抚养系数　　　　　　　　%

地区	总抚养比	少年儿童抚养比	老年人口抚养比
青海省	41.82	29.51	12.31
四川省	49.31	24.04	25.27
甘肃省	47.01	28.52	18.49
宁夏回族自治区	42.85	29.11	13.74
内蒙古自治区	37.15	19.26	17.89
陕西省	44.20	24.99	19.21
山西省	41.34	23.11	18.23
河南省	57.81	36.52	21.29
山东省	51.31	28.42	22.89

注：少儿抚养系数为少年儿童人口数除以劳动年龄人口数，老年抚养系数为老年人口数除以劳动年龄人口数，总抚养系数为少儿抚养系数与老年抚养系数之和。

二、黄河流域各地区养老服务体系建设

2020年，黄河流域九省区为了应对人口老龄化，规范养老服务工作，维护老年人合法权益，促进养老服务事业健康发展，积极探索养老服务体系建设，制度逐步完善，各类养老基础服务设施逐步配套完善，养老服务信息化、标准化、专业化建设稳步推进，各类监管体系正在建立，发展环境逐步优化。

（一）青海

青海省"十四五"规划提出，"发展普惠型养老服务和互助性养老，构建居家社区机构相协调、医养康养相结合的养老服务体系"。出台《青

海省人民政府办公厅关于印发青海省推进养老服务发展若干措施的通知》《青海省人民政府办公厅关于推动青海省服务业高质量发展的实施意见》《青海省高原美丽城镇建设促进条例》等文件，提出深化居家、社区和机构养老融合发展。在居家养老方面，以老年人需求为导向，支持社会力量将专业服务延伸到家庭，为居家老年人提供生活照料、康复护理、家务料理、精神慰藉等上门服务；探索设立"家庭照护床位"，完善相关服务、管理、技术等规范以及建设和运营政策，健全上门照护的服务标准与合同范本。支持社会力量发展普惠养老托育服务；实施"互联网+养老"行动，建设智慧养老院，构建社区居家养老服务大数据平台。在社区养老方面，优化社区养老服务供给，建设综合养老服务机构、嵌入式养老服务机构或日间照料中心；优化财政支持养老服务发展的支出结构，更多用于支持社区养老服务。在机构养老方面，完善医疗机构与养老机构的协作机制，发展高原健康养老服务，建设康养小镇，推进医养结合。截至2020年年底，青海省共有各类养老服务设施2 148个，养老床位数25 024张，每千名老人拥有养老床位达到34张；城市社区日间照料中心259个，农村互助幸福院1 611个。为居家老年人实施助餐、助洁、康复、代购和心理慰藉等服务，年均服务35万人次以上。承接政府购买居家养老服务社会组织、家政公司100多家，进一步激发了养老服务市场活力，培育带动了居家养老服务行业发展。

(二) 四川

四川省"十四五"规划提出，"建立居家社区机构相协调、医养康养相结合的养老服务体系""建立家庭喘息服务机制"。出台《四川省人民政府办公厅关于推进四川养老服务发展的实施意见》，提出实施居家社区养老服务提质增效工程、机构养老服务提档升级工程。在居家社区养老服务方面，鼓励老年人家庭进行适老化改造，推动设立"家庭照护床位"，开展失能老年人家庭成员照护培训，探索建立家庭喘息服务机制；通过配备社区助行设备、老旧小区增设电梯等方式，加快建设社区养老服务综合体；完善社会组织、专业社工、志愿服务联动机制，建立居家社区探访制度，推广"养老服务顾问"模式和"学生社区志愿服务计入'第二课堂'成绩单和评先评优""时间银行"等做法。在机构养老服务方面，发挥公办养老机构的兜底保障作用，让社会力量进入养老服务市场；规划建设功能型养老机构，推进养老院服务质量建设；鼓励公办养老机构实行社会化运营或探索改制为国有养老服务企业；鼓励社会资本发展普惠养老机构，向规模化、连锁化、专业化迈进；鼓励组建医疗养老联合体，实施"互联网+养老"行动，推动养老领域公共数据开放共享，推进医养结合。截至2020年年末，四川省共有社区服务机构和设施27 387个，其中城市社区服务机构和设施15 019个。

（三）甘肃

甘肃省"十四五"规划提出，"构建居家养老社区养老机构养老相协调、医养康养相结合的养老服务体系"。出台《甘肃省养老服务条例》，提出制定养老服务专项规划，建立健全居家社区机构相协调、医养康养相结合的养老服务体系，保障养老服务事业发展经费，推动养老服务体制改革，激发各类服务主体活力，促进养老服务事业健康发展。在居家社区养老服务方面，建立健全居家养老扶持政策，制定居家养老基本服务清单，鼓励有条件的地区通过补贴、补助、购买服务等方式，优先保障经济困难的独居、空巢、留守、失能和计划生育特殊家庭的老年人的居家养老服务需求；推动居家养老信息化服务平台建设，整合医疗、餐饮、家政、出行等各类养老服务资源，实现需求和供给的信息对接，为居家老年人提供紧急呼叫、家政预约、费用代缴等服务；建立定期探访工作机制，支持和引导基层组织、社会组织等对城乡社区和农村的独居、空巢、留守、失能、计划生育特殊家庭的老年人的生活状况进行探访；在社区建立嵌入式养老服务机构或者日间照料中心，鼓励社会力量积极参与，提供多种形式的居家社区养老高质量服务，推动居家社区机构养老服务融合发展。在机构养老服务方面，为满足多样化、多层次养老服务需求，甘肃省鼓励支持社会组织、企业、个人兴办养老机构；养老机构应当与收住的老年人或者其代理人签订养老服务协议，明确双方的权利和义务，按照有关标准提供养老服务；养老机构、从事居家社区养老服务的组织与医疗机构应当开展协议合作，推动医养结合工作发展。截至 2020 年年末，甘肃省共有各类社区服务机构和设施 14 206 个。其中，社区服务指导中心 8 个，社区服务中心 556 个，社区服务站 4 574 个，未登记和挂靠的特困人员供养机构 92 个，社区养老照料机构和设施 3 091 个，社区互助型养老设施 5 569 个，其他社区服务机构和设施 316 个。

（四）宁夏

宁夏回族自治区"十四五"规划提出，"构建居家社区机构相协调、医养康养相结合的养老服务体系""发展普惠型养老服务和互助性养老"。出台《自治区人民政府办公厅关于推进养老服务高质量发展的实施意见》，提出优化养老服务有效供给、提升养老服务质量和水平，推动居家、社区和机构养老融合发展，持续深化医养结合，创新"互联网+健康养老"模式，促进医院、养老机构、社区、家庭信息互联互通，建立老年人健康全周期管理体系。在居家社区养老服务方面，采取政府补贴等方式，实施老年人居家适老化改造工程；建设街道层面的社区养老服务机构、社区层面的嵌入式养老服务机构或日间照料中心；引导社会力量广泛参与居家社区养老服务，健全完善政府购买养老服务制度机制；建立健全巡访留守等困难老年人工作机制，打造"三社联动"机制，积极探索"学生社区志愿服务计学分""时间银行"等做法。在机构养老服务方面，实施特困人员供养服务设施（敬老院）改造提升工程，重点发展养护型和护理型养老机构；深化公办养老机构改革，探索多样化的经营模式，引导社会力量根据市场需要，兴办面向中高收入家庭的养老机构。全区共有各类提供住宿的社会服务机构 132 个，其中养老服务机构 108 个，儿童收养救助服务机构 9 个。社会服务床位 21 429 张（不包括社区床位数），其中养老机构床位 18 900 张（不包括社区日间照料床位 4 765 张、社区全托服务床位 2 197 张），儿童福利和救助机构床位 996 张。全区共有社区服务机构和设施 2 787 个，其中社区服务中心 62 个，社区服务站 2 047 个。

（五）内蒙古

内蒙古自治区"十四五"规划提出，"加强居家和社区养老服务体系建设，构建居家社区机构相协调、医养康养相结合的养老服务体系"。出台《内蒙古自治区开展 2020 年养老院服务质量建设专项行动实施方案》《关于推进养老服务高质量发展的若干措施》等文件，指出要不断推进内蒙古自治区养老机构服务质量长效机制建设，大力发展居家社区养老服务、推动机构养老服务提质增效、加强养老服务能力建设，推进自治区养老服务高质量发展，积极应对人口老龄化。在居家社区养老服务方面，建设具备全托、日托、上门服务、对下指导等综合功能的社区养老服务机构、嵌入式养老服务机构或日间照料中心，积极推进街道和社区养老服务场所建设；建立养老服务顾问制度、居家探访制度，进一步做实做强居家养老；实施老年人家庭适老化改造，探索设立"家庭照护床位"；鼓励和引导社会力量承接政府购买服务，大力培育专业化、连锁化、品牌化的社区养老服务机构；推广护理服务、家庭病床进社区，为居家老年人提供上门医疗护理服务，提升医养康养服务能力。在机构养老服务方面，深化公办养老机构改革，加强同医疗机构合作，提高护理型床位占比，充分发挥公办养老机构兜底保障作用，坚持公办养老机构公益属性，采取"一院两制"、委托社会力量运营公办养老机构，深化公建民营改革；支持民办养老机构发展，加大对收住失能（失智）老年人并且提供医疗护理的养老机构支持力度，在大力发展普惠养老的基础上，鼓励社会力量根据市场需要，兴办面向中高收入家庭的养老机构，发展旅居养老、文化养老、健康养老等新兴业态。截至 2020 年年末，内蒙古自治区城镇拥有各种社区服务设施 4 998 个，比上年增长 2.8%。其中，社区服务中心、站 2 376 个。

（六）陕西

陕西省"十四五"规划提出，"发展普惠型养老和互助性养老""构建居家社区机构相协调、医养康养相结合的养老服务体系"。出台《陕西省人民政府关于推进健康陕西行动的实施意见》，提出开展老年健康促进行动，建立完善老年健康服务体系，持续优化老年人医疗卫生资源配置；完善医养结合政策，推进医疗卫生与养老服务融合发展。重点发展居家社区养老服务，提高基层医疗卫生服务网络居家上门服务能力，逐步完善支持家庭养老政策体系；推广老年期常见疾病防治适宜技术，实施老年人心理健康预防和干预计划，提供中医特色健康指导和康复服务，加强老年严重精神障碍患者社区管理和康复治疗。优化老年人住行医养等环境，推动老年宜居环境建设。截至 2020 年年末，陕西省拥有社会福利收养性单位 834 个，社区服务机构和设施 12 902 个，共有床位 20.6 万张，收养 10.51 万人。

（七）山西

山西省"十四五"规划提出，"聚焦'医、养、服、乐'""构建居家社区机构相协调、医养康养相结合的养老服务体系""加强老年人权益保障，完善家庭支持体系，建设老年友好型社会"。出台《山西省人民政府办公厅关于推进养老服务发展的实施意见》《关于支持社区居家养老服发展的意见》《山西省人民政府办公厅关于深化医养结合促进健康养老发展的意见》等文件，提出探索社区居家养老服务新模式，支持居家、社区和养老服务机构融合发展，加强医疗养老联合体或共同体建设，重点为失能、失智的特困老年人提供医养结合服务。在居家社区养老服务方面，打造"三社联动"机制、积极探索"学生社区志愿服务计学分""时间银行"等做法、探索"物业服务+养老服务"模式；采取政府补贴等方式，对所有纳入特困供养、建档立卡范围的高龄、失能、残疾老年人家庭，实施适老化改造；积极引导社会力量特别是民营资本投资社区养老服务。实施社区养老幸福工程，支持开展上门服务和连续服务；支持社区党群活动中心、社区服务中心与社区养老服务共建共融；实施"互联网+社区养老"行动，加快"康养山西"App等智慧养老数字化、信息化建设，推进社区居家养老服务线上线下无缝对接。支持乡镇卫生院、养老院"两院一体"模式，鼓励各类主体在社区设立集医疗护理、生活照护等服务为一体的医养结合机构，重点为乡镇、社区失能、失智老年人提供集中或居家医养结合服务。在机构养老服务方面，鼓励社会力量参与公办养老服务机构改革，探索具备条件的公办养老服务机构改制为国有养老服务企业。截至2020年年末，山西省城镇有各种社区服务设施8 552个，其中，综合性社区服务中心475个。各类收养性单位床位数101 384张，收养人数37 074人。

（八）河南

河南省"十四五"规划提出，"健全基本养老服务体系，发展普惠型养老服务和互助性养老""培育智慧养老等新业态新模式，构建居家社区机构相协调、医养康养相结合的养老服务体系"。出台《关于深化医养结合促进健康养老发展的意见》，指出要加快健康养老服务设施建设、完善医养结合服务机制、提升健康养老服务能力。支持居家社区养老服务设施

建设，发展集中管理运营的社区嵌入式、分布式、小型化、连锁化的养老服务设施和设有护理型床位的日间照料中心，增加家庭服务功能模块，强化助餐、助洁、助行、助浴、助医等服务，夯实居家社区养老服务网络，增强养老服务网络的覆盖面和服务能力。支持社区医养结合服务中心建设，实施社区医养结合能力提升工程，推动基层医疗卫生机构与日间照料中心、农村幸福院融合发展。推进居家健康养老服务，以体检结果为基础提供针对性健康管理服务，完善老年人心理健康与精神疾病早期预防及干预机制。截至2020年年末，河南省有社区服务指导中心7个，社区服务中心2 284个，社区服务站44 996个，其他社区服务机构和设施1 285个，社区养老床位数88 376张。

（九）山东

山东省"十四五"规划提出，"多渠道增加养老服务供给，发展互助性养老，支持家庭承担养老功能，加快建设居家社区机构相协调、医养康养相结合的养老服务体系"。出台《山东省养老服务条例》，明确养老服务坚持政府主导、社会参与、市场运作、保障基本的原则；要求将养老服务发展纳入本地区国民经济和社会发展规划，制定养老服务发展规划，建立健全居家社区机构相协调、医养康养相结合的养老服务体系，保障养老服务事业发展经费。把居家社区养老、机构养老、医养结合作为工作重点，对于居家社区养老，既强调政府履行兜底职责，重点为经济困难的失能老年人、计划生育特殊家庭老年人提供免费或者低收费托养服务，又注重整合社会资源，为老年人提供多样化居家养老服务；对于机构养老，从登记备案、人员配备、服务标准、安全管理等方面提出一系列规范性要求；对于医养结合，注重统筹医疗卫生和养老服务资源，加强衔接配合。截至2020年年末，山东省共有养老机构2 373处，养老机构床位39.2万张，比上年增加3.7万张，护理型床位17万张，建有社区老年人日间照料中心3 069处、农村幸福院10 026处。

三、黄河流域各地区养老服务人才政策

养老服务人才是指在各类养老服务机构中从事养老服务的养老护理人员、专业技术人员、养老管理人员,以及家庭照护人员、老年人能力综合评估机构中的评估人员。养老服务人才队伍的建设是国家完善以居家养老为基础、以社区服务为依托、以机构养老为补充的社会养老模式的重要环节。2020年,黄河流域九省区纷纷出台养老服务人才培养政策,推动养老服务工作的职业化、专业化、规范化发展,采取多种举措动员社会资源,开展和养老服务人才有关的政策宣传、专业培训、课程调研、对外交流等多方面工作,推动养老服务业人才队伍建设快速发展。

(一)青海

青海省以构建适度普惠养老体系为目标,大力建设以居家为基础、社区为依托、机构为补充的功能完善、规模适度、覆盖城乡的养老服务体系。在原有一系列政策的基础上,紧紧围绕"简政放权、放管结合、优化服务"的改革方向,多方面共同推进落实养老服务行业快速发展,加大培育和建设养老服务人才队伍,强化养老服务人才培养激励。《青海省人民政府对十三届全国人大三次会议第1852号建议答复的函》提到,青海省养老工作下一步打算开展养老服务人才培训提升行动,建立养老护理员薪酬待遇与职业技能等级挂钩制度,支持青海省养老服务人才队伍建设。加快政府、企业和高等院校的产学研结合进程,落实医养健康服务产业从业人员的定点定期培训,提升医养康养服务业从业人员理论、从业技能和思想道德水平。《青海省人民政府办公厅关于印发青海省推进养老服务发展若干措施的通知》提出,建设职业培训和学历教育并重的养老服务人才培

养培训体系,加强终身职业技能培训。大力推进养老服务业吸纳就业,落实高校毕业生就业创业、青年见习和职业技能培训等相关支持政策。组织开展全省养老护理员技能大赛,对获奖选手按规定授予"全省技术能手"荣誉称号,并晋升相应职业技能等级。2022年年底前,全省养老院院长培训率达到100%,养老护理员岗前消防安全培训率达到100%,养老服务和管理人员培训率达到95%以上。

(二) 四川

四川省大力实施"百千万养老人才队伍建设工程",培养了一批专业水平高、服务质量好的养老护理服务专业人才队伍,提升了全省养老服务的质量和水平。四川省"十四五"规划中明确指出,加强养老护理员技能培训,培育为老服务公益组织。《四川省人民政府办公厅关于推进四川养老服务发展的实施意见》中提出,实施养老服务人才队伍建设工程:一是关于学校培养的各类养老服务人才,鼓励各类院校设置养老服务相关专业或开设相关课程,建立校企养老服务人才双向培养机制。二是关于从业人员在社会及机构中的继续培训,加强养老从业人员职业培训,建设养老服务实训基地。探索建立养老护理员从业年限补贴制度,对符合条件的专业护理人员给予适当从业补贴。开展养老护理员职业技能等级认定,引导养老从业人员参加社会工作者职业资格水平考试。三是关于社工服务,建立社工引领志愿者服务机制,培育壮大老年志愿服务队伍。完善养老服务从业人员关爱和激励褒扬机制,开展"最佳养老护理员"等评选活动。

(三) 甘肃

甘肃省通过健全养老服务保障政策法规体系,满足老年人多层次、多样化养老服务需求。2020年7月1日,《甘肃省养老服务条例》正式施行,标志着甘肃省实现了养老服务和老年人权益保障双立法,走在了全国前列。《甘肃省养老服务条例》突出了甘肃特点,明确了各类促进养老服务人才队伍建设的相关政策。一是关于学校培养的各类养老服务人才,在普通高校开设健康服务与管理、中医养生学、中医康复学等相关专业,并按规定落实学生资助政策。普通高校毕业生在省内养老机构签订五年以上正式劳动合同且服务满一年以上,对其在校学习期间的学费或者申请获得的国家助学贷款给予逐年代偿返还资助,从本级福彩公益金留成中安排资金予以落实。鼓励职业院校(含技工院校)设置养老服务相关专业或者开设相关课程,推进职业院校(含技工院校)养老服务实训基地建设,支持社会力量创办养老服务培训机构。二是关于从业人员在社会及机构中的继续培训,县级以上人民政府人社部门应当会同民政、教育部门建立健全养老服务人才培养、使用、评价和激励机制,依法规范养老服务用工。县级以上人民政府应当在公益性养老服务机构和社区开发从事养老服务的公益性岗位,吸纳就业困难人员从事养老服务。养老服务从业人员培训费补贴和职业技能鉴定补贴按国家有关规定执行。鼓励有条件的地方建立养老护理岗位补贴制度。三是关于从事养老服务工作的执业医生、护士、康复医师等专业技术人员,应当执行与医疗机构相同的执业资格、注册考核制度,其在职称评定、继续教育等方面与医疗机构同类专业技术人员享受同等待遇,逐步提高薪酬和福利待遇。鼓励支持医疗机构的专业技术人员向养老服务机构流动。四是关于社工服务,县级以上人民政府应当支持发展为老年人服务的志愿服务组织,建立志愿服务激励机制。志愿者根据其志愿服务时间储蓄优先享受社会养老服务,并享有国务院《志愿服务条例》规定的权利。

(四)宁夏

宁夏回族自治区在原有《宁夏回族自治区家庭服务业条例》的指导下,不断加强养老护理人才队伍建设,将养老服务从业人员培训纳入自治区职业技能培训补贴范围，共培训养老护理员2 400余人。同时，为了适应地区养老需求形势的发展变化，自治区将《宁夏回族自治区家庭服务业条例》的修改列入立法计划，并在2020年出台了《宁夏回族自治区养老服务条例》《关于推进养老服务高质量发展的实施意见》等文件，强化居家养老服务工作的组织领导，优化社区养老服务发展环境。《自治区人民政府办公厅关于推进养老服务高质量发展的实施意见》中明确指出，扩大养老服务就业创业是推进养老服务发展重要任务之一。在扩大养老服务就业创业方面，应推进养老服务业吸纳就业。结合政府购买服务，在街道（乡镇）、社区（村）开发一批为老服务岗位，优先吸纳就业困难人员、建档立卡贫困人口和高校毕业生就业。同时加强健康养老人才培养。鼓励各类院校开设健康服务与管理、中医养生学、中医康复学、老年护理等专业。推进职业院校（含技工院校）养老服务实训基地建设。鼓励社会资本兴办养老服务类职业院校。加强养老服务从业人员培训，按规定落实培训费补贴、职业技能鉴定补贴等政策。建立健全养老服务从业人员激励机制。《关于自治区政协十一届三次会议第217号提案答复的函》中指出，鼓励执业医生到养老机构设置的医疗机构多点执业，允许并鼓励中医医师在养老机构提供中医保健咨询和调理等服务。

在下一步工作中，将强化问题导向，全力推动社区养老服务向更优化目标发展，加强养老服务人才队伍建设。一是强化养老护理员培训工作。会同有关部门开展养老护理员岗前培训和岗中轮训，帮助养老护理员实时更新养老护理知识，掌握专业化本领，培训考试合格后发放结业证书，确保持证上岗。二是逐步提高养老护理员待遇水平。探索建立养老护理员津补贴激励机制，对养老护理员岗位给予适当补贴，提高全社会从事养老护理员的积极性，不断提升社会认可度。三是发挥养老服务"三社联动"作用。充分发挥社区平台作用，加快培育从事社会养老服务的志愿者队伍，特别是社会组织培育扶持，多渠道充实养老类和专业化服务人才队伍。

《关于自治区十二届人大三次会议第 12 号建议协办意见的函》中提出，为满足老年人多层次、多样化的养老服务需求，认真贯彻国务院办公厅关于促进家政服务业提质扩容的意见，采取多种方式加强养老服务护理人才队伍建设，提高养老护理人员专业技能。一是在院校开设养老相关专业。依托宁夏医科大学、宁夏职业技术学院和市、县职业院校开设养老护理专业，已有多家院校开设或在相关专业中增设养老护理专业，积极为全区培养养老护理专业人员。二是将养老护理员培训纳入自治区职业技能支持计划。积极争取将养老护理员培训统一纳入自治区职业技能培训范围，每年由民政、人社等部门有计划地开展养老护理员培训，进行技能鉴定，对考核合格的发放养老护理员资格证。同时，积极参与相关部门组织的家政服务从业人员职业技能大赛，推动和促进家庭服务业更好更快发展。三是加大基地建设。依托宁夏老年人服务中心开展养老护理员培训，培训养老机构护理员 2 400 余人，全区养老服务机构从业人员持证上岗率达 75%以上。

(五) 内蒙古

内蒙古自治区为深入贯彻党的十九届四中全会精神，全面落实国家相关政策，推进养老服务高质量发展，印发了《关于推进养老服务高质量发展的若干措施》。据 2020 年年初统计，按照"9073"的比例，预计全区将有 472 万老年人选择居家社区养老服务。对于加强养老服务队伍建设，文件规定，支持各类院校（含技工学校、技师学院）设立养老服务相关专业，在养老服务领域开展 1+X 证书制度试点。推动院校与养老服务机构开展校企合作，通过定向培养等方式吸引学生就读养老服务相关专业。鼓励养老服务行业协会、培训机构在人力资源社会保障部门备案后，开展养老护理员职业技能等级认定。将养老护理员培训纳入职业技能提升行动，所需资金按规定从失业保险基金支持职业技能提升行动专账资金中列支。开展养老服务人才培训提升工程，到 2022 年年底，力争全区培养 1 万名养老护理员、养老院负责人和老年社会工作者,推进养老服务标准化建设。同时为加强养老院管理人才专业化、职业化建设,进一步提升养老服务机构运营管理科学化、规范化、专业化水平,加快养老服务人才队伍建设,自治区人力资源社会保障厅组织开展了全区养老机构负责人、养老护理员、老年社会工作者的培训,全面提升养老服务人才队伍的职业道德和业务水平。持续推进校企合作,拓宽养老护理人才培养渠道,创新养老服务人才培养体系。推动学校设立养老从业人员继续教育(培训)基地并与地方养老企业签订校企合作协议,多形式对养老从业人员进行培训。自治区在对《关于建立以居家为基础、社区为依托、机构为补充、医养相结合的养老服务体系的提案》(第0610号)的答复中指出,目前应积极推进养老服务人才队伍建设。年内积极落实民政部培训计划,力争三年内培训2万名养老护理员、1 500名养老院院长和2 000名老年社会工作者。到2020年,达到每百张养老机构床位配备1名社会工作者,每个社区有1名专业社会工作者,每千名老人配备1名社会工作者的目标。

(六)陕西

陕西省坚持问题导向,为加快推进全省养老服务高质量发展,扎实推进养老服务人才队伍建设,准确把握全省养老服务发展面临的新形势,出台《关于推进养老服务发展的实施意见》《陕西省关于促进养老护理员职业技能提升实施意见》等一系列文件。全省正式步入养老服务改革的全面提速时期。《关于做好2020年养老院服务质量建设专项行动工作的通知》中明确提出,应持续推进养老服务人才培训三年提升行动。举办养老院院长培训班,重点培训新颁布的标准、规范,提升养老机构标准化规范化管理能力。《陕西省关于促进养老护理员职业技能提升实施意见》中,确定了22个高校作为省级养老护理员培训基地,建立依托各类院校开设养老服务相关专业或相关课程、开展养老服务人才培训提升行动和1+X证书试点与推广的学历人才培养机制，建立科学合理、配置适当的梯次型人才队伍，开展职业技能等级认定鉴定工作，建立薪酬待遇与岗位绩效、职业技能水平挂钩的考核激励机制，让高素质养老服务人才引得进、留得住、作用发挥得好。《关于推进养老服务发展的实施意见》中明确，推进养老服务吸纳就业。鼓励各类院校设置养老服务相关专业或开设相关课程。开展养老服务人才培训提升行动和1+X证书试点与推广，实施养老护理员"千人培训计划"，2022年年底前全省培训300名养老院院长、5万余名养老护理员。按规定落实养老服务从业人员培训费补贴、职业技能鉴定补贴等政策。有条件的市（县）探索建立养老护理岗位补贴制度。加大基层特别是街道（乡镇）、社区（村）养老服务岗位开发力度，优先吸纳高校毕业生、就业困难人员、建档立卡贫困劳动力和农村留守妇女就业。对养老服务机构招用符合条件人员就业的，按规定给予社会保险、税收优惠等政策扶持。对见习期满留用率达到50%以上的见习单位，按留用人数对单位给予每人2 000元的一次性见习留用补贴。

（七）山西

山西省为深入贯彻落实国务院相关文件精神，促进养老服务业更好更快发展，推动养老服务人才体系建设，发布《山西省人民政府办公厅关于推进养老服务发展的实施意见》。文件强调，应加强对养老服务机构负责人、管理人员的岗前培训及定期培训，使其掌握养老服务法律法规、政策和标准。按规定落实养老服务从业人员培训费补贴、职业技能鉴定补贴等政策。组织开展养老护理员技能大赛，对获奖选手按规定授予荣誉称号，并晋升相应职业技能等级。开展养老护理员关爱活动，加强对养老护理员先进事迹与奉献精神的社会宣传。推动普通高校和职业院校开设养老服务、养老护理、中医养生等相关专业。把养老服务技能培训纳入城乡就业培训范围。养老服务机构新招用就业困难人员，与之签订1年以上劳动合同并足额为其缴纳社会保险费的,可按规定给予社会保险补贴。符合小微企业标准的养老服务机构,新招用毕业年度和毕业2年内高校毕业生的,也可按规定纳入社会保险补贴范围。鼓励养老服务机构开发就业见习岗位,接收符合条件的青年参加就业见习,按规定落实就业见习补贴政策,对见习期满留用率达到50%以上的见习单位,适当提高见习补贴标准。

(八) 河南

河南省是黄河流域的人口大省,也是老年人人口大省。2020年"两会"期间,河南省代表王馨指出,虽然近年来养老护理队伍日益壮大,但仍难以满足不断增长的需求,另外,养老护理人员专业素质总体有待提高,大多数护理人员只会喂饭、擦洗等简单护理,缺乏心肺复苏等专业救护技能,健康管理、康复运动、心理慰藉等方面的服务能力也有待提高。同时她还建议,要打造高质量的养老服务和产品供给体系,需加快培养职业化养老护理人员。一方面,支持职业院校开设养老护理专业;另一方面,鼓励有资质、有条件的社会力量开办专门养老护理培训机构。在2020年以前河南省出台过《河南省人民政府关于加快发展养老服务业的意见》《河南省养老护理员职业能力提升实施方案》等一系列文件。2020年,河南省持续加快队伍建设步伐,将养老护理员培训列入省职业技能提升行动,加大对养老院院长、养老护理员、专兼职老年社会工作者的技能培训力度,确定了郑州大学护理学院等5个省级养老护理员培训基地和12个省级健康养老护理教育培训基地。2020年9月,河南省副省长戴柏华在南阳市调研农村养老、社会救助等工作时指出,农村养老服务是重要的民生工程、民心工程,要加强养老机构管理和人员培训,落细落实安全防护措施,聚焦特困老人、失能老人等特殊困难群体,加大救助力度,坚决兜住基本民生底线。

（九）山东

山东省坚持把养老服务队伍建设作为养老服务业转型升级的重要支撑，通过学历教育、在职教育、对外合作等方式，建立起学历教育、职业教育和在职继续教育相结合、省市县三级联动的全方位养老服务人才培训体系，不断强化政策落实、突出人才培养、加强职业培训、壮大人才队伍，积极引导更多的社会力量参与到养老服务培训中，提升了全省养老服务队伍的专业化、职业化水平。2020年7月4日，山东省养老服务工作现场会在威海荣成召开，会议指出，近年来各地牢固树立以人民为中心的发展思想，以老年人的服务需求为导向，加强政策扶持，引导社会参与，增加服务供给，持续完善以居家为基础、社区为依托、机构为补充、医养相结合的养老服务体系。但是，扶持政策不完善、有效供给不足、服务质量不优、服务队伍专业化水平不高的问题还比较突出，亟须进一步完善扶持政策，增加有效服务供给，全面提升服务质量，不断满足老年人日益增长的多样化、多层次养老服务需求。《山东省养老服务条例》中规定，县级以上人民政府应当健全养老服务人才培养引进、岗位（职务）晋升、激励评价机制，并对从事养老服务工作的高等学校、中等职业学校毕业生按照规定给予入职补贴。可以通过购买服务等方式，开展失能老年人家庭照护者技能培训，组织有关社会组织、红十字会等开展养老照护、应急救护知识和技能培训。同时养老服务组织应当定期组织工作人员进行职业道德教育和技能培训。而省人民政府人力资源社会保障厅、民政部门应当将养老护理员纳入专项职业能力目录，组织实施养老护理员职业技能等级评价，提高养老护理员服务水平。养老服务组织应当与养老服务从业人员依法订立聘用合同或者劳动合同，为养老服务从业人员缴纳社会保险费，并安排其定期进行健康检查。同时，为深入贯彻落实习近平总书记关于提高养老院服务质量的重要指示精神，加快推进养老服务人才队伍建设，《关于做好2020年养老院服务质量建设专项行动工作的通知》中指出，全省将开展养老服务人才培训提升行动。省级制定出台开展养老服务培训提升工作的指导意见。积极协调人力资源社会保障部门，将养老护理员培训纳入《职业技能提升行动方案（2019—2021年）》，建立健全分级分类培训体系，确保完成培训任务。开展"齐鲁敬老使者"评选活动，表彰养老服务领域的先进典型。

四、黄河流域各地区老年人社会权益保障政策

2020年，黄河流域九省区在老年人社会权益保障政策方面进行了积极探索，多种惠及老年人的措施并行，健全老年健康服务体系，优化老年医疗卫生资源配置，强化基层医疗卫生服务网络功能，打造老年宜居环境，实现健康老龄化。

（一）青海

青海省于2020年5月18日发布《关于印发青海省推进养老服务发展若干措施的通知》，提出社区和居家适老化改造工程、加强老年心理健康和心理关怀服务等敬老优待内容。2020年年底前，各市州要采取政府补贴等方式，对所有纳入特困供养、最低生活保障、建档立卡范围的高龄、失能、残疾老年人家庭，按照《无障碍设计规范》实施家庭适老化改造。将适老化改造纳入城镇老旧小区改造规划，尊重居民意愿，积极引导城镇老旧小区通过开展场所无障碍改造、消防设施改造、因地制宜增加活动场地设施、有条件的小区加装电梯等措施，为老年人提供安全、舒适、便利的社区环境。健全特殊老年人关爱服务制度。在老年心理健康和心理关怀服务方面，2020年年底前，全面建立独居、空巢、留守、失能和计划生育特殊家庭等特殊老年人关爱服务体系，通过政府购买服务、志愿服务等

方式，提供日常探视、居家照料、事务代办等服务。在老年人文教体政策方面，大力发展老年教育，充分发挥省级老年大学示范引领作用，建立健全"省、市州、县、乡、村"五级老年教育办学网络，优先发展社区老年教育，方便老年人就近学习。在老年人医疗健康政策方面，2020年9月3日，青海省发布《关于印发青海省2020年下半年综合医改重点工作任务通知》，提出加强重点人群健康促进，持续加强对高龄、失能等行动不便老年人群体上门医疗卫生服务；优化医养结合机构审批流程和环境，开展医养结合机构服务质量提升行动。截至2020年年末，青海省共有艺术表演团体12个，文化馆45个，公共图书馆50个，博物馆24个，档案馆54个。广播综合人口覆盖率99.1%，比上年年末提高0.3个百分点；电视综合人口覆盖率99.1%，提高0.3个百分点。全年出版杂志262万册、报纸7 899万份、图书2 283万册（张），其中少数民族文字图书342万册（张）。医疗卫生机构6 435个，床位4.12万张。其中，医院215个，床位3.53万张；卫生院411个，床位4 720张；社区卫生服务中心（站）278个，妇幼保健院（所、站）52个，疾病预防控制中心（防疫站）55个，村卫生室4 492个，门诊部、诊所（卫生所、医务室）865个，专科疾病防治院2个，卫生监督所45个。全省医疗卫生机构卫生人员6.44万人。其中，执业（助理）医师1.83万人，注册护士1.97万人。全年总诊疗人次2 404.5万人次，出院人数101.7万人次。

(二) 四川

四川省于2020年发布《关于推进四川养老服务发展的实施意见》。在老年人优待政策方面，要加快建设社区养老服务综合体，统筹推进社区配备助行设备和老旧小区增设电梯。2020年年底前，采取政府补贴等方式，对所有纳入特困供养、建档立卡范围的高龄、失能、残疾老年人家庭按照《无障碍设计规范》实施适老化改造。在老年人文教体政策方面，强调大力发展老年教育,探索养教结合新模式,实施老年大学建设提升行动,优先发展社区老年教育。建设四川老年教育数字化公共服务平台。到2022年,在二级以上综合医院设置老年医学科的比例超过50%,养老机构和协议合作的医疗卫生机构普遍开通双向转介绿色通道;各县(市、区)至少建有1个智慧养老院或1个智慧养老社区;"县(市、区)—乡镇(街道)—村(居委会)"三级社区老年教育办学网络基本覆盖,老年人就近学习更加方便。四川省人民政府办公厅于2020年发布《关于促进全民健身和体育消费推动体育产业高质量发展的实施意见》,提出积极推广适合老年人强身健体的运动项目和锻炼方法;加强针对老年群体的非医疗健康干预,支持构建慢性疾病运动干预体医结合服务新模式,创新建设慢性疾病运动干预中心。在老年人医疗健康政策方面,四川省发布《关于印发四川省深化医药卫生体制改革2020年下半年重点工作任务的通知》,提出要加强重点人群健康服务,推进老年健康促进行动,开展全国医养结合示范省建设,实施居家社区医养结合能力提升工程,为老年人提供上门医疗卫生服务。截至2020年年底,四川省共有文化系统内艺术表演团体47个,艺术表演场所36个,公共图书馆207个,文化馆207个,美术馆54个,综合文化站4 154个。国家级文化产业示范(试验)园区1个,国家级文化和科技融合示范基地2个,国家文化消费试点城市2个,国家级动漫游戏基地1个,国家级文化产业示范基地15个,省级文化产业示范园区11个,省级文化产业试验园区5个,省级文化产业示范基地59个。全省共有医疗卫生机构82 793个,其中医院2 435个(民营医院1 745个),基层医疗卫生机构79 491个;医疗卫生机构床位65.0万张,卫生技术人员63.3万人,全年医疗机构总诊疗人次51 245.4万人次,其中医院20 002.5万人次(民营医院3 435.9万人次),基层医疗机构29 333.3万人次;出院1 755.5万人,其中医院1 245.7万人(民营医院307.5万人),基层医疗机构456.2万人。

(三) 甘肃

甘肃省于 2020 年发布《甘肃省养老服务条例》。在老年人优待政策方面，提出县级以上人民政府及其相关部门应当制定现有公共场所和设施的无障碍改造计划，对坡道、电梯等与老年人日常生活密切相关的公共设施进行改造，为老年人出行提供便利；推动和扶持老年人家庭无障碍设施的改造，方便老年人居家生活。外埠老年人到子女所在地与子女共同生活的，有关部门应当在医保结算、公共交通等方面给予便利。县级以上人民政府应当落实经济困难的高龄、失能老年人补贴制度，并加强与残疾人生活和护理补贴政策的衔接。在老年教育方面，鼓励教育机构通过多种形式举办或者参与老年教育，优先发展社区老年教育，方便老年人就近学习。在老年人医疗健康政策方面，提出县级以上人民政府卫生健康部门应当支持医疗机构开设老年医学科，推动基层医疗机构加强老年人健康管理和常见病预防，提高康复、护理床位占比，倡导医疗机构为老年人开展义诊活动。医疗机构应当为老年人开通绿色通道，在就医方面提供优先便利服务。鼓励发展老年医院或者康复、护理、安宁疗护等接续性医疗机构。鼓励、支持老年人聘请健康顾问，签约家庭医生。县级以上人民政府卫生健康部门应当支持安宁疗护病房、安宁疗护中心建设，为老年临终患者提供身体、心理、精神等方面的照护和人文关怀等服务。截至 2020 年年末，甘肃省共有医疗卫生机构 26 250 个。其中医院 705 个，医院中有综合医院 373 个，中医医院 117 个，专科医院 167 个；基层医疗卫生机构 24 636 个，其中社区卫生服务中心（站）671 个，卫生院 1 368 个，村卫生室 16 421 个；专业公共卫生机构 873 个，其中疾病预防控制中心 102 个，妇幼保健院（所、站）99 个，卫生监督所（中心）95 个，计划生育技术服务机构 534 个。年末卫生技术人员 18.89 万人。医疗卫生机构床位 17.79 万张，其中医院 13.86 万张，卫生院 2.87 万张。全年总诊疗人次

11 591.08 万人次，出院人数 452.88 万人。

（四）宁夏

宁夏回族自治区于 2020 年 7 月 15 日发布《关于推进养老服务高质量发展的实施意见》。在老年人优待政策方面，强调实施老年人居家适老化改造工程，采取政府补贴等方式，对纳入特困供养、建档立卡范围的高龄、失能、残疾老年人家庭，按照规范要求逐步实施适老化改造。有条件的地方可结合老旧小区改造，引导城乡老年人家庭进行适老化改造。在老年人医疗健康政策方面，2020 年 9 月 15 日，宁夏回族自治区发布的《宁夏深化医药卫生体制改革 2020 年下半年重点工作任务及责任分工的通知》提出制定出台《关于深入推进医养结合促进老年健康服务体系建设的实施意见》，为老年人提供"六位一体"健康服务。截至 2020 年年末，宁夏回族自治区共有文化系统艺术表演团体 11 个，博物馆 75 个。全区共有公共图书馆 27 个，文化馆 27 个，共有医疗卫生机构 4 574 个，其中医院 218 个；基层医疗卫生机构 4 247 个；专业公共卫生机构 94 个，其中疾病预防控制中心 25 个，卫生监督机构 24 个。年末全区卫生技术人员 58 627 人。全区医疗卫生机构实有床位 41 261 张，其中医院 35 565 张，基层医疗卫生机构 4 094 张。全年全区总诊疗人次 3 969.83 万人次，入院人数 106.89 万人次。

（五）内蒙古

内蒙古自治区于 2020 年转发民政部、国家发展改革委、财政部等九部门《关于加快实施老年人居家适老化改造工程的指导意见》，提出各地要坚持以人民为中心的发展思想，高度重视老年人居家适老化改造工作，将老年人居家适老化改造工作作为巩固家庭养老基础地位、促进养老服务消费提升、推动居家养老服务提质扩容的重要抓手，切实抓实抓好。要将老年人居家适老化改造工作纳入居家社区养老服务改革试点、老旧小区改造等任务范围，统筹推进老年人居家适老化改造工程。截至2020年年末，内蒙古自治区共有艺术表演团体95个，其中乌兰牧骑73个。拥有文化馆120座，公共图书馆117座，博物馆178座。自治区和盟市两级出版各类报纸23 338万份，各类期刊1 129万册，图书6 391万册。年末全区有档案馆103座，已开放各类档案459.3万卷（件）。共有卫生机构24 614个，其中医院777个，农村牧区卫生院1 257个，疾病预防控制中心120个，妇幼卫生机构114个，专科疾病防治院（所）34个。全区医疗卫生单位拥有病床16.2万张，比上年增长0.6%。全区拥有卫生技术人员20.2万人，增长3.0%。

（六）陕西

陕西省于2019年制定、2020年发布的《关于推进养老服务发展的实施意见》中提出加强基础设施建设，结合城镇老旧小区改造，统筹推进适老化设施改造。2020年年底前，采取政府补贴等方式对所有纳入特困供养、建档立卡范围的高龄、失能、残疾老年人家庭实施适老化改造。在老年人文教体政策方面，2020年3月5日，陕西省发布《关于加快建设体育强省的实施意见》，提出制订实施重点人群体质健康干预计划，其中要提高老年人身体素质和健康水平，在完善组织网络方面也提出要推行老年人体育协会。在老年人医疗健康政策方面，2020年4月8日，陕西省发布《关于推进健康陕西行动的实施意见》，提出建立完善老年健康服务体系，持续优化老年人医疗卫生资源配置。推广老年期常见疾病防治适宜技术。实施老年人心理健康预防和干预计划，提供中医特色健康指导和康复服务，加强老年严重精神障碍患者社区管理和康复治疗。提高基层医疗卫生服务网络居家上门服务能力。逐步完善支持家庭养老政策体系。完善医养结合政策，推进医疗卫生与养老服务融合发展。探索建立长期护理保险制度，研究完善照护服务标准体系。优化老年人住行医养等环境，推动老年宜居环境建设。到2022年和2030年，65至74岁老年人失能发生率有所下降，65岁以上人群老年期痴呆患病率增速下降。截至2020年年末，陕西省文化系统共有艺术表演团体50个，文化馆122个。全省公共图书馆116个，全年总流通627万人次。全省拥有卫生健康机构34 978个（含村卫生室22 977个），其中医院1 220家，社区卫生服务中心（站）688家，卫生院1 535家。全省共有床位27.25万张，其中医院病床21.94万张，卫生院病床3.59万张。全省共有卫生人员44.54万人，其中卫生技术人员36.36万人，卫生技术人员中执业（助理）医师11.39万人，注册护士15.55万人。全年新建市级体育场、体育馆、游泳馆17个。新建国民体质监测中心（站）23个，实现市、县全覆盖。新建社会足球场地377块。

（七）山西

山西省于2020年4月22日发布《关于推进养老服务发展的实施意见》，提出适老化改造和老年人关爱体系建设。规定采取政府补贴等方式，对所有纳入特困供养、建档立卡范围的高龄、失能、残疾老年人家庭，按照《无障碍设计规范》实施适老化改造。有条件的地方可积极引导城乡老年人家庭进行适老化改造。稳步推进农村留守老年人关爱体系建设。探索建立定期巡访独居、空巢、留守老年人工作机制，积极防范和及时发现意外风险。率先在偏关、宁武、静乐、兴县、临县、石楼、永和、大宁、天镇、广灵等地开展"暖心工程"，通过信息技术掌握独居、空巢等老年人实时情况，实现对他们的服务和关爱。鼓励社会组织、志愿服务队伍等积极参与"一帮一"关爱对接，为农村独居、空巢等老年人提供帮助。在老年人文教体政策方面，山西省2020年发布《关于推进养老服务发展的实施意见》，提出2020年优先发展社区老年教育，鼓励各级老年大学向社区拓展，方便老年人就近学习。鼓励各类教育机构通过多种形式举办或参与老年教育。鼓励有职称和专业水平的老年人发挥余热，为社区老年人传授知识和技能。在老年人医疗健康政策方面，2020年12月28日，山西省发布《关于深化医养结合促进健康养老发展的意见》。强调要推动二级及以上综合医院（含中医医院）老年医学科建设，引导一批二级及以下医院转型，重点向康复、护理和养老服务延伸。医疗机构设置的医养结合、老年病、安宁疗护等床位不列入平均住院日统计指标。养老机构可按规定申请开办老年病医院、康复医院、护理院、安宁疗护中心等。鼓励有条件的市、县探索医疗卫生和养老服务资源整合、服务衔接，增加硬件设施投入，充实补齐人员队伍，重点为失能、失智的特困老年人提供医养结合服务。截至2020年年末，山西省共有文化馆130个，文化站1 410个（其中，乡镇综合文化站1 196个），公共图书馆128个。全省共有卫生机构（含诊所、村卫生室）4.2万个，床位22.4万张。全省卫生机构共有卫生技术人员26.8万人，卫生院卫生技术人员2.3万人，社区卫生服务中心（站）卫生技术人员1.2万人，专业公共卫生机构技术人员1.7万人，妇幼保健（所、站）卫生技术人员0.8万人。截至2020年年末，全省累计报告新型冠状病毒肺炎确诊病例134例，累计治愈出院病例134例，累计死亡0人。全省共有353家医疗卫生机构提供新型冠状病毒核酸检测服务，总检测能力达到95万份/天。

（八）河南

河南省在《河南省人民政府关于印发河南省国民经济和社会发展第十四个五年规划和二〇三五年远景目标纲要的通知》第五十一章《积极应对人口老龄化》中提到，完善养老服务体系，开展居家、社区和公共设施适老化建设改造，推进老年大学县级全覆盖，注重消除老年"数字鸿沟"。加强老年人权益保障，建设老年友好型社会。截至2020年年末，河南省全省共有公有制艺术表演团体167个，文化馆205个，公共图书馆165

个,博物馆 359 个。全国重点文物保护单位 420 处,省级文物保护单位 1 170 处。入选国家级非物质文化遗产名录 113 个,综合档案馆 177 个,已开放各类档案 544.57 万卷(件)。全省共有卫生机构 74 654 个,卫生机构床位 66.73 万张,其中医院 50.30 万张,卫生院 12.26 万张,卫生技术人员 70.67 万人,全年总诊疗人次 5.74 亿人次,总出院人数 1 824.07 万人。

(九)山东

山东省于 2020 年 11 月 26 日发布《关于进一步优化老年人优待政策的通知》,明确规定山东省及省外来鲁的 60 周岁(含 60 周岁)以上老年人,不分国籍、不分地域,一律享受免费乘坐城市公共交通工具;半价乘坐政府投资建设的国有景区内的观光车、缆车等代步工具;优先就诊、化验、检查、交费、取药,需要住院的,优先安排住院;省外老年人来鲁旅行期间突发疾病的,医疗机构提供急诊"绿色通道";政府兴办或支持的公园、景点免购门票;社会力量兴办的公园、景点,70 周岁以上免购门票,不满 70 周岁半价购买门票;免费进入公共文化馆、图书馆、博物馆、科技馆、美术馆、展览馆、纪念馆等场所;按照时段免费或半价进入政府兴办或支持的公共体育健身场所健身等。在老年人文教体政策方面,2020 年 6 月 2 日,山东省发布《关于老年大学学费问题的通知》,为保障山东省老年教育事业健康发展,对老年大学学费有关事项作了明确规定。截至 2020 年年末,山东省共有公有制艺术表演团体 104 个,艺术表演场馆 93 个,博物馆 603 个,公共图书馆 154 个,群众艺术馆和文化馆 157 个,美术馆 55 个,文化站 1 815 个。出版各类图书 16 182 种,报纸 83 种,期刊 265 种。医疗卫生机构 8.5 万所,社区卫生服务中心及乡镇卫生院中医药综合服务区设置率分别为 91.7%和 94.2%。人均基本公共卫生服务经费补助标准由 69 元提高至 74 元。累计组建家庭医生服务团队 3.1 万个,签约居民3 877.4万人。112个国家集采药品平均降价60%以上，39个省级集采药品平均降价67.3%；国家集采冠脉支架平均价格从1.3万元降至700元左右，5类省级集采高值医用耗材平均降价66.0%。

五、黄河流域各地区养老服务政策响应与区域联动

2020年4月3日，国家发展改革委印发《2020年新型城镇化建设和城乡融合发展重点任务》，提出要加快实施黄河流域生态保护和高质量发展战略。

为响应国家"黄河流域生态保护和高质量发展"重大发展战略，黄河流域九省区成立了推动黄河流域生态保护和高质量发展领导小组、黄河流域生态保护和高质量发展核心示范区等，旨在加强主题协同、资源联动以及政策响应。

目前，黄河流域九省区已开展了一系列的合作。2020年8月，青海、四川等各省签署《黄河流域文化合作倡议书》，倡议共同推动黄河流域各省区文化交流合作，推动黄河流域文旅融合发展。为有效解决黄河流域城市间在人员、产业、市场等要素流通不畅，群众和企业异地办事"多地跑""折返跑"等痛点难点问题，2020年9月，山东省致函沿黄8个省（区）发展改革委，共同研究推进黄河流域协同发展重大事项，会同16个市和21个省有关单位细化落实跨省合作事项，开展"点对点"对接推动；2020年11月，银川市等7个沿黄省会城市的审批服务管理机构正式签订《黄河流域生态保护和高质量发展审批服务联盟合作协议》《黄河流域生态保护和高质量发展审批服务联盟宣言》，标志着黄河流域7个省会城市审批服务事项正式开启"跨省通办"新模式。

在养老服务领域，黄河流域省际的政策响应、区域联动、资源互通亦是黄河流域养老服务走向整体高质量发展的必由之路。无论是政府层面还

是学术层面，都已经开始了对于黄河流域养老服务政策响应与区域联动的尝试。

政府层面上，2020年12月，呼和浩特市、榆林市、平凉市等签署《黄河流域五省十市政务服务"跨省通办"合作框架协议》，涉及社保、养老、医保等60个高频事项，可在西宁等10座城市政务服务机构实现通办，这有效地促进了黄河流域养老服务的区域联动。

学术层面上，2020年6月，国合华夏城市规划研究院与黄河流域战略研究院联合院士、部长、司长、科研院所学者等，共同研究、撰写和出版了《黄河流域规划编制和生态发展案例》，该研究成果将为黄河流域9省市、各地市县区政府、园区、企业和科研机构等进行包含医疗养老、开放共享等方面的规划编制提供前瞻、专业、实操的指导和借鉴；2020年11月，由陕西省民政厅养老服务处指导的"黄河流域旅居养老发展论坛"在西北大学举行，来自沿黄河省份的上百名专家学者、相关部门的工作人员共同探讨新时代黄河沿岸省养老服务事业繁荣发展问题。

但是，这些尝试仅仅是初步的，黄河流域如何整合经济、人才、市场、技术资源的优势，不断发挥其对养老服务区域协同的推动力，建立去属地化的全域养老服务大格局，打造养老服务共通共享新局面仍是黄河流域九省区所共同面临的问题。在未来，九省区需聚力协调发展，尝试将黄河文化融入旅居养老，打造黄河流域养老服务产业新业态，着力构建更加有效的养老服务区域发展新机制，积极响应黄河流域生态保护和高质量发展，全面融入国家区域发展战略，构建高质量发展的整体格局。

中国养老服务
发展报告
(2021)

4. 案例篇

4.1 河北滦南县社区居家养老和志愿服务

刘天昊[①]

一、基本情况

滦南县位于唐山市东南部,面积1482.6平方公里,辖16镇,街道办事处1个,行政村589个,居委会18个,户籍人口约57万人。2020年,地区生产总值增长4.3%,规模以上工业增加值增长17.2%,固定资产投资增长5.1%,一般公共预算收入15.06亿元、同比增长7.6%,城镇、农村居民人均可支配收入分别增长3.9%和6.7%。[②] 根据第七次人口普查数据,滦南县常住人口50.9万人,60岁及以上人口13.7万人,占27.03%,65岁及以上人口约9.8万人,占19.23%。与第六次人口普查数据相比,滦南县60岁及以上人口比重增加11%,65岁及以上人口比重增加8.6%。1956年,联合国《人口老龄化及其社会经济后果》提出判定一

---

① 中共中央党校(国家行政学院)研究生院博士生。
② 佚名. 滦南县情简介 [EB/OL]. http://www.luannan.gov.cn/content/detail/57cfb938ceab063c7e9df91b.html.

4.1 河北滦南县社区居家养老和志愿服务

个国家或地区是否进入老龄化社会的标准,即一个国家或地区 60 岁及以上人口占该国家或地区人口的 10%及以上,或者 65 岁及以上人口占该国家或地区人口的 7%以上,该国家或地区就进入了老龄化。按照联合国的判定标准,滦南县老龄人口基数大、增速快、高龄老人占比大,已进入深度老龄化社会。因此,滦南县政府积极应对人口老龄化,高度重视农村社会养老问题,思考从社会保障层面如何助推乡村振兴和打赢脱贫攻坚战,决定从养老入手,抓住老年人最低层次的生活需要,认识到解决农村社会养老问题要先解决基本吃饭问题,引导滦南县各村镇开办居家养老小食堂,并确立"乡村振兴,养老先行"的工作理念。

滦南县社区居家养老和志愿服务项目已取得显著成效。

首先,从项目建设数量和覆盖面来说,目前已指导康中河、西胡、沈营等 20 余个村开办村级"为老助餐服务小食堂",已建成养老服务场所 342 个,覆盖各村高龄老人、低保户、建档立卡户、贫困边缘户、重残重病户和失独老人等特殊群体;养老服务场所承担功能已从日间照料扩展到休闲、娱乐等多功能并存;在技术应用层面,依托"互联网+",建设以心贴心智慧养老服务中心为代表的互联网养老院。

其次,从资金支持来说,形成政府、社会、个人多方责任共担机制,政府对养老小食堂进行财政补贴,个人用餐每人每日收费标准按照 8 元计算,养老服务中所需物资依托社会和个人捐助,小食堂管理通过各村镇志愿服务维持其正常运转。

最后,滦南县社区居家养老模式的特色是居家养老小食堂和"时间银行"。自 2019 年西胡村第一所养老小食堂建立,已有沈营、胡各庄、康中河等 23 个村开办居家养老小食堂,主要覆盖 75 周岁以上的低保户、五保户、贫困边缘户和失能半失能老人等特殊群体。滦南县在实践中发展起来的社区养老助餐服务,拓宽了传统社区养老和居家养老的方式,真正解决了老年人"吃饭难"的问题,得到社会各界广泛好评。目前,江苏溧阳、北京、福建等地开设养老助餐食堂，积极探索基层养老服务新途径。

二、特色做法

总体上来说，我国养老模式主要分为社区养老、居家养老、机构养老三种模式，但近年来养老服务理念跟随国情、文化、观念、老年人实际需求等发生了现实变化，模糊了传统意义上社区养老和居家养老的边界。滦南县在融合社区养老和居家养老特点的基础上，结合中央乡村振兴和脱贫攻坚的战略目标，建设以"四个一点"为核心的新型社区养老助餐服务，同时发展志愿服务队伍，引入时间银行理念，最终形成"时间银行+义务奉献+社会捐助"的社区居家养老和志愿服务相结合的养老模式，是对新时代养老服务模式的有益探索。

（一）"四个一点"的新型社区养老助餐服务

《乡村振兴战略规划（2018—2022年）》强调"加强农村社会保障体系建设"，滦南县贯彻中央政策，结合当地实际情况，开办居家养老小食堂，后在此基础上融合社区养老和居家养老的特点，发展出别具特色的新型养老助餐服务模式。其经验做法概括为"四个一点"，即政府补一点、个人出一点、社会捐助一点、志愿者奉献一点。

"政府补一点"，指的是滦南县政府为各村开办的居家养老小食堂补贴一部分资金。根据2020年国家社科基金重点项目《养老服务中的人文关怀问题研究》调查，滦南县独居老人占比52.5%，受访老年人群体中，希望有做饭帮助的老年人占比59.2%，希望有送饭帮助的老年人占比54.4%。因此，老年人吃饭问题是农村大多数家庭最困难最突出的问题。一方面，大多数老年人的子女异地务工或工作忙，时间与精力不够照顾老人，大部分独居老人"凑合"吃饭，基本吃饭得不到有效满足；非独居老人家庭餐饭也"凑合",对饮食不重视,餐饭不规律。另一方面,大部分老年人因年龄等不可抗力因素,身体机能退化,行动受限,不能自主做饭,餐饭不能自理。面对这种情况,2019年滦南县民政局率先在胡各庄镇西胡村开办居家养老小食堂试点。另外,滦南县专门颁发《关于为农村居家养老小食堂建设提供启动资金和给予就餐老人伙食补贴的通知》,为城乡开办居家养老小食堂的村提供补贴启动资金150万元,并根据各村人口数量的层级,为各村发放1万~3万元不等的财政补贴,并给予开办养老小食堂的村2万~3万元启动资金。以县政府文件形式颁发至基层镇村,助推了养老小食堂工作的开展,"政府补一点"也打破了老年人以往选择机构养老的单一性,奠定了农村养老"新基础"。

"个人出一点",指的是就餐人员出一点伙食费。滦南县民政局根据就餐人员的经济承受能力,基于小食堂助餐收费标准,实行每人每日收费8元,早上1.5元,中午5元,晚上1.5元。食谱设定合理,做到每周饭菜不重样,肉蛋菜均衡搭配,并且除传统节日外,为就餐者提供大众化三餐服务。据滦南县民政局《关于农村养老小食堂工作汇报》,"农村低保户每人每年有5 736元补贴,农村特困分散供养老人每人每年有8 040元补贴,残疾人每月有66元生活补贴和60元护理补贴,60岁及以上的老人每月有100元以上的养老金。无论是低保户、五保户,还是其他老人,凡是就餐人员基本都有政府提供养老金等基本生活补贴,再加上土地收入,每人每日拿出8元钱是没有问题的"。收费标准的界定,是基于低保户、五保户和其他就餐老人的实际经济状况考量而设定,是对老年人收入、养老金、土地收入等多方面多维度的综合计算结果。因此,每人每日收费8元,具有可行性与可持续性。"个人出一点"是发展养老服务体系多方责任共担的体现,确立了农村养老的"新模式"。

"社会捐助一点",指的是社会爱心人士的款物捐助。滦南县社区居家养老小食堂自开办以来,得到社会的广泛关注和好评,"老吾老以及人之老",吸引了各界爱心人士捐款捐物。一方面,在外地经商企业家、军人、干部职工、教师等各行各业的爱心人士,通过实名或匿名捐赠的方式,为食堂带来大米、白菜、大葱和肉类等基本生活用品。另一方面,滦南县各村镇的居民,主动要求当志愿者、匿名送物资放在食堂门口等,通过实际行动支持家乡养老服务建设。滦南县建设银行还为小食堂就餐老人每人每天补贴2元,进一步助推社区居家养老小食堂的建设。据滦南县民政局不完全统计,仅一个月的时间,西胡、沈营、康中河3个村就收到捐款捐物价值8.4万元,累计收到捐赠款物已超100万元。社会的捐助,为小食堂的长效发展提供了一定物质帮助与经济支持,增添了农村养老"新活力"。

"志愿者奉献一点",指的是志愿者根据家庭自身情况轮流为老人奉献服务。滦南县志愿服务实行统筹分配机制,依据家庭情况分组轮班,例如,西胡村志愿者131人,分为餐饮组、送餐和卫生组、蔬菜种植管理组,每人两周轮班一次。目前,全县通过办理志愿服务卡,实名认证养老志愿者总数达3 000多人,志愿服务团队依托全县各养老服务平台开展志愿服务活动,从原来单一的生活照料拓展到饮食、文化、法律、医疗等多领域,参与志愿服务活动者已达18万人次。滦南县志愿服务成效显著。一方面,村民观念得到转变,他们认为志愿服务是一种光荣,符合社会主义核心价值观的基本要求,传递社会正能量,可以得到社区共同体的尊重和拥戴,心理获得满足感。另一方面,引入"时间银行"的概念,通过资本置换的方式,吸引企业单位参与志愿服务。滦南县供销大厦、银龙商厦、惠康医药、京东医院等一些企业单位,提出凭志愿者服务卡购物就医享受打折优惠,志愿服务时间越长积分越多,折扣力度越大。不仅营造了志愿服务光荣的社会正向氛围,提升了志愿者的社会荣誉感和幸福感,也推动了志愿服务进一步落地生根,撑起了农村养老"新天地"。

（二）引入"时间银行"

"时间银行"概念来源于经济学领域，是对时间货币的具体意义的表达。时间银行理论把个体劳动看作公平的等量价值，即每一个个体在相同时间工作产值相同，计算劳动价值根据劳动时间长短来衡量，劳动时间越长，创造的劳动价值越大。银行是商品经济发展到一定阶段形成的产物，"时间银行"最初是由耶鲁大学埃德加·卡恩倡导并发起的，原意是把公益服务者做公益事业的时间累计起来像存钱一样存进银行，也就是时间银行，留待将来本人需要的时候，就随时从时间银行里支取自己以前的服务时间，用来为自己服务。① 目前，在"时间银行"理念的指导下，日本引入市场竞争机制，对居家养老管理人员与专职人员采用同级相对的管理方式；德国鼓励满18周岁公民建立时间储存卡档案，吸引全民参与；美国采用埃德加·卡恩的思路，建立时间银行电脑体系，记录志愿服务参与者的服务时长，并可以根据实际需要自动匹配服务对象，这一系统已在全球范围内300多个社区和企业发挥实际作用，在推动时间银行理念更好地应用于养老服务建设中具有积极意义。中国的河北、上海、广州等地也在以"时间银行"为理念进行新型养老服务模式的积极探索。

滦南县在将"时间银行"引入社区居家养老服务方面做了有益尝试。滦南县进行"时间银行"试点，是借用商业银行中吸收存款、发放贷款、办理结算的方式，将养老服务中进行服务的具体时长商品化，累积服务时长存进银行，在将来需要的时候，可以像支取银行存款一样支取服务时间，兑换成其他劳动或者服务。2019年3月，滦南县被中国红十字会总会事业发展中心批准成为全国首家养老服务"时间银行"试点县，红十字会无偿向滦南县提供一批养老所需物资，并对相关人员进行免费培训，助力

---

① 程成. 基于时间银行的居家互助养老模式研究 [D]. 西安：西安建筑科技大学，2015.

"时间银行"养老服务模式的建设。"时间银行"项目由惠玲巾帼养老儿童服务中心具体运行,县民政局监管。自滦南县把志愿团队纳入全县养老服务管理中始至2020年年底,实名认证的为老志愿者已发展到3 000多人;至2021年6月底,"时间银行"招录志愿者超过1 200人,成为解决社会养老不可或缺的主力军,有效解决了全县养老服务人力资源匮乏问题。①目前,滦南县正致力于健全呼叫平台建设,促进县内社区养老助餐服务完善,但养老服务时间通存通兑、继承与转让,以及与时间银行建设相关的驱动机制、竞争机制、惩罚机制、双边匹配等方面,还需进一步在实际应用中审度衡量。

三、主要成效

滦南县社区居家养老和志愿服务在实践中逐渐发展出自己的特色,取得了一定成效。

(一)延续家庭养老,弥补家庭养老方式的不足

家庭是社会的初级单位。改革开放以来,随着工业化、城市化的发展,城乡、地域之间人口流动频速加快,我国家庭结构发生变化,家庭规模趋向小型化,原本"大家庭"成员之间的互助和补给功能弱化,家庭养老功能也随之弱化。滦南县审时度势,设立居家养老小食堂。一方面,适应了我国家庭结构由传统主干家庭、联合家庭向核心家庭转变的现实情况,分担家庭结构转变给家庭带来的压力,使家庭赡养功能向社会化发展,弥补了城乡发展过程中家庭养老方式的不足。滦南县考虑到农村留守老人得不到及时有效照料,子女外出务工无暇照顾老人,即使在村中的村

---

① 佚名. 为老志愿服务滦南推介会在北京举行[EB/OL]. https://www.luannan.gov.cn/content/detail/5fcf30217f8b9a2246eccddc.html.

民也没有太多时间照顾老人等现实情况，建立了社会化的养老小食堂，将家庭传统赡养功能向社会分担一部分，有效缓解了家庭养老功能弱化。另一方面，充分考虑农村老年人养老的实际需要，照顾老年人不愿离开原本生活社区的传统习惯和心理，延续了家庭养老的社会功能。滦南县民政局在走访调查中发现，老年人普遍有安土重迁的传统习惯，对生活环境难以割舍，再加上同辈群体的多重作用，老年人更愿意选择居家养老。养老小食堂主要建立在各个村镇中，就近照顾了老人身体机能退化和心理情感需要，在分担赡养老人子女的压力方面具有积极意义，也拓宽了养老方式发展的思路，是家庭养老的延续。

（二）充分动员社会资源，缓解政府财政压力

一方面，充分利用原本的土地和社会资源，减少政府财政压力。例如，胡各庄镇康中河村仅投资 5 万元，将占地 500 平方米的旧村址改造成互助幸福院，现能够满足该村 27 名高龄老人基本生活所需，并给其中 4 名失能半失能老人提供志愿者送餐到家的服务，互助幸福院的管理和工作都由志愿者轮班负责；坨里镇仅投资 75 万元，建设了占地 760 平方米的综合性养老服务中心，主要承担居家养老、日间照料、医疗保健等功能，现有 35 名老人用餐，给 8 名失能半失能老人送餐到家，管理和工作也都由志愿者轮班负责。据民政部统计，某县建一个养老项目，1 600 张床位总投资 8 亿元，平均每张床位 50 万元，与一线城市优质养老项目的花费标准不相上下。[①] 相比较，滦南县建设居家养老服务中心投入成本远远低于新建养老机构的费用，并充分协调既有的土地资源，同时动员村民参与志愿服务，降低人力成本，减少了政府在社会养老基础设施上的硬件投入，缓解了政府财政压力。

---

① 任炽越. 从一个养老床位的建设成本谈起［EB/OL］. http://mzzt.mca.gov.cn/article/zt_zylfw/mt-bd/201910/20191000020830.shtml.

另一方面，发展养老志愿服务参与养老小食堂建设，降低了政府的人力成本，直接减免了对管理和工作人员培训和薪酬给付的费用。例如，胡各庄镇康中河村志愿者50人，3人一组，两周轮值一次；坨里镇志愿者120人，10人一组，约两周轮值一次。志愿者轮班制度充分发挥出了以村镇为中心的内生动力，充分统合区域内的社会资源，建立起社区居家养老服务的长效机制。发展志愿服务不仅减轻了政府财政压力，而且志愿者大部分是各村镇当地居民，他们认为当志愿者是积极和光荣的，能够获得社会尊严和心理满足，因此参与积极性高涨，促进养老志愿队伍不断发展壮大。目前，滦南县实名认证养老志愿者总数超3 000人。另外，从情理角度，志愿者们希望养老小食堂能够惠及自身，希望自己老了也能得到照料，进一步带动大家参与志愿服务的积极性。

（三）互助养老形成社区共同体，有效实现社会团结

互助养老是社区养老的补充，强调社区居民之间能够相互帮扶和慰藉。滦南县养老小食堂准确把握老人吃饭困难问题，集中村中高龄老人群体，吸引村民报名志愿者，按照功能分组轮流照料老人，真正实现"老吾老以及人之老"。

滦南县养老小食堂的特色之一是志愿服务，志愿者队伍吸引了滦南本地的退休干部、老党支部书记、基层干部、普通群众等不同职业的人以平等身份参与养老小食堂工作，分组实行轮班制管理养老小食堂，这激发了不同年龄层次村民参与志愿服务的积极性。例如，西胡村志愿服务团队平均年龄55岁，其中年龄最大的"编外"志愿者81岁，年龄最小的27岁。滦南县养老志愿服务的发展，在党和政府的带领下，打破社区养老、居家养老模式之间的藩篱，突破传统意义上互助养老的桎梏，形成新型的社区居家养老服务模式，以地缘为纽带实现农村社区内部共同体的社会协作和社会团结。

（四）发挥营造良好社会氛围的正功能

志愿服务是人间大爱，滦南县依托曜阳养老（滦南）志愿服务队，"弘扬志愿服务精神，助力养老服务发展"，形成了有特色有亮点可推广的养老志愿服务，在志愿服务发展过程中不断完善曜阳养老志愿服务工作体系，健全志愿服务标准，组织开展志愿者培训，规范志愿服务行为，提升志愿者队伍的整体素质。[①] 在基层党政干部带领下，加入养老小食堂成为滦南当地的热潮，人们以加入志愿服务队为荣，形成了人人参与的社会氛围，也吸引社会各界爱心人士和村民匿名捐款捐物。据统计，西胡村养老小食堂自开办以来，累计收到捐助款和大米、白菜、猪肉等生活用品，价值近20万元。同时，引入"时间银行"概念，成为正向社会氛围的驱动因素。时间银行通过计算服务时长，对志愿服务量化储蓄，志愿者可以用于支取其他服务。滦南县部分商场和医药公司向志愿者提供专门的志愿者服务卡，享受购物、就医的优惠，优惠力度依据志愿服务时长计算相应的折扣程度，这更充分调动了全县人民参与养老志愿服务的积极性，引导社会氛围充分发挥正向引导作用，是推动社会文明发展进步的社会正能量。

四、经验借鉴

河北省滦南县新型社区居家养老模式，主要是"时间银行+义务奉献+社会捐助"的模式，县委、县政府和民政部门始终牢记"不忘初心"的诺言，解决了群众养老的"闹心事"，打通了为群众服务的"最后一公里"，免除了农村群众养老的后顾之忧，拓宽了社区养老、居家养老、互

---

① 佚名. 第35个国际志愿人员日暨为老志愿服务推介会举行 [EB/OL]. http://www.bdc.org.cn/news/newsDetail.do? id=1231.

助养老发展的思路。

(一)充分发挥政府统筹、政策引导作用

滦南县委、县政府准确把握本地老龄化和农村社区的现实情况,贯彻党中央坚决打赢脱贫攻坚战、乡村振兴的战略部署,结合老龄化相关的理论论述,确立"乡村振兴,养老先行"的工作理念,明确政府在全县养老服务发展中统领全局的主导地位。以养老服务老年人"吃饭难"为切入点,指导各级村镇调动社会资源,协同社会团体、村民个人等各方力量建立养老小食堂,探索出以"四个一点"为核心的新型社区养老助餐服务模式,真正实现老有所养、老有所助。

滦南县政策引导坚强有力,对全县社会养老形势作出全面准确判断,是各级村镇顺利开展养老小食堂建设并行稳致远的坚实基础。为引导各村镇积极开展养老小食堂建设,滦南县发布《关于为农村居家养老小食堂建设提供启动资金和给予就餐老人伙食补贴的通知》,明确规定对建立社区居家养老小食堂的村镇实行财政补贴,通过经济调节手段扶持养老助餐服务发展。

(二)实事求是,立足需求导向

实事求是,一切从实际出发,要从不断变化发展的客观条件和客观形势出发,不断研究新情况,回答新问题,应对新挑战。在养老服务发展中面临的一个突出问题,就是老年人有需求找不到供给,养老服务供给方有供给找不到有效需求,需求与供给相脱节。[1]

滦南县立足全县 60 岁及以上老年人口占比超过 20%,老龄化形势不容乐观这一实际情况,准确判断老年人的实际需求,"老人吃饭问题困难

---

[1] 青连斌.“互联网+”与养老服务社会化 [M]. 北京:中国劳动社会保障出版社,2020:50.

最大，不是说他们吃不起饭，而是有钱变不成饭"，结合乡村振兴和坚决打赢脱贫攻坚战的战略目标，研究如何从社会保障层面助推这两个战略目标的实施，最终以养老助餐为突破口，从基本吃饭开始解决农村社会养老问题。

滦南县基于全县老龄人口基数大、增速快、寿龄高、空巢多，外出务工比例高，留守人群无暇对留守老人生活照料，新建养老小食堂需要管理和工作人员等现实情况，依托红十字会曜阳（滦南）志愿服务队，对村镇居民进行有效动员，吸引本土居民加入养老志愿服务队伍。截至2020年5月，养老志愿者服务队伍已有3 132个实名认证的志愿者，并在考虑村镇居民从事农业生产活动、照料个人家庭等个人需要的基础上，确立2~3人一组轮班制，既不影响小食堂的正常运转，保证志愿者正常的生产生活，也让村镇居民在家乡养老服务建设中有切实的参与感和获得感。

(三) 大力发展养老志愿服务

志愿服务是高尚的社会行为，体现了一种精神风貌和人生情怀。党的十八大报告强调，"深化群众性精神文明创建活动，广泛开展志愿服务，推动学雷锋活动、学习宣传道德模范常态化"，充分认可志愿服务的社会价值。

滦南县成立志愿服务团队，用实际行动传递敬老爱老孝老的新风尚。依托全县各养老平台，开展包括生活照料、饮食、文化、法律、医疗在内的服务活动，小食堂是养老助餐模式的核心，"用热腾腾饭菜温暖老人心"。同时，滦南县民政局及各级党政干部带头加入养老志愿队伍，截至2020年8月，志愿服务已达2万多人次，各级村镇的居家养老服务中心管理和其他工作都由志愿者负责，充分调动了社会资源和社区内人力资源，节省政府财政开支，缓解政府财政压力。

滦南当地群众切实感受到了养老小食堂的积极作用。据滦南县夕阳红居家养老服务中心老人代表《在庆祝国际志愿人员日暨为老志愿服务滦南推介会上的发言》,"我们在这里吃得开心、玩得开心,这里环境优美……我既是这里的客人也是这里的主人,每天吃什么志愿者们都会征求大家的意见。说吃饺子就提前买菜,大家一起择菜、和面、擀皮、包饺子。大家有说有笑,真的就像一个和谐的大家庭。在这里多年不见的老同学、老战友、老同志、老朋友们聚在一桌吃饭,拉拉家常,叙叙旧情,真正解决了老年人的孤独寂寞"。养老小食堂已得到老年人和滦南当地的一致好评,当地居民认为成为养老志愿者是一件光荣的事情,志愿服务本身也是服务社会、贡献社会的载体。因此,在滦南县,积极参与志愿活动成为一种人人参与的活动,是得到光荣和认可、实现人生价值、奉献社会的精神追求。养老志愿服务充分调动了社区成员的积极性和主动性,营造了一种人人参与孝老敬老爱老的社会氛围,提升了社区居民的社会责任感,引领了良好的社会风尚。

(四)时间银行统合本土人力资本

时间银行是把志愿服务与养老服务相连接,对志愿服务采用银行化的管理方式。滦南县社区居家养老和志愿服务引入"时间银行"的养老概念,统合农村社区内部的人力资本,主要体现在既"统"又"合"。"统合"一词最早应用于心理学领域对脑神经科学研究中。"统"指的是"统一",滦南县对志愿服务队伍统一管理,实行实名注册制,并依靠本地已建成养老服务平台与本地商厦、医药企业合作,为志愿者提供消费和医药折扣优惠,激发了大家参与养老志愿服务的热情,有效动员了本地人力资源。"合"指的是"合作、组合",把局部的、分散的碎片组合以整体形式呈现。滦南养老志愿队伍是由彼此独立的个体组合而成,志愿者队伍主要是本地居民,包括退休老干部、党支部书记、群众代表、五保户、低保户、普通群众等,他们具有本土长时期的生活经验,与老年人能够实现无障碍交流，经过专业的志愿者技能培训，与养老小食堂接收的老年人供需双边匹配度较高，促进养老志愿服务活动顺利开展。总之，时间银行纳入养老服务体系，有效利用了本土养老资源优势，实现养老资源进行跨时空交叉互换，拓宽了居家养老、社区养老、互助养老的发展思路。

五、总结思考

我国多层次养老服务体系建设的总体思路，经历了从居家为基础、社区为依托、机构为支撑，到居家为基础、社区为依托、机构为补充、医养相结合，再到居家社区机构养老相协调、医养相结合的转变。[①] 2018年5月，河北唐山市被列为居家和社区养老服务改革工作试点市，唐山市滦南县抓住试点地区的政策支持，结合国际国内学术界积极应对人口老龄化的理论框架，确立了"乡村振兴，养老先行"的民政工作理念，加快推进养老服务建设，推进新型社区居家养老模式发展。

（一）践行积极老龄化理论

积极老龄化理论是在新旧世纪之交，国际理论界应对世界老龄化趋势，探讨健康老龄化理论发展与转变的产物。2001年，世界卫生组织发布《健康与老龄化讨论稿》，推动积极老龄化理论建设，尽快应对老龄化趋势。2002年1月，世界卫生组织健康发展中心出版《积极老龄化：从论证到行动》，积极老龄化理论开始得到全球范围内的正式认可。2002年4月，世界卫生组织在第二届世界老龄大会上提交关于积极老龄化的书面建议书，并写进大会的政治宣言和行动计划。世界卫生组织定义"积极老龄化"，指的是从工作岗位上退休的老年人以及那些患病或残疾的人仍能

---

① 青连斌，刘天昊. 夯实居家养老在养老服务体系中的基础地位[J]. 理论视野，2021（3）：56-59.

对其家庭、地位相同的人、社区、国家做出积极贡献。积极老龄化有健康、参与和保障三个支柱①，即老年人积极健康生活，持续参与社会、经济、公民事务，社会多元主体责任共担并提供保障。2019年11月，国务院发布《国家积极应对人口老龄化中长期规划》，"构建养老、孝老、敬老的社会环境""构建家庭支持体系，建设老年友好型社会，形成老年人、家庭、社会、政府共同参与的良好氛围"。规划为积极应对人口老龄化作出了详细部署。滦南县响应国家号召，实践积极老龄化理论，推动社区居家养老服务项目快速落地，主要体现在滦南县"四个一点"构建新型社区居家养老服务模式和志愿服务工作。滦南县政府准确把握"老年人积极健康生活"首要满足老年人吃饭需求，通过"四个一点"建立起政府、社会、个人多方参与养老责任共担机制，并形成良好的敬老爱老社会氛围，传递了社会正能量。

（二）实现"两不愁三保障"之"不愁吃"

2019年6月，国务院印发《关于解决"两不愁三保障"突出问题的指导意见》，"到2020年稳定实现农村贫困人口不愁吃、不愁穿，义务教育、基本医疗、住房安全有保障，是贫困人口脱贫的基本要求和核心指标"。"两不愁三保障"首位是"不愁吃"，农村贫困人口中，老年群体特别是完全不能自理老人、失独老人等特殊人群的社会保障在国家扶贫攻坚工作中最受关注，特别是特殊人群的基本吃饭问题。据滦南县民政局调研，"老人吃饭难，不是吃不起饭，而是有钱变不成饭"。滦南县农村大多数家庭老年人吃饭问题最大，但不是因为费用，而是因为身体机能或家庭原因，吃饭的基本需求不能得到合理满足。因此，为助推脱贫攻坚战略目标实施，滦南县以开办居家养老小食堂为突破口，从吃饭开始解决农村社

---

① 陈泰昌. 人口老龄化关系你我，从"未备先老"到"有备而老"之路怎么走 [EB/OL]. https://k.sina.com.cn/article_2834480301_a8f2bcad01900w73d.html.

会养老问题,先后指导县域西胡村、康中河等20个村开办了农村居家养老小食堂,为村里75周岁以上的老人、贫困户、残疾人提供大众化一日三餐服务。①

(三) 确立"乡村振兴,养老先行"理念

2018年,国务院发布《关于实施乡村振兴战略的意见》,"构建多层次农村养老保障服务体系,创建多元化照料服务模式"。明确了实施乡村振兴战略的发展方向,坚持以问题导向,优先发展农业农村农民,强调了农村地区发展完善社会保障与养老服务体系建设的重要性。自此,在乡村振兴与养老服务相关的系列文件中,都明确强调养老服务的重要性。2018年,国务院印发《乡村振兴战略规划(2018—2022年)》,"加强农村社会保障体系建设""引入社会工作专业人才和志愿者等方式,为农村留守儿童和妇女、老年人以及困境儿童提供关爱服务""支持主要面向失能、半失能老年人的农村养老服务设施建设,推进农村幸福院等互助型养老服务发展,建立健全农村留守老年人关爱服务体系"。2019年,国务院发布《关于推进养老服务发展的意见》,强调"促进养老服务高质量发展""大力支持志愿养老服务,积极探索互助养老服务"。2019年,《中共中央 国务院关于坚持农业农村优先发展做好"三农"工作的若干意见》印发,提出"支持多层次农村养老事业发展,加强和改善农村残疾人服务"。2021年,《中共中央 国务院关于全面推进乡村振兴加快农业农村现代化的意见》印发,提出"健全县乡村衔接的三级养老服务网络,推动村级幸福院、日间照料中心等养老服务设施建设,发展农村普惠型养老服务和互助性养老"。滦南县贯彻落实党中央脱贫攻坚和乡村振兴的战略目标,结合当地农村社区老年人的实际需要,确立了"乡村振兴,养老先行"的工作

---

① 佚名. 以忠诚心履职 用公仆心服务 [EB/OL]. http://minzhengju.tangshan.gov.cn/minzhengju/mzj_xqdt/20200724/952810.html.

理念，并从老年人最基本生活需要入手，在西胡村建立滦南县第一家社区居家养老小食堂并试点成功，之后开始在全县推广。

（四）契合孝道文化

百善孝为先。滦南养老小食堂的建立，不仅契合我国传统儒家"孝"文化，也符合老年人传统以家为核心的生活习惯。一方面，尊老文化是中国传统伦理中最重要的部分之一。《弟子规》中开篇就提到了"首孝悌，次谨信"，把"孝"放在首位；《礼记》记载曾子有云，"孝有三，大孝尊亲，其次弗辱，其下能养"。文化典籍中都在强调孝敬老人是社会伦理和社会道德的要求，这是我国延续两千多年的文化传统。另一方面，我国自古以来以"家"为单位进行社会生产活动，家庭宗族一直具有养老的社会功能。但实际情况是，滦南县各乡镇外出务工比重较大，子女不能及时照顾老人，且留在村镇中的村民也因为个人工作或务农等原因，花费在自身饮食上的时间比较少，更不用说家中老人，独居老人情况更令人担忧。外出务工不能兼顾家中老人，家中老人基本餐饮不能满足，家庭的社会调适功能与养老功能都在城乡发展过程中逐渐弱化。因此，滦南县充分契合传统孝道文化，依据老人"吃饭难"的实际情况，把握村镇居民想要照顾老人的心理，依托互助养老、时间银行等理念，建立社区居家养老小食堂，成立养老志愿服务队伍，促进传统孝道文化结构性功能与实际人力资本协调一致，激发了农村社区居家养老的活力。

4.2
北京海淀西三旗养老服务中心标准化管理

朱震宇　苏明薇[①]

北京市海淀区西三旗曜阳养老服务中心（以下简称"海淀曜阳"）在向连锁化运营目标迈进的道路上，形成了具有曜阳养老品牌特色的养老服务管理模式，使养老机构走向了可持续发展之路，探索出养老服务业连锁化发展的道路。本文通过调研北京市海淀区西三旗曜阳养老服务中心，对养老连锁化发展之路进行分析，为养老机构的发展提供借鉴。

一、海淀曜阳养老机构的管理实践

海淀曜阳成立于2018年，是新建小区配套养老服务设施，建筑面积6 000平方米，设置床位126张，由海淀区民政局投资建设，是中国红十字会总会事业发展中心以公建民营形式运营管理的综合型示范及品牌连锁服务机构。

（一）服务内容

海淀曜阳重点打造医养结合人文关怀的品牌特色和机构社区居家三位

[①] 中国人民大学博士生。

一体的品牌连锁运营模式。为了满足不同老年群体的多样化照护需求,海淀曜阳搭建了以机构运营为资源支撑,以社区养老驿站为中间载体,以居家上门服务为供给补充的服务体系,同时设置了6级护理标准,共开展21项服务内容。

海淀曜阳设有社区之家服务区、老年助养区、健康理疗区、中央餐饮区、多功能娱乐区、智慧健康养老信息平台中心等多个功能区域,可为老年人提供24小时生活照料、医疗护理、文化娱乐、教育培训、精神慰藉、康复理疗、健康管理、营养助餐、居家服务(含家庭养老床位)等综合性养老服务,逐步建立了覆盖活力老人、失能老人、临终关怀等不同老年人群,集医疗、养老、健康、文化、教育相融合的CCRC可持续照料社区养老服务模式。

海淀曜阳目前照护比例为1∶3,即一位护理人员照料三名老人。老人居住情况为5~6名老人居住一间房。在收费方面,机构根据入住老年人的身体健康、入住要求等情况进行评估后收费,平均收费8 000元/(人·月)。

海淀区政府按照入住人数、老年人评估等级等情况发放补贴,该补贴仅发放给京籍老年人。根据2020年9月4日海淀区养老服务管理协会发布的官方消息得知,对于符合条件的老年人,政府将提供一定额度的服务补贴。根据相关政策,80周岁以上独居、空巢、孤寡或计划生育特殊家庭自理老年人,每月免费补贴300元额度的居家养老服务,实际服务费用低于300元额度的,按照实际服务费用补贴(仅限于享受确定的服务,不发放现金)。已享受北京市重度失能护理补贴的老年人,每月免费补贴600元额度的居家养老服务。实际服务费用低于600元额度的,按照实际服务费用补贴(仅限于享受确定的服务,不发放现金)。经综合能力评估为轻度、中度失能的老年人,按照申请人实际发生服务费用的50%给予服务补贴,且轻度失能每月最高补贴500元、中度失能每月最高补贴900元。

(二) 组织架构

海淀曜阳下设三部三办（见图1），其中医护部、营养膳食部及社区居家服务部由副院长直管，统一归属于业务部门，属于创造营收的部门；而财务办公室、行政人事办公室和推广策划办公室属于后台保障性部门，由院长直接管辖。此外，为了建立养老标准化体系和相关规范，海淀曜阳还专门成立了标准化办公室，属于行政人事办公室的分支。

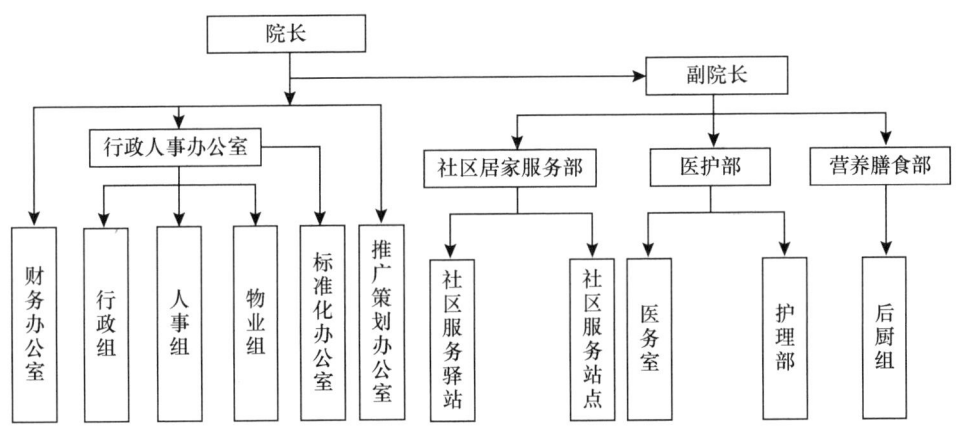

图1　海淀曜阳养老组织架构图

(三) 管理制度

海淀曜阳的制度主要涉及管理和服务两个层面。在管理方面，其核心要点是工作流程的确定，包括部门间、部门内部的工作流程和工作衔接、明确每位员工的岗位职责以及每项工作的相关规范要求；在服务方面，其相关制度主要涉及机构的日常运行、经营管理、后勤保障、评价考核体系以及相应的改进标准等。同时，在服务保障方面，海淀曜阳建立了办公室财务管理办法、固定资产管理办法、水电安全管理办法、环境影响与评价管理办法以及从业人员职业健康管理办法等相关的规章制度，以确保公司后台能够顺畅运转，为前台服务提供有力的支持和保障。

在实际经营中，海淀曜阳的管理制度和管理实践相互协同，通过PDCA循环不断改进、优化管理制度，使得管理理论与实践不断相互印证、补充完善，从而不断提升其管理水平与服务质量。

（四）运营模式

海淀曜阳以机构住养为依托发展社区养老和家庭照护服务，形成1+N+M"三位一体"的服务矩阵，这种模式重点解决了社区养老和家庭照护独立运营时，由于服务客群分散、接受服务人数较少而造成的服务成本高昂问题，通过设备、人力资源的共享，能够使得机构的资源得以充分利用，降低运营成本。

在机构养老方面，主要接收60岁以上失能失智、高龄独居和社会重点保障的刚需老年人。目前入住老人76人，占床数83张，平均年龄达到85岁；90岁以上老人12人；重度失能老人（含失智老人）57人，占比80%以上。

海淀曜阳着力打造无围墙的养老院，依托曜阳养老机构，将服务送进社区和老人家里，主要通过成立曜阳老年大学，借助机构公共区域和社区养老驿站、社区助老服务站等场地，开展老年舞蹈、老年瑜伽、老年声乐等文化课程，通过设立老年餐桌提供助餐服务，通过携手市级、区级和属地医疗机构的医生和专家团队开展社区健康宣教公益行等活动，通过不同形式为社区的低龄自理老年人提供社区为老服务，累计服务量达28 000余人次。通过以上方式，旨在丰富社区活力和老年人的晚年生活，海淀曜阳连续两年被西三旗街道评为社区为老服务先进单位，充分体现了老有所依、老有所养、老有所乐、老有所为的服务宗旨。

在居家养老服务方面，海淀曜阳以实体服务为支撑，联合各社区，整合社会服务和健康资源，将老人生活照料和健康相结合，向老年人提供专业、优质、高效的居家养老服务，打通居家养老服务"最后一公里"。海淀曜阳居家养老服务主要面向年满60周岁及以上的失能或失智老年人，以及80岁以上的独居、空巢、孤寡或计划生育特殊家庭的老年人，提供服务的种类包含助浴、助洁、助医、助餐等居家服务。目前海淀曜阳开展的家庭照护床位服务已覆盖西三旗街道21个社区，累计服务频次达4 000余人次。

二、海淀曜阳的模式特点

（一）服务特色

一是医养结合服务。海淀曜阳的定位决定了海淀曜阳具备提供或方便连接医疗的功能。海淀曜阳按照《医养结合机构管理指南（试行）》的要求，根据机构资质和服务能力，为老年人提供医养结合服务并进行科学、规范管理，满足老年人健康养老服务需求。从基本设置、养老服务管理、医疗服务管理、医养服务衔接管理、运营管理和安全管理六个方面规范管理。机构内设医务室，通过自建专业医护团队和与专业医疗机构合作等医养结合形式，探索新中医非药物整合疗法，重点打造以中医为特色的医养结合模式，24小时为老年人提供专业照护、医护服务、康复理疗、心理疏导等全方位医疗服务保障。因为海淀曜阳自身不具备较高水平的医疗服务条件，所以海淀曜阳也通过与周边医疗机构建立绿色通道等方式实现医养结合，保障老年人的医疗卫生服务需求，解决好老年人的看病就医衔接问题，做好老年人日常健康管理工作。

二是人文关怀服务。海淀曜阳以人文化关怀为基本原则，强调"以人为本"。海淀曜阳在建筑设计、服务提供、员工成长等各方面凸显出人文关怀，表现出曜阳养老品牌的特色。一方面，在机构建筑设计及设施设备配套方面尊重入住老年人的生活习惯、民族习惯和宗教信仰，坚持安全环保、适老、经济适用等关怀理念。另一方面，海淀曜阳也为老年人提供专业化、规范化的养老服务，不断满足老年人多层次多样化的物质和身体方面的需求，更强调通过情绪疏导、心理帮扶、鼓励低龄老年人参与志愿服务等方式满足老年人精神慰藉、自我实现等更高水平的需求。此外，海淀曜阳也建立了和谐的员工成长发展通道，激励员工不断向上发展，关心员工的生活状况与心理健康，开展员工心理疏导工作，及时解决特殊时期员工面临的问题。

（二）管理标准化

海淀曜阳以国家标准、行业标准以及地方标准为基础支撑，结合自身在运营管理过程中的实践经验和先进理念，总结提炼成为适合企业发展的管理、服务标准化流程及规范。

海淀曜阳对于照护人员进行专业的岗前培训，包括理论及实操培训。海淀曜阳拥有一套标准的服务流程体系，保证服务过程中的流程化、专业化和规范化。通过制定、发布与实施统一的曜阳养老标准，规范成员机构的管理和服务行为，形成曜阳养老的"烙印"，从而获得最佳的社会效益和经济效益。推广落实《曜阳养老机构建设与管理指南》《曜阳养老机构服务规范》和《曜阳养老机构员工手册》，逐步实现联盟成员机构在执业要求、绩效、管理运营、服务质量、环境、设施设备等方面的标准化建设，为连锁化发展打好基础。

在管理模式的标准化建设方面，海淀曜阳创新性地建立了以养老机构为核心依托、社区养老和居家养老相互协同的"三位一体"标准化管理服务体系。针对集中养老机构、社区养老服务机构（养老驿站）以及居家养老服务板块分别构建各自的标准化体系，并且形成板块之间在人、财、劳等层面上的资源联动共享，同时保证了海淀曜阳在服务品质方面的一惯性和稳定性。除此之外，由于业务范围全面涵盖集中养老、社区养老和居家养老这三种基本形式，海淀曜阳的"三位一体"标准化管理服务体系使其能够在不同区域、不同类型的养老项目上快速实现模式输出和复制，形成从管理到服务的闭环，从而保证管理及服务的标准化。

此外，在信息化流程体系管控方面，2021年年初，随着海淀区区级城市运行指挥中心（IOCC）投入使用，海淀"城市大脑"基础设施建设基本完成。全区已建成的50多个创新应用场景、40多个信息系统已接入，数据都"跑起来"。海淀曜阳通过接入IOCC体系，对养老服务进行监督和管控。居家养老服务信息化项目可与三级（辖区、街道、居委会）居家养老服务站（中心）紧密结合，既为信息化居家养老提供了服务载体，又为政府提供了强有力的业务指导和管理手段，可全面提升居家养老的服务水平。运用数字化、信息化手段对养老服务流程体系进行管控，对行业发展具有深远的意义。对于政府而言，该体系为国家民政老龄部门建立一套完整的居家养老服务管理及协调机制，保证服务过程中的安全性、可靠性。对于辖区来说，体系为辖区内的老龄人群与服务机构建立准确详细真实的数据库及养老服务电子档案，为今后老龄人群数据掌握、供给侧改革、精准定制化服务提供了有力保障。目前，IOCC体系数据归民政局所有，尚未对企业开放。

（三）专业化团队

海淀曜阳的专业化团队与其"三位一体"的业务布局相对应。目前，海淀曜阳的服务团队包括：医务部2名医生、4名护士；护理部1名主任、37名养老护理员；膳食餐饮部厨师5名；驿站服务团队以及居家服务团队。其中，驿站服务团队及居家服务团队采用公司合作、外包等形式与专业养老服务公司签约，共同为老年群体提供服务。

尽管海淀曜阳目前拥有一支专业化的管理、服务团队，但高质量的人才梯队建设,仍然是机构面临的最大痛点问题。首先,养老行业严重缺乏高素质的经营管理人才,现有管理团队人员素质良莠不齐,这在一定程度上影响了机构未来的发展和提升空间;其次,医护团队运维成本高昂,但医养服务作为曜阳养老的核心特色,相关人员成本支出难以避免,这就从一定程度上加重了机构的成本负担;最后,护理人员的频繁流失和整体素质偏低也为机构的正常经营管理增添了阻力。为了留住核心人才,提升员工的从业素养和职业技能,曜阳养老以待遇留人、感情留人的方式稳定队伍,并且通过加强职业技能培训等方式,提升员工的行业竞争力。

三、海淀曜阳连锁化发展的政策优化

(一)海淀曜阳发展过程中面临的问题

一是专业化团队力量薄弱,行业人才缺失。不只是海淀曜阳,市场上养老机构普遍面临着人才缺失的问题。其一是高级管理人才的缺失,由于行业待遇普遍偏低,大众对于养老院的认知还主要停留在低端劳动密集型服务业上,难以吸引到高素质的管理人员。其二是护理人员流失频繁。由于行业利润较低,护理人员待遇也普遍较低。根据机构高管透露,海淀曜阳护理人员的待遇为 4 500~7 000 元/(人·月),而实际上,通过海淀曜阳在招聘网站上挂出的职位需求可以看到,护理人员的待遇普遍集中在 4 500~5 000 元/月,低于北京市护工人员平均工资 7 840 元/月(该数据来源于职友招聘网站)。这一待遇难以招聘到年轻、具有专业护理背景的护理人才,即使是非专业出身的护理人员,也非常容易流向其他收入更高的职业或行业。目前,针对护理人员流失的问题,海淀曜阳通过引入社工、志愿者来补足人力方面的空缺,但想要长久留住护理人员,仍需要进一步促进养老服务行业的发展繁荣,进而才能提高人才待遇。

二是服务供需失衡，养老服务补贴错位。政策是按照养老机构的床位数进行运营补贴，但并未考虑实际入住人数，因此养老机构空床率较高，尽管海淀曜阳入住老人主要是失能老人，且入住率较高，但从总体看，失能老人与健康老人需求满足失衡，导致失能老人养老服务供给不足，这也影响到机构的可持续发展。目前官方数据显示，我国失能老人有4 000多万人（占比约18%），但全国共有各类养老机构和设施20.4万个，养老床位合计775.0万张。截至2020年第4季度，养老机构床位数483.1万张，且存在低龄健康老年人入住养老机构的现象。因此，仍有大量养老机构收住对象未考虑身体健康状况，真正有服务需要的失能老人不能入住机构。截至2019年年底，全国养老机构床位数438.8万张，即便按照所有服务机构的人员231.6万人算，全国养老机构入住率仅约50%。因此，养老机构补贴并没有起到真正的作用，既无法补贴需方，也没有促进机构的运营发展。作为养老机构方，希望补贴方式是直接补贴给机构，但核实真正的入住人数方面就面临着监管难度较大、成本较高的问题，而如果补贴给个人，民营养老机构又会面临着服务人数少、难以生存的境地，这制约着民营养老机构的连锁化发展。

三是公建民营改革面临诸多困难。作为具有中国特色的养老服务模式，公建民营是政府与社会在养老服务领域合作，从而提高养老服务供给效率的有效方式。2013年《关于加快发展养老服务业的若干意见》中，提出开展公办养老机构改制试点，同年民政部发布《关于开展公办养老机构改革试点工作的通知》，在《"十三五"国家老龄事业发展和养老体系建设规划》中明确提出要加快公办养老机构改革，完善公建民营养老机构管理办法，鼓励社会力量通过独资、合资、合作、联营、参股、租赁等方式参与公办养老机构改革。但在实践中，出现了社会力量参与意愿低、经营困难、服务定位不明确等问题。其中，人员配置比例、运营时长和财政补贴的持续性影响着民办养老机构的经营情况。[①] 政府支持政策的不健全导致社会力量参与困难，民办非企业无法实现经济上的可持续运行，大大降低了参与的热情。一方面，政社合作难免出现各自谋利的现象，政府把经营不好、需要财政不断支出的公办机构交给社会运营[②]，而并未切实为社会力量能够生存下来考虑。此次调研中也发现，海淀曜阳在建立之初也面临着利润低、经营困难的问题。另一方面，公建民营改革仍设有较高的准入门槛，同时养老机构服务水平和质量的基本标准缺失[③]，导致公建民营改革停滞不前。

四是行业利润难以规模化，连锁化发展面临阻碍。目前，北京市的养老行业发展尚处于政府主导的状态，但行业利润率过低，对政府补贴、优惠政策的依赖较为严重。以海淀曜阳为例，为了保证养老机构的基本运转，政府会给予一定补贴，使得机构经营的整体利润不低于2%。而在实际运营过程中，利润率也基本维持在这一水平。过低的行业利润率难以吸引资本、知名企业的进入，也难以进行市场化运作。对于曜阳养老这种养老服务领域的领军品牌，需要进一步扩大经营规模，实现连锁化，甚至联盟化运营，但微薄的利润使得规模化经营效益难以维持，连锁化发展面临阻碍。

五是运营模式单一，养老驿站运营困难。对于养老驿站而言，如果不依托养老照料服务中心，则很难单独生存。养老驿站的场地大多由政府（区或街道层面）无偿提供，但驿站运营的人力成本较为高昂，单独雇佣将面临严重亏损。如知名养老机构诚和敬，在北京开设上百家养老驿站，但目前赢利的仅占2%。因此，海淀曜阳目前的做法是依托养老照料中心，

[①] 朱凤梅. 民办养老机构"低入住率"的原因分析：来自市、县两级的证据 [J]. 人口学刊，2019，41（1）：89-100.
[②] 董红亚. 养老机构公建民营：发展、问题及规制 [J]. 中州学刊，2016（5）：71-76.
[③] 陈芳芳，杨翠迎. 基于政府职责视角的养老机构公建民营模式研究：以上海市为例 [J]. 社会保障研究，2019（4）：10-18.

实现人力、设备等资源共享，辐射驿站服务片区，以实现成本的节约，但仅依靠照料中心实现驿站的可持续运营并不能从根本上解决驿站的运营困难问题，仍需进一步挖掘养老驿站的内生动力，解决服务单一的问题。

(二) 养老机构连锁化发展建议

一是服务内容个性化。养老机构连锁化发展首先需要形成自身的品牌特色，树立品牌形象，依靠提供个性化养老服务从而形成品牌知名度是主要方式。机构定位不清，服务内容缺乏特色与精细化不仅无法实现连锁化发展，更会影响机构经营的可持续性。[1] 在充分调研养老服务市场需求的基础上，养老机构应在统一的服务理念下确定服务特色，找准机构所拥有的资源禀赋优势及专业特长，弥补公办养老机构只能满足低收入群体服务需要的局限，在不违背服务理念的基础上，提供多元化、差异化与特色化的服务。曜阳养老在联盟与连锁化发展中，通过建立医养结合与人文关怀的服务特色，成功在养老服务行业中树立了品牌标识。

二是管理制度标准化。实行统一的服务管理制度，有助于提高连锁机构服务质量，也便于连锁机构的管理与监督工作。在部门职能、岗位职责和服务操作等方面执行统一的服务标准，使得消费者无论在哪家养老机构都能购买到相同质量与价格的服务，从而为服务品牌赢得消费者信任。[2] 曜阳养老品牌通过制定实施一系列曜阳养老标准，统一曜阳养老服务机构的标识，形成了具有高识别度的品牌标志。通过统一的品牌标识为消费者提供品牌辨识依据，也为连锁化运营管理打好基础。另外，标准化的工作人员管理制度有助于稳定人才队伍，应注重机构管理人员与服务人员的专

---

[1] 韩烨，冀然，付佳平. 民办养老机构可持续发展的困境及对策研究 [J]. 人口学刊, 2021, 43 (4)：89-97.

[2] 谷丽，周游，阎慰椿. 依托社区的养老院连锁经营模式研究 [J]. 华中农业大学学报（社会科学版），2015（5）：103-109.

业化培训与规范化管理①，通过建立统一的薪酬体系与激励机制，吸引养老人才。从外部环境来看，当前，中国养老服务标准化建设在标准与指标体系、理论研究等方面还需要强化。②

三是团队建设专业化。养老服务行业因其天然的弱质性，行业薪酬水平较低，人员素质不够专业③，但养老服务业又是专业性较强的领域，养老服务连锁化发展需要提高团队的专业化程度，不同的服务模块应该交给各专业领域的人才负责，即专业的事交给专业的人，各司其职。但养老服务护理专业领域的人才短缺，留人难现象是团队建设专业化面临的主要问题，尽管海淀曜阳根据"三位一体"的业务布局，分别形成了负责机构、居家、驿站的专业化服务团队，在机构服务团队中，又具有负责医疗与护理服务的医护部、饮食与卫生的后勤部以及负责机构运营的管理团队，但海淀曜阳也面临着护理人才短缺、人才队伍质量不高等困境，职业认可度不高是护理行业的普遍境遇。养老机构应通过建立品牌文化提高护理人员的归属感与职业认同④，并提供向上发展的机会。

（三）外部政策优化

一是在进行供给侧改革的同时加强需求侧支持。养老服务政策在以供给侧改革为重点的同时，需要加强需求侧支持，补贴供方转变为补贴需方，在政府兜底困难老年人养老服务需求的基础上，在养老服务市场中增强养老机构的竞争力，老年人"用脚投票"，通过相互竞争以提升养老服务质量，破解养老服务中价格、数量、质量的"不可能三角"，也有利于

---

① 李静，沈丽婷. 福利多元主义视角下大城市养老服务主体的角色重塑［J］. 河海大学学报（哲学社会科学版），2020，22（4）：70-76，108.

② 刘晓静. 论中国养老服务的政策取向：基于养老服务政策变迁的视角［J］. 河北学刊，2014，34（5）：106-109.

③ 江燕娟，李放. 养老机构公建民营模式下老年人公共养老服务资源利用：基于理论分析与实践检验［J］. 社会科学家，2018（10）：63-69.

④ 任杰慧. 空间理论下老年护理专业化队伍稳定性建设［J］. 人口研究，2021，45（2）：89-101.

具有竞争力的养老品牌的规模化经营与连锁化发展。从需求侧而言，要解决好养老服务的筹资问题，提高老年人养老服务的购买力，一方面政府要对低收入家庭进行兜底，保障低收入老年人的养老服务需求；另一方面要建立长期护理保险制度，有效分担老年人的护理成本。

二是降低公建民营准入门槛，促进民营养老机构可持续发展。政府应加大对民营养老机构的支持力度，采取公建民营等形式，进一步放开养老服务市场，降低公建民营的准入门槛。在扩大养老服务市场的基础上，政府要加强养老服务质量的监管与考核，制定更加精细化的养老服务标准，提高养老护理人员的技能，通过市场化竞争，不断提高养老服务的质量。养老服务的质量是服务的核心，不能为了压缩成本而损害了服务的质量。另外，要优化现有补贴政策，按照养老机构实际入住人数进行补贴，避免养老机构空床率较高的问题。

四、总结与启示

作为较早进入国内养老服务行业的品牌，曜阳养老一直走在养老服务市场的前列，通过公益性服务探索，自身建立曜阳养老机构，吸纳各地养老机构参与联盟，加强标准化建设，曜阳养老正在成功迈向连锁化发展的道路。

总结曜阳养老品牌连锁化发展的经验，发现曜阳养老具有鲜明的服务特色：医养结合服务、人文关怀服务，并在管理标准化与专业化的团队建设方面具有显著的优势，为曜阳养老连锁化发展建立了完备的服务制度与人才保障。

作为一家公建民营型的养老机构，海淀曜阳在努力迈向连锁化发展的过程中仍面临着补贴政策与需求不匹配、行业人才流失、政府支持不足、利润过低影响可持续性发展，以及运营模式单一等诸多运营困难，需要进一步在个性化服务、标准化管理以及专业化团队建设方面提高品牌的服务质量、认可度与凝聚力，促进服务的连锁化发展。

虽然民营养老机构连锁化发展需要依靠政府的优惠扶持政策来维持可持续性，但要看到我国社会力量参与养老服务体系建设的内生动力不足也是制约养老服务连锁化发展的主要原因。民间资本把脉老年人需求、挖掘市场潜力的内生动力和能力不强，民间资本参与养老尚未大量形成可复制的赢利模式，规模化、综合化、专业化和品牌化发展能力不强。因此，在完善政策体系、鼓励社会力量充分参与、提供有力政策环境的同时，还需进行结构性改革，提高服务质量，发展连锁化、规模化、专业化的养老机构，探索具有中国特色的经营模式，打造中国本土养老服务品牌，走出一条中国特色养老服务发展之路。

4.3

江苏扬州国际老年公寓养老服务模式

李彤 何菱兰[①]

扬州曜阳国际老年公寓（以下简称"扬州曜阳"）是中国红十字会总会事业发展中心兴办的第一所公益养老机构，经过十二年建设和发展，已经成为包含自理型公寓、康复医院和护理院在内的综合型养老实体，突出了人文关怀和医养结合的"曜阳养老"特色，初步形成了"全程照护医养结合"养老服务模式，先后通过了省发改委、民政厅、原质监局等有关部门组织的养老服务规范化验收，成为扬州市乃至江苏省公益养老服务领域的示范机构。

扬州曜阳位于扬州市生态科技新城金湾河畔，毗邻国家级生态湿地公园凤凰岛，环境优美，景色宜人。公寓占地约160亩，总建筑面积95 000平方米，主要包括自理型养老单元、老年护理院和曜阳康复医院三大功能区域，并拥有文体娱乐健身、餐饮会议客房等配套设施，能完全满足各类入住老人的养老服务需求。

---

① 扬州曜阳国际老龄公寓院长；扬州曜阳国际老龄公寓办公室主任。

一、扬州曜阳的服务内容

扬州曜阳自 2009 年建成以来,致力于建设曜阳养老品牌旗舰店的发展目标,努力打造全程照护养老服务模式,为健康老人、患病老人、失能老人和临终老人,分别提供生活协助、慢病管理、文化娱乐、权益保障、自我实现、生活照料、医疗康复、精神慰藉、家属护理、疼痛缓解等综合型养老服务。目前,扬州曜阳的主要服务内容有以下几个方面。

(一) 自理型公寓

扬州曜阳在当初设计建设过程时,考虑到老人的实际情况,设置了 7 种户型,适合独居老人、夫妇、夫妇+保姆的居住,面积从 40 平方米到 139 平方米,满足了许多老人的需求。

老人居住房间的布局是否合理舒适是体现养老机构入住舒适度的一个重要方面。合理的生活空间和良好的采光通风条件会对老人的养老生活产生积极影响,调节老人的生活心情。扬州曜阳在这方面做得就比较好,房间的布局有卧室、厨房、客厅、卫生间。

老人居住房间的布置及家电情况也是体现养老机构提供服务的一个重要方面。丰富齐全的家电和良好的卫生条件,可以为老人营造温馨的生活环境,从而改善老人的身心健康。扬州曜阳为每个老人居住的房间都配备了彩电、冰箱、洗衣机、电磁炉、中央空调、洗面盆、坐式马桶、家具等。

公寓在 2009 年开业之前为丰富老年人的业余生活、适合老年人的活动和不同的运动需求,建立了门球场,布置了室外健身器材,考虑到老年人家里子女来探望老人闲暇时也需要运动,又特地在室外建立了网球场,在会所的活动室专门放置了一些体能训练器材。

公寓整个绿化面积占到建筑面积的一半以上，近 50 000 平方米，在公寓道路两旁种植了法国梧桐，铺设了草坪。在停车场的四周种植了香樟树，八卦广场四周种植了红叶石楠，中间隔几米又用红枫做了点缀，在兰青庭周边种植了青竹，旁边还有个水蜜桃园。从大门两侧一直到康复医院门口全部铺设了草坪，公寓小河两侧种植了杨柳树，会所门口种植了九颗红叶石楠球，还有一片黄金夹玉竹林。公寓东河边的花园里一片红叶李树林，南边垂枝海棠独成一景，花园中间还有桃园、茶花园，四周点缀着海桐树球，在花园的南边小山坡上有几棵琼花，至河边的走道旁种植着一簇簇慈孝竹，二号公寓楼和三号公寓楼中间有一条两边种植了樱花的道路，每栋楼前都有法国冬青，还有香樟树。在公寓至康复医院的东边道路两边种植了红叶李。

(二) 康复医院

康复医院配置了完善的医疗及现代化康复设备，是扬州规模较大，医疗设备先进，医疗、康复、护理设施齐全的专科康复医院。康复医院地理位置得天独厚，地处生态科技新城中心，东靠金湾河，西靠廖家沟城市中央公园，南近扬州高铁枢纽，北依凤凰岛生态公园，周边有天然森林，河流环绕，交通便利。这里不但有天然的氧吧，也有扬州最好的医疗氧吧，更有一流的康复医疗服务。

神经康复中心是康复医院重点建设的学科，重点开展神经术后全程康复、脑卒中、脑血管疾病恢复期的神经康复治疗，现拥有一流的康复医疗团队，苏北人民医院技术扶持，康复治疗中心由脑外专家、ICU 专家、康复专家、内科专家、高压氧专家、电生理诊断专家全程对病人进行管理，拥有国际一流的脑康复管理系统，提供完善的中西医结合康复治疗手段，为神经术后病人提供全面康复治疗。

护理团队经过全方位的神经术后专业护理系统培训，康复技师团队经过神经康复专业治疗系统培训，开展高压氧治疗、运动治疗、作业治疗、物理因子治疗、心理治疗、言语康复训练、高中低频治疗、中医特色治疗等专业治疗，实现现代康复和传统康复技术的有效结合。

康复医院新近配置了 CT、DR、医用高压氧舱、常压氧疗系统、电生理（脑电肌电）诊断、检验、B 超等一大批先进医疗设备，使病人得到全方位的评估诊断治疗。

康复治疗区设有康复评定室、电生理评估室、综合康复训练大厅、物理因子治疗室、作业治疗室、言语吞咽和认知障碍治疗室、中医传统康复治疗室、高压氧诊疗室、常压氧疗室等，为入住老人进行全面的康复评估与治疗。

康复医院按照标准康复二人间病房设计，均配备无障碍设施、带扶手、带餐桌可调试病床、独立卫生间、中央空调，24 小时提供热水。医院所有通道及公共场所均按无障碍绿色通道进行配置，设有 VIP 病房数间，满足不同病人个性化需求。

（三）护理院

护理院所有房间均朝南，房间内使用老人比较温馨的暖色，室外使用比较明亮的色调。房间设有单人间、双人间、三人间，可供不同人群选择，冬夏有空调，房间彩电、网络等接口完备，随时可以享受现代信息交流的便利，房间内铺上防滑地胶，防止老人摔倒，设置便携式呼救铃解决老人关键时刻的求助问题。每个房间均配有独立卫生间、洗澡椅、防滑垫、扶手、呼叫器，房间内床的设计也是采用家用床的外形、医用床的功能。这里处处体现尊老敬老文化，洋溢着浓郁的人性化氛围和家的感觉。院内单独设有活动室、健身房、洗衣房、会客室等，特别为失能老人设立洗澡房，配有洗澡床，为失能老人的清洁护理保驾护航。设备方面移位器、助行器、便携式坐便椅、吸痰器、洗澡床一应俱全。为更好地照顾失能老人还引进了智能养老床垫，对失能老人的生命体征随时进行检测，确保老人的安全。同时还有最为先进的智能机器人床，减少了失能老人生活护理困难。

十二年来，扬州曜阳大力弘扬"人道博爱奉献"的红十字精神，秉承"把老人放在心上、让老人住在爱里"的服务理念，为入住老人提供多层次、多样化的养老服务，竭力用爱心服务老人，让老人住得开心，让家属感到放心。

扬州曜阳积极探索全程照护养老服务模式，面向不同年龄阶段和不同身体状况的老人，在每一位老人的不同生命阶段，分别提供独立生活服务、辅助生活服务、护理生活服务等养老服务。

扬州曜阳着力打造人文关怀和医养结合的曜阳养老品牌特色，围绕老年人在物质生活、健康安全、精神文化、社会尊重和自我实现等方面的不同需求，依据评估结果，提供全方位的养老服务。

1. 生活照料

一是入户巡视。管家每天早晚都要对高龄、独居、身体不适及体弱的老人进行入户巡视。有的老人有事，他们就会把"请关注"的牌子挂在门上，方便管家巡视的时候能看见，这时管家敲门询问情况，帮着解决，有的时候遇到工程问题就开协调函请工程部维修。在入户巡视的过程中，管家遇到老人病重及紧急呼叫响起，首先赶快查看，根据实际情况判断，是否通知康复医院医生及子女，如果严重送外面医院治疗，还要向相关领导告知，管家也要随同医护人员一起将老人送外就医，等子女到达医院进行交接才能离开。

二是家政服务。公寓根据老人的需求向广大老人提供各式各样的服务，很多行动不便的老人会向管家进行求助，如家里需要保洁员打扫卫生、需要有人做饭。针对一系列的需求，公寓列出了几项有偿助人服务：（1）入户打扫服务。有需要打扫卫生的老人向服务部管家报备登记，告知管家打扫的时间及次数，管家会根据时间安排人员进户打扫。(2) 助餐服务。有的老人吃不惯食堂的饭菜，要吃家里的小锅菜，可是自己又行动不便，可以找到管家，管家会安排服务人员上门服务老人，为老人购买食材并且为老人烧出合他口味的饭菜。也有的老人不需要在家烧饭，可以去食堂吃饭，不过腿脚不便，这时服务人员会陪同老人一同去食堂，确保老人安全。(3) 助浴服务。公寓每周五浴室对外开放，有些老人常年坐轮椅，对于他们来说洗澡是非常困难的一件事，因此他们的家属找到管家，希望寻求帮助，管家安排服务人员每周五将老人从家中推到浴室进行助浴服务。(4) 洗脚服务。人到老年弯腰特别费劲。为了帮助他们，公寓提供了洗脚服务。(5) 助购服务。行动不便的老人需要外出购买物品时，公寓的驾驶员会陪同老人一起外出，确保老人的安全，对于有些老人也会提供代购服务，他们无须一同前往，直接列出需要购买的商品清单，服务人员按照清单购买即可。(6) 助行服务。很多老人不会使用银行卡，都是存折，每个月拿工资便成了一件困难的事情，服务人员会陪同老人一起去银行，帮助他们取钱，直至安全返回公寓。

　　三是出行服务。生命很脆弱，一眨眼就会消失。对于老人出行的安全方面，公寓特别严谨，聘用的司机都有20多年的驾龄，不但开车技术好，而且也懂得照顾老人，特别遇到下雨下雪天都会和公寓管家一起搀扶老人上车，及时将车上的水渍擦拭干净，避免老人走路滑倒，每天（星期日除外）都按时按点接送老人，因为老人都是提前随车去超市采购生活用品以及饮食方面的食材，每次回公寓都是满载而归，大包小包的，出于对老人下车时的安全着想，管家每天都会提前5分钟站在一号楼拐弯口等待车的到来，第一时间上车帮忙将老人在超市的"战利品"拿下车，也会搀扶一些手脚不是很灵便的老人下车。针对不能及时赶上班车的老人也会提供免费叫车服务，让老人出行无后顾之忧。

2. 精神慰藉

管家每天上下午分别针对高龄、独居的老人进行巡视，一是确保他们的安全，二是和他们进行交流。很多独居老人的子女不在身边，管家的一句关怀都能让老人温暖一天。公寓每周三上午 9 点半都会开展心理咨询辅导，心理咨询师先统筹地讲解一些案例进行分析，再由老人分别说出心里的疑惑及想法，心理咨询师再进行个别指导，每次上完课老人们都豁达开朗、心情舒畅。每个月公寓还会举办集体生日宴，让大家相聚一堂，共同庆生，欢声笑语一片。在过生日前服务部的管家们首先会确认本月过生日的老人名单，核对后在公示栏进行张贴并上门邀请寿星们参加，生日当天不到饭点管家们已经到达餐厅准备迎接寿星们的到来，搀扶他们就座。对于不喜欢参加集体活动的老人，管家会经常找他聊聊天，了解他的内心想法并做出相应的引导，尽量让老人放松心情、敞开心扉，积极地参与公寓举办的各类活动。

3. 文化娱乐

一是老有所乐。舞蹈队（分广场舞、交谊舞、民族舞）：舞蹈室每天都忙得热火朝天。门球队：每周的一、三、五下午都会举行门球活动。乒乓球队：公寓有专门的乒乓球室，每天都有很多乒乓球员们带上心爱的球拍进行训练。书画协会：喜欢写字及画画的老人们联合举办了书画协会，公寓还特意邀请了少年宫的书法老师每周来给老人们讲课，讲授书法知识。模特队：模特队是扬州曜阳响当当的一支队伍，每次举行重大活动时模特队长及队员就开始忙碌了，从彩排到演出一次次的蜕变、一次次的成长。声乐班：公寓经多方努力已和广陵区老年大学取得了联系，准备挂牌成立广陵区老年大学曜阳分校，每年开课 2 次，上半年下半年各一次，报名的老人络绎不绝。京剧协会：每周五上午喜好京剧、粤剧的老人们都相聚一起，通过歌声释放能量。时政讨论小组：每周老人们自发地组织起来进行时政学习，了解国家实事。手工编织小组：喜欢手工活的老人们必定会准时参加这个活动，好多老人购买了许多珠串学习编织成各式各样的物件，如花瓶、公主裙、包包等。每年的大型节日或者有外来单位来公寓参观时这些兴趣小组也会"隆重登场"，向大家展现他们的丰硕成果。

二是老有所学。学习使用微信；学习使用电脑和网络；学习使用手机金融工具；开设曜阳老年大学；开设曜阳围棋班。

三是老有所安。包括健康讲座、卫生救护知识和安全知识讲座。尤其加强了老年人安全知识的培训，每年对公寓会员开展安全讲座，针对老人年龄大、反应慢、行动迟缓等特点，提醒老人在家和出门的时候走路要慢，不要着急，防止跌倒造成伤害，到公共场所时可以几个人结伴同行相互有个照应。现在社会上有些人专门有针对性地对老人实施诈骗，因此提醒老人注意以下事项：不要轻易听信免费赠送；不要让陌生人进门；出门不要带大量现金；如果有什么不确定和有怀疑的事情请及时向后勤部和服务部反应，避免造成生命危险、财产损失。

四是老有所医。康复医院特别为公寓会员成立了医疗服务部，其中一项服务就是每天都会为公寓会员开展入户巡诊。除了常规的为老人测量血压、心率，提供健康咨询和用药指导等服务外，还会因公寓会员的一些突发情况，及时热忱地进一步延伸服务，与专家门诊相结合，时刻把老人的健康安全放在心上，让老人们真正地感受到住在爱里、放在心上。

经过十二年的发展，扬州曜阳已经成为江苏省优秀养老服务机构之一，先后获得了由国家老龄委、老旅委、江苏广电集团颁发的"养老服务放心机构十佳单位""为老服务先进单位""江苏省优质服务品牌""扬州市养老行业十强企业""长三角健康服务业示范企业"等荣誉称号，通过了江苏省示范性养老机构达标评估，被民政部评估为中国社会组织 4A 等级，通过了江苏省服务业标准化试点单位及江苏省养老机构标准化验收。

二、扬州曜阳服务案例

（一）扬州曜阳首位百岁老人生日祝福会遇上植树节——百岁老兵传承红色基因，四代人携手共植"薪火树"

烟花三月，杨柳依依！在这春暖花开的大好时节，在全国两会胜利闭幕之际，扬州曜阳历史性地迎来了首位百岁老人，他就是抗日老兵、老党员王乐庭。

公寓于 2021 年 3 月 12 日上午，在二楼餐厅内专门为老人举办了一场以"百岁老兵传承红色基因，四代人携手共植'薪火树'"为主题的生日祝福会。参加祝福会的有王乐庭老人的亲友、公寓的入住老人、工作人员、少先队员代表，活动现场喜气洋洋，大家欢聚一堂，共同祝福曜阳首位百岁长者王乐庭老人期颐华诞。

据老寿星的儿子介绍，王乐庭老人于 1922 年 3 月 12 日出生在山东省青岛市黄岛区一个贫农家庭。抗日战争爆发以后，王老先生便与村里的热血青年一起义无反顾地参加了八路军，勇敢地走上了抗日的战场，为民族的生存与解放贡献了自己的热血与青春。解放战争中，王老先生在党的领导下继续浴血奋战，从胜利走向胜利，终于迎来了新中国的诞生；在和平建设年代，王老先生服从组织安排，转业到南京市建工局，工作勤奋努力，踏实肯干，为新中国成立初期的南京城建工作，贡献了自己的一分力量；在"文化大革命"前夕，王老先生被省委抽调参加了"社会主义教育运动工作组"，到高邮驻村开展工作；在"文化大革命"开始后，工作组解散，王老先生作为"走资本主义当权派"受到游街批斗等冲击；"文化大革命"中后期，王老先生先后担任了高邮水泵厂厂长、党委书记，邮电局局长、党委书记、县总工会主席等职；党的十一届三中全会后，组织上落实政策，王老先生调回南京建工系统工作，直至1982年离职休养。回顾王老先生几十年的工作经历，他用自己的实际行动践行了自己入党誓词，无论顺境还是逆境，无论是在什么岗位，他都能始终不忘初心，牢记使命，坚定信仰，在他身上体现了一名老党员的高度政治自觉。

公寓入住的老人们纷纷自发前来生日祝福会现场为老寿星送上祝福、表达心意、沾沾喜气，共同见证曜阳首位百岁老人生日。

生日祝福会恰逢3月12日植树节，公寓还安排了植树环节。在植树现场，公寓党支部书记孙林海和在场的党员们一起重温入党誓词，与百岁老人在公寓院内，携手共同栽种下一颗颗薪火树，为中国共产党即将迎来的100周年华诞送上最美好的祝愿。

（二）"奋斗百年路 开启新征程"——扬州曜阳举行庆祝中国共产党成立100周年文艺演出

2021年6月29日下午，由扬州曜阳党支部、扬州曜阳国际老年公寓、扬州市退管中心青松艺术团联合承办的"奋斗百年路 开启新征程"文艺演出在公寓二楼餐厅举行。大家齐聚一堂，唱响红色乐章，为党的百年华诞送上真挚的祝福。

活动现场，公寓党支部书记孙林海围绕党史学习教育发表了讲话，表示要响应党中央的号召，坚定理想信念，沿着正确的政治方向，继续发挥基层党组织战斗堡垒作用，全面提升公寓养老服务。

演出开始前，孙林海为曜阳党支部中5名"光荣在党50年"老党员颁发了纪念章，向老一辈共产党员表示致敬，并表示要向他们学习，传承党的优良传统。

整个活动以庆祝党的生日为主题，形式多样，内容丰富，在舞蹈《红军不怕远征难》中拉开序幕。随后进行了合唱《中国中国鲜红的太阳永不落》《跟着共产党走》，男生独唱《把一切献给党》，乐器合奏《洪湖水浪打浪》，女声四重唱《微山湖》，朗诵《建党百年颂》等十多个节目，演出人员用精彩的表演感染了在场的每一位观众，表达了曜阳人对党、对国家的深厚感情，展现了新时代曜阳人不忘初心、牢记使命，为实现中华民族伟大复兴的中国梦砥砺前行的精神面貌。最后庆祝活动在全体人员高唱《没有共产党就没有新中国》中落下帷幕。

(三) 扬州曜阳围棋班开课啦

围棋是中国琴棋书画四大文化艺术瑰宝之一，是高智商、高情趣的智力活动，围棋能够陶冶性情、启迪智慧、培养逻辑思维能力和计算能力，并且能够培养人们临危不乱、坚韧不拔的性格。对老年人来说，可使老人脑筋常动、笑口常开，增加生活乐趣，广交朋友，预防老年痴呆，有利于身心健康，延年益寿。

2021年1月8日由扬州曜阳组织、入住老人自愿报名、老师免费教授的围棋班在公寓三楼电教室开课啦！

担任授课的马苓老师也是公寓入住老人，她是围棋业余5段，曾获得2015年"塘桥杯"全国社区围棋中老年组女子个人冠军、2015年韩国第九届"金寅国手杯"世界中老年业余围棋赛女子团体冠军，曾担任2016/2017城围联赛澳门队队员，曾任职厦门大学海外教育学院教授外国留学生围棋选修课。

在开班前，公寓提前为授课准备了教学棋盘，马苓老师也为报名的学员们准备了教材和棋具。

说到围棋总会让人联想到智者，因为下围棋的每一次对决都是智力的交锋。开班第一课，马苓老师从围棋的起源到棋盘的认识，以及在对弈过程中的布局构思、进退攻防等进行介绍，学员们认真听讲的同时还做了笔记进行记录。

此次围棋班有近50多名老人报名，学习围棋入门和初级提高阶段的围棋知识。每周一课的围棋学习,丰富了入住老人的精神文化生活,促进了老年朋友之间的交流。

(四) 扬州曜阳举行夏季消防安全演练

为使公寓老人、员工在突发事件中能够有序、及时地撤离事故现场,减少和避免伤害事故发生,增强自我安全保护意识,培养自我防护能力,掌握消防疏散常识,学会火灾现场逃生技能,更好地将老人安全放在首位,扬州曜阳在公寓二号楼举行消防安全疏散演练。生态科技新城消防大队、泰安派出所有关领导应邀现场督导、观摩了演练活动,并在演练结束后进行了点评。

公寓过去每年1~2次的消防安全演练,大多是组织各部门员工参加,以灭火器和消防栓等灭火器材的正确使用为主。为更能逼真有效地做好消防安全工作,有针对性地实地操练,此次演练将公寓中的老人加入进来。演练前公寓制定了详细的演练方案,并召开部门分工会议,按照日常的应急预案流程,明确了各部门职责分工和具体要求。同时,后勤部负责人在演练前组织参演人员进行演练前的消防培训,包括消防器材的使用、消防演练领导小组分工、消防演练流程介绍以及准备应对可能出现的各种情况等,提前做了大量准备工作。

演练中,由公寓员工组成的疏散小组、后勤保障小组、医疗保障小组等有序配合,合力疏散和救治事故楼栋内的老人,将被困老人有序疏散到安全区域。

此次演练,选择了公寓二号楼作为试点,以后将在总结经验、找出不足、完善方案和应对多种突发情况基础上,向全院其他楼栋推广,力争使公寓每位老人都参与其中。通过演练活动,公寓老人、员工纷纷表示,大家不仅熟悉了消防器材的使用、安全逃生的注意事项,还掌握了自救和应急处置知识,提高了消防安全意识。

4.4 湖北英山县水口村养老模式

郭林 谌基东[①]

农村养老服务体系完善是积极应对人口老龄化战略不可或缺的组成部分。相比城市，我国农村面临较城镇更为严峻的人口老龄化和空巢化态势，但农村养老服务发展格外不足，远远无法有效满足农村老年人的需要。因此，农村地区养老服务资源亟须进行有效的整合，探索建立一种低成本、高效率的农村基层养老模式，从而增强农村养老服务能力，提高农村养老服务的可及性。[②] 养老志愿服务是整合养老服务人力资源、财力资源和物力资源的重要方式，对农村地区在经济发展相对滞后、劳动力人口流出明显、养老服务基础设施落后、养老服务组织能力弱的现实背景下整合养老服务资源、发展养老服务、营造敬老爱老的养老服务氛围具有积极作用。本文以红十字曜阳养老英山县水口村志愿服务队的养老志愿服务实践为例，总结了农村志愿养老服务的主要做法、特征与有益经验。

---

① 华中科技大学社会学院副教授。
② 杜鹏，王永梅．乡村振兴战略背景下农村养老服务体系建设的机遇、挑战及应对［J］．河北学刊，2019（4）：172-178，184.

一、基本情况

水口村是黄冈市英山县石头咀镇下辖的行政村，地处英山县石头咀镇西南部，位于大别山主峰天堂寨南麓，坐落在火炉尖山脚下，与湖北省201省道相交，素有"茶桑之乡、药材之都"之称，是著名的革命老区。全村版图面积4.8平方公里，耕地面积794亩，其中水田665亩，旱地129亩，山林面积1 500亩，平均海拔420米，下辖10个村民小组。截至2021年，全村共有居民288户共910人，其中60岁以上老人209人，占全村人口的23%，外出务工280人，空巢老人20户，留守儿童18人。村民主要收入以务工和农业种植养殖为主，人均年收入11 500元。

水口村是中国红十字会总会事业发展中心的对口扶贫单位，在中国红十字会总会的大力支持下，2018年中国红十字会"博爱家园"项目落户该村，当年成立了水口村红十字服务站。鉴于多数劳动力外出打工，留村空巢老人多且缺少照顾的情况突出，中国红十字总会事业发展中心联合县红十字会帮助该村组建了一支红十字会志愿服务队和一支曜阳养老志愿服务队。红十字曜阳养老英山县水口村志愿服务队于2019年成立，支持该村完善"博爱家园"项目功能，配套建设志愿者之家、养老活动中心等机构场所，试点探索农村养老服务工作。

在村党支部的领导和曜阳养老志愿服务队成员的共同努力下，水口村长期坚持开展以志愿服务活动为主体的养老服务工作，形成了"人人为我，我为人人"的良好氛围，"友爱、互助、进步"的志愿服务精神在全村广泛传播，"人道、博爱、奉献"的红十字精神深入人心，老人感受着组织温暖，真正获得了幸福感。2021年1月17日，水口村被中国红十字会总会授予"全国红十字模范单位"称号。2021年3月19日，红十字曜阳养老英山县水口村志愿服务队被中国红十字总会事业发展中心授予

"2020年度曜阳养老优秀志愿服务组织"称号，是唯一获评的农村养老志愿服务组织。

二、主要做法

（一）有效组织志愿者和群众培训

有效组织志愿者和群众培训是形成专业化志愿者队伍、营造良好志愿服务氛围的必要途径。水口村养老志愿服务队有效组织志愿者和群众参与曜阳养老知识和健康知识培训，共计10余场、380余人次。特别是对一些留守妇女，有针对性地开展了一些老年人日常护理知识培训，提高了群众对老年人的护理水平，同时，广泛开展孝道宣传教育，弘扬中华传统美德，提倡子女孝顺，创造和谐的家庭环境。

（二）开展入户走访，建立服务台账

养老志愿服务应当依据服务能力，有针对性地满足服务对象迫切的养老服务需求。水口村养老志愿服务队志愿者通过入户走访，对全村老年人底数进行摸排，建立台账，完善老年人管理信息，根据患病轻重、生活自理能力、居住条件和心理健康状况等进行区分，让志愿者一对一进行结对帮扶，及时掌握老年人的情况和需求，开展有针对性的帮助。此外，水口村养老志愿服务队专门设置了2个养老志愿者公益性岗位，及时掌握老年人的服务需求和老年人的身体状况，轮流为需要帮助的失能半失能和重度残疾老年人提供专项服务。

（三）细化分工，分组开展志愿服务

细化分工是有效组织志愿养老服务的方式。水口村养老志愿服务队对志愿者进行分工编组，成立健康管理医疗小组、心理健康咨询小组、精神慰藉陪伴小组、个人卫生服务小组、家务清理小组、生产生活物资小组和代买代办服务小组等，做到分工量化、服务细化。明确每个志愿服务队定期到各自负责的老年家庭服务，具体轮换安排由各小队队长协调分配，做到志愿服务活动常年开展。每一次的服务情况由队长做好记录，每季度进行一次汇总，将汇总结果报事业发展中心志愿者工作办公室。在每年红十字日、学雷锋纪念日、重阳节等重要节日，按照事业发展中心要求，统一开展主题志愿服务活动。

（四）常态化组织养老志愿服务

水口村养老志愿服务队常态化组织健康老年人志愿上门服务，由志愿服务队长带队，上门为失能半失能及身体虚弱的老年人理发，并开展个人卫生护理。组织卫生室医生上门为老年人开展健康检查，做到有病能及时就医、无病能有效预防。组织志愿者小组轮流为老年人打扫卫生、做家务、种地种菜、陪护聊天和代买代办，解决他们生活上的困难。志愿者为老年人表演节目、读书读报，陪老年人聊天，宣传时下的健康新观念，针对老年人的精神状态做心理疏导等精神慰藉。志愿者根据自己专业特长为老年人提供义诊、康复、护理等专业技能服务。

（五）整合闲置资源，建设老年人活动中心

在农村志愿养老服务实际推行中最重要也最迫切的应该是保证持续的人力资源、资金保障和场地、物资等软硬件设施。为此，水口村委和水口村养老志愿服务队充分整合利用村内闲置的建筑建设了曜阳老年人活动中心，为老年人提供休闲娱乐活动场所，配备各种体育、娱乐、康复等设施设备，组织大家共同集体娱乐，丰富老年人的文化生活，赢得了老年人的肯定、支持和踊跃参与。

（六）探索研究"时间银行"的可行方案

"时间银行"最早诞生于20世纪80年代的美国，开始时是为了应对失业，促使劳动力得到充分利用，但迄今为止，远没有被推广开来。中国的"时间银行"自20世纪末在上海"登陆"以来，就演变成为应对人口老龄化挑战的举措之一，成为解决养老服务问题的重要尝试。[①] 水口村委和水口村养老志愿服务队探索研究制定"时间银行"可行性方案，开展"时间银行"工作，及时整理"时间银行"相关档案资料。探索"时间银行"、互助服务等形式，充分利用低龄老年人力资源，建立低龄老年人向高龄老年人、健康老年人向失能失智老年人提供服务的引导机制，为养老志愿服务提供人力支持。

三、主要特点

针对农村老人经济资源有限，经济自养能力不足，身体健康状况堪忧，日常生活照料自理困难，情感慰藉匮乏等养老难题，英山县水口村通过争取上级政府支持、整合社会慈善力量、成立志愿养老服务队伍、共建社区曜阳老年人活动中心、进行对口帮扶等多种途径，开展农村多元化主体参与的养老服务工作，探索符合水口村老年居民需要的农村志愿养老服务模式。

（一）整合农村养老资源

突破传统家庭单一供给主体的局限，强调政府、社会、社区和家庭等多元养老主体共同参与农村养老服务，通过整合政府的政策资源、社会的

---

① 袁志刚，陈功，高和荣，等. 时间银行：新型互助养老何以可能与何以可为 [J]. 探索与争鸣，2019（8）：4-36，197.

人力资源、社区的设施资源和家庭的亲情资源，构建为老服务社会支持网络。

（二）满足农村居家养老需求

开展农村居家养老服务，一是满足老人居住在家或熟悉的社区中享受养老服务"叶落归根"的传统养老观念，体现居家养老便利性强、舒适度高、自由度大等特点；二是通过大量的入户考察，优先解决老人的吃饭难、精神空虚等难题，配套提供健康管理、心理咨询、精神慰藉、个人卫生清洁、家务清理、生产生活帮扶、代买代办等养老服务。

（三）提供农村居家养老志愿服务

农村居家养老服务志愿者由经过培训的当地爱心志愿者和低龄健康老年人构成，形成了就地取材式的志愿服务队伍。进行一对一结对帮扶，既增强了志愿者社会认同感，又利用其相互熟悉的优势，为高龄老年人带来较高质量、较高效率的服务。

（四）构建农村社区"孝老"文化

大力发展农村社区"孝老"文化建设，一是广泛开展"孝道"宣传教育，弘扬中华民族传统美德，做到子女孝顺，创造和谐的家庭环境，恢复农村以往的"孝老"文化传统；二是在志愿者的带动和志愿服务活动的影响下，在社区形成一种"人人为我、我为人人"邻里互助的良好氛围，广泛传播"友爱、互助、进步"的志愿服务精神和"人道、博爱、奉献"的红十字精神，构建农村社区守望相助的精神文化家园。

四、有益经验

(一) 发挥基层党支部作用,有效组织志愿服务

英山县水口村养老志愿服务的发展得益于中国红十字会总会事业发展中心的大力支持和水口村党组织的积极作为。2019年曜阳养老英山县水口村志愿服务队成立之初,村支部书记付诗尧就身先士卒担任服务队队长,充分发挥基层党组织的组织、宣传和动员能力,脚踏实地,从小事做起,得到服务对象和村民的高度认可。在水口村委的带领下,志愿养老服务队从5个人的队伍成长为58人的志愿服务团队。2021年曜阳养老英山县水口村志愿服务队荣获"2020年度曜阳养老优秀志愿服务组织"称号,付诗尧代表志愿服务队参加CCTV"守护夕阳——为老服务志愿者颁奖典礼"。

(二) 从特困到普惠,渐进实现志愿服务对象普及

坚持"尽力而为、量力而行",利用有限的存量资源尽可能满足老年人基础、迫切的养老服务需要是社会养老服务发展的一个重要原则。农村地区的志愿养老服务由于先天资源禀赋的不足,更需坚持量力而行,依据资源多少循序渐进地扩大养老服务对象。英山县水口村的志愿养老服务经历了从以特困、空巢、残疾老年人等特殊群体为主要服务对象到以全体农村老年居民为服务对象的发展过程。在英山农村志愿养老服务发展的初期,由于志愿者团队薄弱、志愿者服务能力欠专业和相关养老服务资源匮乏等原因,养老志愿服务仅面向养老服务需求凸显但基本养老服务难以满足的特殊群体。例如,英山县水口村的五保户许汉文,无儿无女无收入能力的他晚年生活缺乏照料,基本养老服务远无法得到满足。村中情况和他

类似的五保户有十余户,这些五保户是水口村养老志愿服务的首批服务对象,后来水口村的养老服务对象逐步扩展至子女在外务工家中缺乏照护者的空巢户、行动不便的残疾和失能老年人,直至水口村的全体老年人,实现了养老志愿服务对象的拓展。2020年重阳节,曜阳养老水口村志愿服务队联合英山县供销社、英山县红十字会等社会力量,组织全村120名60岁以上的老人赴英山四季花海景区开展"曜阳孝老敬老文旅行"的重阳节联谊活动。从特殊群体到全体普惠,体现了英山农村志愿养老服务的服务对象发展过程,英山农村志愿养老服务队结合自身的发展情况与服务能力,量力而行逐步扩展养老志愿服务对象,稳扎稳打地实现养老服务的扩面,有针对性地满足了不同群体的基本养老服务需要。

(三) 从基本到全面,逐步推进志愿服务内容完善

实现有针对性的养老志愿服务是提升养老志愿服务质量,满足农村老年人养老服务需要的必要条件。农村志愿养老服务供给,应精准把握老年人需求结构,在此基础上既供给普适性服务,也满足个性化服务需要。[①] 英山县水口村农村养老志愿服务的服务内容经历了从基本生活服务到较为全面的养老服务的过程。2019年在曜阳养老水口村志愿服务队成立之初,服务队含队长仅是一个5个人的小团队,志愿者们从挑水、扫地、采购、洗衣、理发等服务开始,帮助独居的老年人打扫院子,为腿脚不便的老年人理发,为残疾老年人做卫生,给孤寡老人做饭、洗衣服等。志愿者们从小事着手,在服务的过程中寻找养老服务需求点,形成养老志愿服务在村中的示范效应,实现了服务队伍的逐渐壮大并逐步将养老志愿服务的内容扩展至包括家务清理、个人卫生清洁、健康管理、精神慰藉、代买代办等五个大类。以健康管理为例,在2019年志愿服务队成立之初,队伍中唯

---

① 刘宇,唐亚阳. 农村养老服务供给困境与出路:基于供给侧结构性改革视角[J]. 当代经济研究,2018 (6):80-86.

一的医生志愿者仅能背着医药箱、血压计为服务对象们提供定期检查身体、送药巡诊等基本医药服务。2020年,中国红十字总会事业发展中心联合北京医健保健康集团在英山县水口村和叶家山村投资50.45万元,建立"互联网+医疗健康"系统。村里的医生和负责医疗服务的志愿者在对签约患者进行病情诊断时,一旦发现无法诊疗的疾病,可以马上通过网络化、模块化诊疗转诊系统,迅速将患者转诊到对口的上级医院治疗,实现医疗资源的优化配置,使得小病无须再去大医院,大病也可以享受到相应医疗资源。2021年,为响应疫情防控号召,曜阳养老水口村志愿服务队协助村两委开车往返8趟接送79名高龄、失能、残疾等行动不便的老年人到12公里外的镇卫生院接种疫苗。曜阳养老水口村志愿服务在老年人健康管理中服务内容的拓展和服务能力的提升仅仅是志愿服务内容完善的一个缩影。英山农村志愿养老服务内容从简单到多样、从基本到全面,既得益于志愿者脚踏实地满足服务对象迫切需求,也是发动社会力量积极参与志愿服务的结果。

(四) 从业余到专业,有效提升志愿服务队伍水平

专业化的志愿服务队伍是志愿养老服务能力提升的必要条件,尤其对于农村地区而言,志愿养老服务缺乏足够的人力资源,志愿服务的专业性更无从谈起,因此志愿者培训显得尤为关键。[1] 通过志愿者团队的专业技能培训和分组分工,曜阳养老英山县水口村志愿服务队志愿者经历了从业余到专业的过程,志愿服务能力也得到显著提升。在2019年志愿服务队成立之初,志愿队仅有包括村支书、村医等5名志愿者,截至2021年志愿者人数已达到58名。志愿者从最早的业余团队,发展为涵盖照护、保洁、助餐、医疗、精神慰藉等多个方面的专业团队。中国红十字会总会事

---

[1] 洪梅. 社会工作视角下社区养老志愿服务研究 [D]. 苏州:苏州大学,2013:30-31.

业发展中心委派两名专职培训人员对志愿者进行专业技能培训，志愿服务队开展志愿者和群众培训达到 12 余场、380 余人次，针对留守妇女开展家庭养老服务知识培训，有效提升了志愿者的志愿服务业务能力。通过设置 2 个养老志愿者公益性岗位，提高了养老志愿服务的帮扶能力，规范了养老志愿服务的日常管理。此外，通过志愿者专业分组，让志愿者发挥专长加入养老志愿服务队下设的健康管理医疗小组、心理健康咨询小组、精神慰藉陪伴小组、个人卫生服务小组、家务清理小组、生产生活物资小组和代买代办服务小组等七个志愿服务小组，做到分工量化、服务细化地开展养老志愿服务。据悉，在英山县全域，仅 2018—2019 年中国红十字总会就培训了养老服务志愿者 100 名、乡村医生 37 名，增强了英山农村地区的农村养老服务志愿者的力量，促进了英山农村养老服务志愿者的专业化。英山县养老志愿服务队伍从业余走向专业是英山县针对志愿者服务队伍发展情况和农村居民养老服务需求的实际作出的选择，坚持循序渐进、细化分类的原则，发挥志愿者专长，细化服务内容，有效提升了农村志愿养老服务的水平。

（五）因地制宜，整合志愿养老服务资源

把传统志愿服务引入农村社会养老服务领域，将志愿服务和养老服务结合，探索社会协同的志愿养老，可为低成本、高效率地补充养老需求提供新途径。① 在农村志愿养老服务发展过程中，英山县水口村坚持因地制宜的原则，充分整合志愿养老服务资源。2019 年中国红十字会总会事业发展中心捐助 20 万元，支持水口村整合利用村内闲置的建筑建设了"曜阳老年人活动中心"和"曜阳养老英山县水口村志愿者之家"，为老年人提供休闲娱乐活动场所，配备各种体育、娱乐、康复等设施设备，组织大

---

① 韩琳. 养老志愿服务发展组织化进程［J］. 中国老年学杂志, 2017（4）：1025-1027.

家共同集体娱乐,丰富老人的文化生活,赢得了老年人的肯定、支持和踊跃参加,也为农村志愿养老服务的开展提供了必要的场所。英山县整合社会慈善资源,充分利用当地闲置资源,形成了农村志愿养老服务的必要条件。

我国大部分农村居民采取独门独户的居住方式,相较城市而言居住方式分散性更强,城市所推行的社区居家养老模式,在农村难以推广复制。因此,农村养老服务的发展要求根据分散居住的特征,有组织地统筹配置养老服务资源,以切实满足老年人的服务需要。英山县水口村是一个山地较多的村,地势环境较为复杂,全村平均海拔420米,而该村十组位于英山县最西端,与临县罗田县仅一岗之隔,海拔800多米。从前这里的村民行路难、吃水难。水口村在开展农村志愿养老服务的过程中有效整合养老志愿服务的人力资源,采用邻里互助、低龄老年人为高龄老年人提供服务等方式,化解志愿服务资源的覆盖难题。

(六)发动社会力量,有效动员社会资源

我国绝大多数的农村由于经济发展水平滞后、养老服务人力资源相对短缺、养老服务基础设施建设相对不足、养老服务组织能力弱等诸多原因,自身难以有效整合养老服务资源发展养老服务,因此需要借助外力导入养老服务资源,扶持养老服务队伍。在志愿养老服务的试点过程中,积极发动社会力量、有效动员社会资源支持养老志愿服务成为英山县水口村志愿养老服务发展的宝贵经验。自中国红十字会总会2015年定点帮扶英山县以来,每年援助英山项目资金和物资千万元以上,通过开展"博爱送万家""博爱家园"等系列活动,推动健康扶贫和养老服务取得显著成效。自2018年英山"博爱之家"成立,尤其是2019年曜阳农村志愿养老服务试点以来,英山农村志愿养老服务在社会力量的帮扶下取得了有效的进展。2019年1月,中国红十字会总会事业发展中心与湖北省红十字会在湖北省英山县共同举办"曜阳关爱行动——走进英山"捐赠慰问活动,共捐赠助步车、坐便轮椅、脚部防褥疮垫等价值共计约30万元的养老设备及生活物资。2019年4月,中国红十字会总会事业发展中心主任江丹一行到对口帮扶的叶家山村和水口村,进行"曜阳养老活动中心"和"志愿者之家"揭牌的同时,向两个村各捐赠10万余元的养老设备。2020年,中国红十字总会事业发展中心联合北京医健保健康集团在英山县水口村和叶家山村投资50.45万元,建立"互联网+医疗健康"系统,助力农村医养结合和农村志愿养老服务。社会力量的参与有效地促进了农村养老服务资源的嵌入,极大地助推了英山农村志愿养老服务的发展。

(七)注重示范效应,营造志愿养老氛围

良好的志愿养老服务氛围,既是志愿养老服务发展的重要价值追求,也是养老志愿服务可持续发展的必要条件。通过媒体宣传和奖励褒奖等方式,倡导服务奉献、尊长敬老的理念,宣传志愿养老服务的先进事迹与典型做法,对于营造志愿养老氛围、发展农村志愿养老服务不可或缺。英山县水口村农村志愿养老服务的发展注重志愿服务的示范效应,努力营造志愿养老的良好氛围。例如,以学雷锋纪念日为契机,曜阳养老志愿服务队看望慰问伤残退役老军人,并为留守老人测量血压、送医送药,提供生活照料服务,为孤寡老人送温暖。利用重阳节开展"曜阳孝老敬老文旅行"联谊活动等,营造良好的志愿敬老氛围。此外,志愿服务队广泛开展"孝"道宣传教育,弘扬中华传统美德,提倡子女孝顺,创造和谐的家庭环境,取得良好效果。2021年1月17日,水口村被中国红十字会总会授予"全国红十字模范单位"称号。2021年3月19日,红十字曜阳养老英山县水口村志愿服务队被中国红十字会总会事业发展中心授予"2020年度曜阳养老优秀志愿服务组织"称号,创造了良好的志愿养老服务氛围,并在全域形成良好的志愿养老服务示范效应。

中国养老服务
发展报告
(2021)

5. 附录

5.1 党的十八大以来养老服务政策摘编

郭红霞[①]整理

一、主要政策文件目录

1.《国务院发布关于加快发展养老服务业的若干意见》（国发〔2013〕35号）

2.《国务院关于积极推进"互联网+"行动的指导意见》（国发〔2015〕40号）

3.《国务院办公厅转发卫生计生委等部门关于推进医疗卫生与养老服务相结合指导意见的通知》（国办发〔2015〕84号）

4.《人力资源社会保障部办公厅关于开展长期护理保险制度试点的指导意见》（人社厅发〔2016〕80号）

5.《国务院办公厅关于全面放开养老服务市场提升养老服务质量的若干意见》（国办发〔2016〕91号）

6.《国务院办公厅关于促进"互联网+医疗健康"发展的意见》（国

---

① 中央社会主义学院副教授。

办发〔2018〕26号）

7.《国务院办公厅关于推进养老服务发展的意见》（国办发〔2019〕5号）

8.《关于建立完善老年健康服务体系的指导意见》（国家卫生健康委、发展改革委等8单位，2019年10月28日）

9.《国家积极应对人口老龄化中长期规划》（2019年11月）

10.《中共中央关于制定国民经济和社会发展第十四个五年规划和二〇三五年远景目标的建议》

11.《国务院办公厅印发关于切实解决老年人运用智能技术困难实施方案的通知》（国办发〔2020〕45号）

12.《国务院办公厅关于促进养老托育服务健康发展的意见》（国办发〔2020〕52号）

13.《中华人民共和国国民经济和社会发展第十四个五年规划和2035年远景目标纲要》

二、加快发展养老服务，实施积极应对人口老龄化国家战略

积极应对人口老龄化，加快发展养老服务业，不断满足老年人持续增长的养老服务需求，是全面建成小康社会的一项紧迫任务，有利于保障老年人权益，共享改革发展成果，有利于拉动消费、扩大就业，有利于保障和改善民生，促进社会和谐，推进经济社会持续健康发展。

——《国务院关于加快发展养老服务业的若干意见》（国发〔2013〕35号）

实施积极应对人口老龄化国家战略。……积极开发老龄人力资源，发展银发经济。推动养老事业和养老产业协同发展，健全基本养老服务体

系，发展普惠型养老服务和互助性养老，支持家庭承担养老功能，培育养老新业态，构建居家社区机构相协调、医养康养相结合的养老服务体系，健全养老服务综合监管制度。

——《中共中央关于制定国民经济和社会发展第十四个五年规划和二〇三五年远景目标的建议》

制定人口长期发展战略，优化生育政策，以"一老一小"为重点完善人口服务体系，促进人口长期均衡发展。

——《中华人民共和国国民经济和社会发展第十四个五年规划和2035年远景目标纲要》

三、加强统筹规划，建立健全养老服务体系

到2020年，全面建成以居家为基础、社区为依托、机构为支撑的，功能完善、规模适度、覆盖城乡的养老服务体系。养老服务产品更加丰富，市场机制不断完善，养老服务业持续健康发展。

——《国务院发布关于加快发展养老服务业的若干意见》（国发〔2013〕35号）

推动养老事业和养老产业协同发展，健全基本养老服务体系，发展普惠型养老服务和互助性养老，支持家庭承担养老功能，培育养老新业态，构建居家社区机构相协调、医养康养相结合的养老服务体系，健全养老服务综合监管制度。

——《中共中央关于制定国民经济和社会发展第十四个五年规划和二〇三五年远景目标的建议》

推动养老事业和养老产业协同发展，健全基本养老服务体系，大力发展普惠型养老服务，支持家庭承担养老功能，构建居家社区机构相协调、医养康养相结合的养老服务体系。完善社区居家养老服务网络，推进公共

设施适老化改造，推动专业机构服务向社区延伸，整合利用存量资源发展社区嵌入式养老。强化对失能、部分失能特困老年人的兜底保障，积极发展农村互助幸福院等互助性养老。深化公办养老机构改革，提升服务能力和水平，完善公建民营管理机制，支持培训疗养资源转型发展养老，加强对护理型民办养老机构的政策扶持，开展普惠养老城企联动专项行动。加强老年健康服务，深入推进医养康养结合。加大养老护理型人才培养力度，扩大养老机构护理型床位供给，养老机构护理型床位占比提高到55%，更好满足高龄失能失智老年人护理服务需求。逐步提升老年人福利水平，完善经济困难高龄失能老年人补贴制度和特殊困难失能留守老年人探访关爱制度。健全养老服务综合监管制度。构建养老、孝老、敬老的社会环境，强化老年人权益保障。综合考虑人均预期寿命提高、人口老龄化趋势加快、受教育年限增加、劳动力结构变化等因素，按照小步调整、弹性实施、分类推进、统筹兼顾等原则，逐步延迟法定退休年龄，促进人力资源充分利用。发展银发经济，开发适老化技术和产品，培育智慧养老等新业态。

——《中华人民共和国国民经济和社会发展第十四个五年规划和2035年远景目标纲要》

四、不断完善政策体系，强化政策支持

减轻养老服务税费负担。聚焦减税降费，养老服务机构符合现行政策规定条件的，可享受小微企业等财税优惠政策。研究非营利性养老服务机构企业所得税支持政策。对在社区提供日间照料、康复护理、助餐助行等服务的养老服务机构给予税费减免扶持政策。落实各项行政事业性收费减免政策，落实养老服务机构用电、用水、用气、用热享受居民价格政策，不得以土地、房屋性质等为理由拒绝执行相关价格政策。

——《国务院办公厅关于推进养老服务发展的意见》(国办发〔2019〕5号)

民政部本级和地方各级政府用于社会福利事业的彩票公益金,要加大倾斜力度,到2022年要将不低于55%的资金用于支持发展养老服务。接收经济困难的高龄失能老年人的养老机构,不区分经营性质按上述老年人数量同等享受运营补贴,入住的上述老年人按规定享受养老服务补贴。将养老服务纳入政府购买服务指导性目录,全面梳理现行由财政支出安排的各类养老服务项目,以省为单位制定政府购买养老服务标准,重点购买生活照料、康复护理、机构运营、社会工作和人员培养等服务。

——《国务院办公厅关于推进养老服务发展的意见》(国办发〔2019〕5号)

推动解决养老服务机构融资问题。畅通货币信贷政策传导机制,综合运用多种工具,抓好支小再贷款等政策落实。对符合授信条件但暂时遇到经营困难的民办养老机构,要继续予以资金支持。切实解决养老服务机构融资过程中有关金融机构违规收取手续费、评估费、承诺费、资金管理费等问题,减少融资附加费用,降低融资成本。鼓励商业银行探索向产权明晰的民办养老机构发放资产(设施)抵押贷款和应收账款质押贷款。探索允许营利性养老机构以有偿取得的土地、设施等资产进行抵押融资。大力支持符合条件的市场化、规范化程度高的养老服务企业上市融资。支持商业保险机构举办养老服务机构或参与养老服务机构的建设和运营,适度拓宽保险资金投资建设养老项目资金来源。更好发挥创业担保贷款政策作用,对从事养老服务行业并符合条件的个人和小微企业给予贷款支持,鼓励金融机构参照贷款基础利率,结合风险分担情况,合理确定贷款利率水平。

——《国务院办公厅关于推进养老服务发展的意见》(国办发〔2019〕5号)

建立养老服务褒扬机制。研究设立全国养老服务工作先进集体和先进个人评比达标表彰项目。组织开展国家养老护理员技能大赛,对获奖选手按规定授予"全国技术能手"荣誉称号,并晋升相应职业技能等级。

——《国务院办公厅关于推进养老服务发展的意见》(国办发〔2019〕5号)

提高人才要素供给能力。加强老年医学、老年护理、社会工作、婴幼儿发展与健康管理、婴幼儿保育等学科专业建设,结合行业发展动态优化专业设置,完善教学标准,加大培养力度。按照国家职业技能标准和行业企业评价规范,加强养老托育从业人员岗前培训、岗位技能提升培训、转岗转业培训和创业培训。加大脱贫地区相关技能培训力度,推动大城市养老托育服务需求与脱贫地区劳动力供给有效对接。深化校企合作,培育产教融合型企业,支持实训基地建设,推行养老托育"职业培训包"和"工学一体化"培训模式。

——《国务院办公厅关于促进养老托育服务健康发展的意见》(国办发〔2020〕52号)

五、建立健全工作机制、监管体系,保障养老服务行业良性发展秩序

各地要将发展养老服务业纳入国民经济和社会发展规划,纳入政府重要议事日程,进一步强化工作协调机制,定期分析养老服务业发展情况和存在问题,研究推进养老服务业加快发展的各项政策措施,认真落实养老服务业发展的相关任务要求。

——《国务院发布关于加快发展养老服务业的若干意见》(国发〔2013〕35号)

加强行业自律。民政、质检等部门要进一步完善养老服务标准体系,

抓紧制定管理和服务标准。落实养老机构综合评估和报告制度，开展第三方评估并向社会公布，评估结果应与政府购买服务、发放建设运营补贴等挂钩。

——《国务院办公厅关于全面放开养老服务市场提升养老服务质量的若干意见》（国办发〔2016〕91号）

建立养老服务综合监管制度。制定"履职照单免责、失职照单问责"的责任清单，制定加强养老服务综合监管的相关政策文件，建立各司其职、各尽其责的跨部门协同监管机制，完善事中事后监管制度。健全"双随机、一公开"工作机制，加大对违规行为的查处惩戒力度，坚持最严谨的标准、最严格的监管、最严厉的处罚、最严肃的问责。市场监管部门要将企业登记基本信息共享至省级共享平台或省级部门间数据接口；民政部门要及时下载养老机构相关信息，加强指导和事中事后监管。加快推进养老服务领域社会信用体系建设，2019年6月底前，建立健全失信联合惩戒机制，对存在严重失信行为的养老服务机构（含养老机构、居家社区养老服务机构，以及经营范围和组织章程中包含养老服务内容的其他企业、事业单位和社会组织）及人员实施联合惩戒。养老服务机构行政许可、行政处罚、抽查检查结果等信息按经营性质分别通过全国信用信息共享平台、国家企业信用信息公示系统记于其名下并依法公示。

——《国务院办公厅关于推进养老服务发展的意见》（国办发〔2019〕5号）

完善养老托育服务综合监管体系。以养老托育机构质量安全、从业人员、运营秩序等方面为重点加强监管。落实政府在制度建设、行业规划、行政执法等方面的监管责任，实行监管清单式管理，明确监管事项、监管依据、监管措施、监管流程，监管结果及时向社会公布。养老托育机构对依法登记、备案承诺、履约服务、质量安全、应急管理、消防安全等承担主体责任。健全行业自律规约，加强正面宣传引导和社会舆论监督，加快构建以信用为基础的新型监管机制。

——《国务院办公厅关于促进养老托育服务健康发展的意见》（国办发〔2020〕52号）

六、优化政务服务，完善市场机制，全面增强养老服务市场活力

做好养老服务领域信息公开和政策指引。建立养老服务监测分析与发展评价机制，完善养老服务统计分类标准，加强统计监测工作。2019年6月底前，各省级人民政府公布本行政区域现行养老服务扶持政策措施清单、养老服务供需信息或投资指南。制定养老服务机构服务质量信息公开规范，公开养老服务项目清单、服务指南、服务标准等信息。集中清理废除在养老服务机构公建民营、养老设施招投标、政府购买养老服务中涉及地方保护、排斥营利性养老服务机构参与竞争等妨碍统一市场和公平竞争的各种规定和做法。

——《国务院办公厅关于推进养老服务发展的意见》（国办发〔2019〕5号）

优化政务服务环境。完善机构设立办事指南，优化办事流程，实施并联服务，明确办理时限，推进"马上办、网上办、就近办"。制定养老托育政务服务事项清单，推进同一事项无差别受理、同标准办理，力争实现"最多跑一次"。推进养老托育政务服务的"好差评"工作，完善评价规则，加强评价结果运用，改进提升政务服务质量。

——《国务院办公厅关于促进养老托育服务健康发展的意见》（国办发〔2020〕52号）

七、居家社区机构相协调,推进养老服务全覆盖

推动居家、社区和机构养老融合发展。支持养老机构运营社区养老服务设施,上门为居家老年人提供服务。将失能老年人家庭成员照护培训纳入政府购买养老服务目录,组织养老机构、社会组织、社工机构、红十字会等开展养老照护、应急救护知识和技能培训。大力发展政府扶得起、村里办得起、农民用得上、服务可持续的农村幸福院等互助养老设施。探索"物业服务+养老服务"模式,支持物业服务企业开展老年供餐、定期巡访等形式多样的养老服务。打造"三社联动"机制,以社区为平台、养老服务类社会组织为载体、社会工作者为支撑,大力支持志愿养老服务,积极探索互助养老服务。大力培养养老志愿者队伍,加快建立志愿服务记录制度,积极探索"学生社区志愿服务计学分""时间银行"等做法,保护志愿者合法权益。

——《国务院办公厅关于推进养老服务发展的意见》(国办发〔2019〕5号)

增强家庭照护能力。支持优质机构、行业协会开发公益课程,利用互联网平台等免费开放,依托居委会、村委会等基层力量提供养老育幼家庭指导服务,帮助家庭成员提高照护能力。建立常态化指导监督机制,加强政策宣传引导,强化家庭赡养老年人和监护婴幼儿的主体责任,落实监护人对孤寡老人、遗弃儿童的监护责任。

优化居家社区服务。发展集中管理运营的社区养老和托育服务网络,支持具备综合功能的社区服务设施建设,引导专业化机构进社区、进家庭。建立家庭托育点登记备案制度,研究出台家庭托育点管理办法,明确登记管理、人员资质、服务规模、监督管理等制度规范,鼓励开展互助式服务。

——《国务院办公厅关于促进养老托育服务健康发展的意见》(国办发〔2020〕52号)

八、医养康养相结合，促进养老服务高质量发展

提升医养结合服务能力。促进现有医疗卫生机构和养老机构合作，发挥互补优势，简化医养结合机构设立流程，实行"一个窗口"办理。对养老机构内设诊所、卫生所（室）、医务室、护理站，取消行政审批，实行备案管理。开展区域卫生规划时要为养老机构举办或内设医疗机构留出空间。医疗保障部门要根据养老机构举办和内设医疗机构特点，将符合条件的按规定纳入医保协议管理范围，完善协议管理规定，依法严格监管。具备法人资格的医疗机构可通过变更登记事项或经营范围开展养老服务。促进农村、社区的医养结合，推进基层医疗卫生机构和医务人员与老年人家庭建立签约服务关系，建立村医参与健康养老服务激励机制。有条件的地区可支持家庭医生出诊为老年人服务。鼓励医护人员到医养结合机构执业，并在职称评定等方面享受同等待遇。

——《国务院办公厅关于推进养老服务发展的意见》(国办发〔2019〕5号)

到2022年，老年健康相关制度、标准、规范基本建立，老年健康服务机构数量显著增加，服务内容更加丰富，服务质量明显提升，服务队伍更加壮大，服务资源配置更趋合理，综合连续、覆盖城乡的老年健康服务体系基本建立，老年人的健康服务需求得到基本满足。

——《关于建立完善老年健康服务体系的指导意见》

深化医养有机结合。发展养老服务联合体，支持根据老年人健康状况在居家、社区、机构间接续养老。为居家老年人提供上门医疗卫生服务，构建失能老年人长期照护服务体系。有效利用社区卫生服务机构、乡镇卫

生院等基层医疗资源,开展社区医养结合能力提升行动。

——《国务院办公厅关于促进养老托育服务健康发展的意见》(国办发〔2020〕52号)

九、实施"互联网+",推进"智慧"养老

充分发挥互联网的高效、便捷优势,提高资源利用效率,降低服务消费成本。大力发展以互联网为载体、线上线下互动的新兴消费,加快发展基于互联网的医疗、健康、养老、教育、旅游、社会保障等新兴服务,创新政府服务模式,提升政府科学决策能力和管理水平。

——《国务院关于积极推进"互联网+"行动的指导意见》(国发〔2015〕40号)

发展智慧养老服务新业态,开发和运用智能硬件,推动移动互联网、云计算、物联网、大数据等与养老服务业结合,创新居家养老服务模式,重点推进老年人健康管理、紧急救援、精神慰藉、服务预约、物品代购等服务,开发更加多元、精准的私人订制服务。支持适合老年人的智能化产品、健康监测可穿戴设备、健康养老移动应用软件(App)等设计开发。打通养老服务信息共享渠道,推进社区综合服务信息平台与户籍、医疗、社会保障等信息资源对接,促进养老服务公共信息资源向各类养老服务机构开放。

——《国务院办公厅关于全面放开养老服务市场提升养老服务质量的若干意见》(国办发〔2016〕91号)

实施"互联网+养老"行动。持续推动智慧健康养老产业发展,拓展信息技术在养老领域的应用,制定智慧健康养老产品及服务推广目录,开展智慧健康养老应用试点示范。促进人工智能、物联网、云计算、大数据等新一代信息技术和智能硬件等产品在养老服务领域深度应用。在全国建

设一批"智慧养老院",推广物联网和远程智能安防监控技术,实现24小时安全自动值守,降低老年人意外风险,改善服务体验。运用互联网和生物识别技术,探索建立老年人补贴远程申报审核机制。加快建设国家养老服务管理信息系统,推进与户籍、医疗、社会保险、社会救助等信息资源对接。加强老年人身份、生物识别等信息安全保护。

——《国务院办公厅关于推进养老服务发展的意见》(国办发〔2019〕5号)

强化应对人口老龄化的科技创新能力。深入实施创新驱动发展战略,把技术创新作为积极应对人口老龄化的第一动力和战略支撑,全面提升国民经济产业体系智能化水平。提高老年服务科技化、信息化水平,加大老年健康科技支撑力度,加强老年辅助技术研发和应用。

——《国家积极应对人口老龄化中长期规划》

在政策引导和全社会的共同努力下,有效解决老年人在运用智能技术方面遇到的困难,让广大老年人更好地适应并融入智慧社会。到2020年底前,集中力量推动各项传统服务兜底保障到位,抓紧出台实施一批解决老年人运用智能技术最迫切问题的有效措施,切实满足老年人基本生活需要。到2021年底前,围绕老年人出行、就医、消费、文娱、办事等高频事项和服务场景,推动老年人享受智能化服务更加普遍,传统服务方式更加完善。到2022年底前,老年人享受智能化服务水平显著提升、便捷性不断提高,线上线下服务更加高效协同,解决老年人面临的"数字鸿沟"问题的长效机制基本建立。

——《国务院办公厅印发关于切实解决老年人运用智能技术困难实施方案的通知》(国办发〔2020〕45号)

培育智慧养老托育新业态。创新发展健康咨询、紧急救护、慢性病管理、生活照护、物品代购等智慧健康养老服务。发展"互联网+养老服务",充分考虑老年群体使用感受,研究开发适老化智能产品,简化应用程序使用步骤及操作界面,引导帮助老年人融入信息化社会,创新"子女网上下单、老人体验服务"等消费模式,鼓励大型互联网企业全面对接养老服务需求,支持优质养老机构平台化发展,培育区域性、行业性综合信息平台。

——《国务院办公厅关于促进养老托育服务健康发展的意见》(国办发〔2020〕52号)

十、切实加强农村养老服务,补齐养老服务短板

依托农村社区综合服务设施,拓展养老服务功能。鼓励各地建设农村幸福院等自助式、互助式养老服务设施,加强与农村危房改造等涉农基本住房保障政策的衔接。农村集体经济、农村土地流转等收益分配应充分考虑解决本村老年人的养老问题。加强农村敬老院建设和改造,推动服务设施达标,满足农村特困人员集中供养需求,为农村低收入老年人和失能、半失能老年人提供便捷可及的养老服务。鼓励专业社会工作者、社区工作者、志愿服务者加强对农村留守、困难、鳏寡、独居老年人的关爱保护和心理疏导、咨询等服务。充分依托农村基层党组织、自治组织和社会组织等,开展基层联络人登记,建立应急处置和评估帮扶机制,关注老年人的心理、安全等问题。

——《国务院办公厅关于全面放开养老服务市场提升养老服务质量的若干意见》(国办发〔2016〕91号)

十一、推动养老事业、产业协同发展,全力建设优质养老服务供给体系

建立健全长期照护服务体系。研究建立长期照护服务项目、标准、质

量评价等行业规范，完善居家、社区、机构相衔接的专业化长期照护服务体系。……加快实施长期护理保险制度试点，推动形成符合国情的长期护理保险制度框架。鼓励发展商业性长期护理保险产品，为参保人提供个性化长期照护服务。

——《国务院办公厅关于推进养老服务发展的意见》（国办发〔2019〕5号）

大力发展老年教育。优先发展社区老年教育，建立健全"县（市、区）—乡镇（街道）—村（居委会）"三级社区老年教育办学网络，方便老年人就近学习。建立全国老年教育公共服务平台，鼓励各类教育机构通过多种形式举办或参与老年教育，推进老年教育资源、课程、师资共享，探索养教结合新模式，为社区、老年教育机构及养老服务机构等提供支持。积极探索部门、行业企业、高校所举办老年大学服务社会的途径和方法。

——《国务院办公厅关于推进养老服务发展的意见》（国办发〔2019〕5号）

强化产品研发和创新设计。健全以企业为主体的创新体系，鼓励采用新技术、新工艺、新材料、新装备，增强以质量和信誉为核心的品牌意识，建立健全企业知识产权管理体系，推进高价值专利培育和商标品牌建设，培育养老托育服务、乳粉奶业、动画设计与制作等行业民族品牌。促进"一老一小"用品制造业设计能力提升，完善创新设计生态系统。

——《国务院办公厅关于促进养老托育服务健康发展的意见》（国办发〔2020〕52号）

十二、多措并举，打造宜居友好养老服务发展环境

发展环境更加优化。养老服务业政策法规体系建立健全，行业标准科

学规范，监管机制更加完善，服务质量明显提高。全社会积极应对人口老龄化意识显著增强，支持和参与养老服务的氛围更加浓厚，养老志愿服务广泛开展，敬老、养老、助老的优良传统得到进一步弘扬。

——《国务院发布关于加快发展养老服务业的若干意见》（国发〔2013〕35号）

完善老年人关爱服务体系。建立健全定期巡访独居、空巢、留守老年人工作机制，积极防范和及时发现意外风险。推广"养老服务顾问"模式，发挥供需对接、服务引导等作用。

——《国务院办公厅关于推进养老服务发展的意见》（国办发〔2019〕5号）

实施特困人员供养服务设施（敬老院）改造提升工程。将补齐农村养老基础设施短板、提升特困人员供养服务设施（敬老院）建设标准纳入脱贫攻坚工作和乡村振兴战略。

——《国务院办公厅关于推进养老服务发展的意见》（国办发〔2019〕5号）

构建养老、孝老、敬老的社会环境。强化应对人口老龄化的法治环境，保障老年人合法权益。构建家庭支持体系，建设老年友好型社会，形成老年人、家庭、社会、政府共同参与的良好氛围。

——《国家积极应对人口老龄化中长期规划》

加强宜居环境建设。普及公共基础设施无障碍建设，鼓励有条件的地区结合城镇老旧小区改造加装电梯。……引导房地产项目开发充分考虑养老育幼需求。指导各地加快推进老年人居家适老化改造。以满足老年人生活需求和营造婴幼儿成长环境为导向，推动形成一批具有示范意义的活力发展城市和社区。

——《国务院办公厅关于促进养老托育服务健康发展的意见》（国办发〔2020〕52号）

5.2
2000年以来中国养老服务领域大事记

李超[①] 整理

1. 2021年5月24日,《"十四五"民政事业发展规划》提出"全要素构建养老服务体系,在实施积极应对人口老龄化国家战略中彰显新作为",部署了加强养老服务保障、优化居家社区机构养老服务网络、壮大养老服务产业、加强养老服务人才队伍建设、提升综合监管水平等任务。

2. 2021年3月,《国民经济和社会发展第十四个五年规划和2035年远景目标纲要》提出要"大力发展普惠型养老服务,构建居家社区机构相协调、医养康养相结合的养老服务体系"。

3. 2021年3月12日,养老服务部际联席专题会议在京召开。会议深入学习贯彻了习近平总书记关于积极应对人口老龄化的重要论述精神,全面贯彻党的十九届五中全会关于"健全基本养老服务体系"的重大决策部署,研究推进基本养老服务体系建设的思路任务和工作举措。

4. 2020年9月17日,民政部对外发布新修订的《养老机构管理办法》,自2020年11月1日起施行,这是对2013年《养老机构管理办法》的全面修订,体现了党中央、国务院对于养老服务工作高度重视,也顺应

---

① 河北大学副教授。

了养老服务发展的新趋势,对推动养老机构高质量发展具有非常重要的指导意义。

5. 2020年9月10日,国家医疗保障局会同财政部印发《关于扩大长期护理保险制度试点的指导意见》(医保发〔2020〕37号),新增14个长护保险试点城市。

6. 2020年3月,习近平总书记在武汉市考察疫情防控工作时强调要千方百计保障好群众基本生活。对因疫情防控在家隔离的孤寡老人、困难儿童、特困人员、残疾人等特殊群体,要落实包保联系人,加强走访探视,及时提供必要帮助。

7. 2020年2月20日,民政部、国务院扶贫办联合印发关于《社会救助兜底脱贫行动方案》的通知(民发〔2020〕18号),要求进一步规范特困人员认定,及时将符合条件的未脱贫建档立卡贫困人口纳入救助供养范围,优先为有集中供养意愿的生活不能自理特困人员提供集中供养服务,加强对分散供养特困人员的照料服务。增强特困供养机构兜底功能,加快推进护理型床位的设置和改造,提高收住生活不能自理特困人员的服务能力。完善农村留守老人关爱服务体系,加快形成信息完整、动态更新的全国留守老人基础数据库。

8. 2020年12月14日,国务院办公厅印发《关于促进养老托育服务健康发展的意见》(国办发〔2020〕52号),这是积极应对人口老龄化的关键举措,集中体现以人民为中心思想,也是服务业提质扩容增效的重要方面,对于减轻家庭养老育幼负担、促进人口长期均衡发展都具有重要意义。

9. 2020年11月26日,国务院办公厅印发《关于建立健全养老服务综合监管制度促进养老服务高质量发展的意见》(国办发〔2020〕48号),这是我国养老服务领域第一份以监管为主题促进高质量发展的文件。

10. 2020年11月,全国农村养老服务推进会召开,首次对全国农村养老服务发展进行全面系统部署和整体推进。

11. 2019年的政府工作报告提出"扩大长期护理保险制度试点",2020年《关于扩大长期护理保险制度试点的指导意见》印发,新增14个试点城市。

12. 2019年9月5日,民政部、财政部、人力资源社会保障部联合印发《关于进一步加强特困人员供养服务设施(敬老院)管理有关工作的通知》(民发〔2019〕83号)。

13. 2019年9月26日,由中国国家发展和改革委员会(国家发展改革委)和日本经济产业省联合主办的第二届中日养老服务业合作论坛在日本东京举行。

14. 2019年9月20日,经国务院同意,民政部印发《关于进一步扩大养老服务供给促进养老服务消费的实施意见》(民发〔2019〕88号),旨在推动解决当前存在的养老服务有效供给不足、养老服务消费政策不健全、营商和消费环境有待改善等突出问题,更好地满足广大老年人多样化多层次养老服务需求。

15. 2019年8月21日,民政部、国家发展改革委、财政部联合印发《关于实施特困人员供养服务设施(敬老院)改造提升工程的意见》(民发〔2019〕80号),分别从设施设备的"硬件"提升和管理服务的"软件"改善作出部署,两端发力,力争利用3年时间取得显著成效。

16. 2019年7月27日,国务院办公厅印发《关于同意建立养老服务部际联席会议制度的函》(国办函〔2019〕74号),同意建立由民政部牵头的养老服务部际联席会议制度,进一步加强了对养老服务工作的领导,强化统筹协调,形成工作合力。

17. 2019年7月,国务院印发《国务院关于实施健康中国行动的意见》,成立健康中国行动推进委员会,出台《健康中国行动组织实施和考核方案》。

18. 2019年6月14日,全国政协召开双周协商座谈会围绕"构建居家社区机构'三位一体'的养老服务体系"建言咨政。

19. 2019年5月23日,民政部、国家卫生健康委、应急管理部、市场监管总局等四部门联合召开视频会议,部署2019年的全国养老院服务质量建设专项行动工作。

20. 2019年5月,全国大城市养老服务工作会议暨全国养老服务推进会召开,研究明确新时代养老服务工作的职责定位、思路任务和重大举措。

21. 2019年3月5日,"社区养老服务业"首次写入当年的政府工作报告。

22. 2019年3月,国务院办公厅印发《关于推进养老服务发展的意见》,提出了六个方面共28条具体政策措施,有效推动了我国养老服务发展。

23. 2019年2月20日,国家发展改革委、民政部、国家卫生健康委联合印发《关于印发〈城企联动普惠养老专项行动实施方案(试行)〉的通知》(发改社会〔2019〕333号)。

24. 2019年1月,民政部印发通知,取消养老机构设立许可,落实新修改的老年人权益保障法要求。养老机构发展内生动力进一步激活,政策环境显著改善。

25. 2019年1月,根据中共中央办公厅、国务院办公厅印发的《民政部职能配置、内设机构和人员编制规定》,民政部设立养老服务司、儿童福利司、慈善事业促进和社会工作司。

26. 2019年12月31日,民政部出台《关于加快建立全国统一养老机构等级评定体系的指导意见》(民发〔2019〕137号),重点就实施《养老机构等级划分与评定》国家标准(GB/T 37276—2018),推动建立全国统一养老机构等级评定体系作出部署。

27. 2019年12月31日,工信部、民政部、国家卫生健康委、市场监管总局、老龄委办公室五部门印发《关于促进老年用品产业发展的指导意见》(工信部联消费〔2019〕292号),明确了老年用品产业重点领域,引导老年用品产业高质量发展和建立横向纵向联系,促进产需对接。

28. 2019年12月,《养老机构服务安全基本规范》(GB 38600—2019)正式批准并公布。这是我国养老服务领域第一项强制性国家标准,明确了养老机构服务安全"红线"。

29. 2019年11月27日,自然资源部印发《关于加强规划和用地保障支持养老服务发展的指导意见》(自然资规〔2019〕3号),指导各地合理规划养老服务设施空间布局,切实保障养老服务设施用地有效供给,促进养老服务发展,满足人民群众养老需求。

30. 2019年11月21日,中共中央、国务院印发《国家积极应对人口老龄化中长期规划》,为中国特色养老服务制度体系划定了"路线图"。

31. 2019年11月18日,民政部办公厅印发《关于进一步做好贫困地区农村留守老年人关爱服务工作的通知》(民办发〔2019〕31号),旨在强化家庭和子女在赡养、扶养留守老年人中的主体责任和法定义务,落实县乡两级政府在维护留守老年人权益中的基本职责,建立健全家庭尽责、基层主导、社会协同、全民行动、政府支持保障的农村留守老年人关爱服务工作机制。

32. 2019年10月28日,国家卫生健康委、民政部、人力资源社会保障部等八部委联合印发《关于建立完善老年健康服务体系的指导意见》(国卫老龄发〔2019〕61号)。

33. 2019年10月23日,国家卫生健康委、民政部、国家发展改革委等十二个部委联合印发《关于深入推进医养结合发展的若干意见》(国卫老龄发〔2019〕60号)。

34. 2018年12月31日,中共中央办公厅、国务院办公厅印发经中央机构编制委员会办公室审核后的《民政部职能配置、内设机构和人员编制规定》，批准民政部单独设立内设机构，中华人民共和国民政部养老服务司。

35. 2018年10月23日，由国家发展改革委和日本经济产业省联合主办的首届中日养老服务业合作论坛在北京举办。

36. 2018年9月，国务院确定落实新修订的个人所得税法的配套措施，明确子女教育、继续教育、大病医疗、普通住房贷款利息、住房租金、赡养老人支出6项专项附加扣除的具体范围和标准，确保减轻群众税收负担，增加居民实际收入，增强消费能力。

37. 2018年7月26日，民政部印发贯彻落实《中共中央 国务院关于打赢脱贫攻坚战三年行动的指导意见》行动方案的通知，将加大特困供养和临时救助力度、支持贫困地区发展养老服务等列为重点任务，进一步部署支持贫困地区发展养老服务，做好贫困地区农村老年人关爱保护工作。

38. 2018年3月，民政部等4部门联合印发《残疾人服务机构管理办法》，填补了残疾人服务机构行业管理的空白。

39. 2018年1月，民政部等16部门联合印发《关于进一步推动殡葬改革促进殡葬事业发展的指导意见》，推动殡葬改革和殡葬事业发展，更好地服务于保障和改善民生、促进精神文明和生态文明建设。

40. 2018年10月17日，民政部、国家发展改革委、国务院扶贫办印发《深度贫困地区特困人员供养服务设施（敬老院）建设改造行动计划》，提出逐步开展面向低保、低收入家庭及建档立卡贫困家庭老年人、残疾人的无偿或低偿集中托养服务。

41. 2017年7月，人力资源社会保障部办公厅印发《关于开展长期护理保险制度试点的指导意见》，公布了15个长期护理保险制度的试点城市名单。

42. 2017年6月6日，国务院办公厅印发《关于制定和实施老年人照顾服务项目的意见》（国办发〔2017〕52号），明确了20项老年人照顾服务重点任务，涵盖了老年人医、食、住、用、行、娱等各方面。

43. 2017年5月20日，民政部、公安部等九部门联合发布《关于加强农村留守老年人关爱服务工作的意见》（民发〔2017〕193号），重点针对留守老年人子女长期不在身边，不少还承担着繁重的农务劳动和抚育孙辈的义务，生活缺乏照料、安全缺乏保护、精神缺乏慰藉、失能缺乏护理等问题提出了一些针对性的安排和措施。

44. 2017年4月6日至7日，中国红十字会养老服务试点工作启动培训会在南昌召开，标志着中国红十字会全面参与养老服务工作。

45. 2017年3月21日，民政部印发《关于应用全国养老机构业务管理系统加强养老机构发展监测的通知》（民函〔2017〕56号）。建立全国养老机构业务管理系统是加强养老机构服务质量建设的重要工作，是解决养老机构发展底数不清、数出多门、监管手段缺乏等问题的重要平台。对养老机构发展进行监测是促进养老服务业科学决策、科学发展，加强有效监管的基础性工作。

46. 2017年3月13日，国家中医药管理局等部门联合印发《关于促进中医药健康养老服务发展的实施意见》，提出到2020年，中医药健康养老服务政策体系、标准规范、管理制度基本建立。中医药健康养老消费潜力不断得到释放，老年人中医药健康养老服务需求基本得到满足。

47. 2017年3月，民政部会同有关部门启动了为期4年的养老院服务质量建设专项行动。截至2020年年底，全国共整治养老机构服务隐患42.2万处，重大风险隐患基本清除。

48. 2017年2月6日，工信部、民政部、国家卫生计生委联合印发《智慧健康养老产业发展行动计划（2017—2020年）》（工信部联电子〔2017〕25号）。这是继2015年《国务院关于积极推进"互联网+"行动的指导意见》后，培育新产业、新业态、新模式，促进信息消费增长，推动信息技术产业转型升级的特定行动计划。

49. 2017年2月28日，国务院印发《"十三五"国家老龄事业发展和养老体系建设规划》（国发〔2017〕13号），为提升我国新时期老龄事业发展水平、完善养老体系进行了顶层制度设计。

50. 2017年2月10日，财政部、民政部联合印发《中央财政支持居家和社区养老服务改革试点补助资金管理办法》（财社〔2017〕2号），旨在规范和加强中央财政支持居家和社区养老服务改革试点的专项彩票公益金管理，提高资金使用效益。

51. 2017年1月23日，民政部等13部门联合印发《关于加快推进养老服务业放管服改革的通知》（民发〔2017〕25号），旨在进一步调动社会力量参与养老服务业发展的积极性，降低创业准入的制度性成本，营造公平规范的发展环境。

52. 2017年1月，国务院办公厅印发《关于同意建立加快发展康复辅助器具产业部际联席会议制度的函》，同意由民政部牵头建立康复辅助器具产业部际联席会议，研究协调康复辅助器具产业发展重大问题。

53. 2017年12月29日，《养老机构服务质量基本规范》规定了养老机构服务的基本服务项目、服务质量基本要求、管理要求等内容，是养老机构服务质量管理首个国家标准，标志着全国养老机构服务质量迈入标准化管理的新时代。

54. 2017年11月2日，为积极应对人口老龄化，维护老年人的健康功能，提高老年人的健康水平，国家卫生计生委办公厅印发《关于印发"十三五"健康老龄化规划重点任务分工的通知》（国卫办家庭函〔2017〕1082号）。

55. 2017年10月，民政部等4部门联合印发《关于加快精神障碍社区康复服务发展的意见》，明确提出到2025年，基本建立家庭为基础、机构为支撑、"社会化、综合性、开放式"的精神障碍社区康复服务体系。

56. 2017年10月，党的十九大报告中提出，构建养老、孝老、敬老政策体系和社会环境，推进医养结合，加快老龄事业和产业发展，为新时代中国特色养老事业指明了方向。

57. 2016年8月19日，民政部办公厅、国家发展改革委办公厅联合印发《关于开展以公建民营为重点的第二批公办养老机构改革试点工作的通知》（民办发〔2016〕15号）。

58. 2016年6月27日，根据党的十八届五中全会精神和"十三五"规划纲要任务部署，人力资源社会保障部办公厅印发《关于开展长期护理保险制度试点的指导意见》。探索建立长期护理保险制度，成为继五项社会保险之外的"第六险"。

59. 2016年4月8日，民政部、国家卫生计生委联合印发《关于做好医养结合服务机构许可工作的通知》（民发〔2016〕52号）。

60. 2016年4月7日，国家卫生计生委办公厅、民政部办公厅联合印发《关于印发医养结合重点任务分工方案的通知》（国卫办家庭函〔2016〕353号）。

61. 2016年3月3日，中国人民银行、民政部、银监会、证监会、保监会等部门联合印发《关于金融支持养老服务业加快发展的指导意见》（银发〔2016〕65号）。

62. 2016年2月，国务院印发《关于进一步健全特困人员救助供养制度的意见》，规定了特困人员救助供养的总体要求、基本原则、制度内容和保障措施，全面健全完善了城乡统筹的特困人员救助供养制度。

63. 2016年12月7日，国务院办公厅印发《关于全面放开养老服务市场提升养老服务质量的若干意见》（国办发〔2016〕91号）。

64. 2016年11月20日，国务院办公厅印发《关于进一步扩大旅游文化体育健康养老教育培训等领域消费的意见》（国办发〔2016〕85号）。

65. 2016年10月9日,民政部、国家发展改革委等11部门联合印发《关于支持整合改造闲置社会资源发展养老服务的通知》(民发〔2016〕179号)。

66. 2016年10月,国务院印发《关于加快发展康复辅助器具产业的若干意见》,提出要大力发展康复辅助器具产业,推动康复辅助器具产业自主创新能力增强,创新成果向现实生产力高效转化,创新驱动形成产业发展优势。

67. 2016年,党中央、国务院召开全国卫生与健康大会,发布《"健康中国2030"规划纲要》,提出了健康中国建设的目标和任务。

68. 2015年9月,国务院印发《关于全面建立困难残疾人生活补贴和重度残疾人护理补贴制度的意见》。这是新中国成立以来颁布实施的第一个国家层面的残疾人福利补贴制度。

69. 2015年4月22日,国家发展改革委办公厅、民政部办公厅、老龄委办公室综合部联合印发《关于进一步做好养老服务业发展有关工作的通知》(发改办社会〔2015〕992号)。

70. 2015年3月20日,民政部印发《关于加快推进养老服务工程建设工作的通知》(民函〔2015〕93号)。

71. 2015年11月19日,国务院办公厅印发《关于加快发展生活性服务业促进消费结构升级的指导意见》(国办发〔2015〕85号)。

72. 2015年11月18日,国务院办公厅转发国家卫生计生委等部门《关于推进医疗卫生与养老服务相结合指导意见的通知》(国办发〔2015〕84号)。

73. 2015年2月27日,民政部、国家发展改革委、教育部、财政部、人力资源社会保障部、国土资源部、住房城乡建设部、国家卫生计生委、银监会、保监会联合发布《关于鼓励民间资本参与养老服务业发展的实施意见》(民发〔2015〕33号)。

74. 2014年9月3日,财政部、国家发展改革委、民政部及老龄委办公室四部门发布《购买养老服务工作的通知》(财社〔2014〕105号)。

75. 2014年9月12日,国家发展改革委、民政部、财政部、国土资源部、住房城乡建设部、国家卫生计生委、人民银行、税务总局、体育总局、银监会联合印发《关于加快推进健康与养老服务工程建设的通知》(发改投资〔2014〕2091号)。

76. 2014年1月,国家发展改革委等12个部门联合发布《关于加快实施信息惠民工程有关工作的通知》,信息惠民工程实施的重点是解决社保、医疗、教育、养老、就业、公共安全、食品药品安全、社区服务、家庭服务等九大领域突出问题。

77. 2014年11月14日,商务部印发《关于推动养老服务产业发展的指导意见》(商服贸函〔2014〕899号)。

78. 2014年10月30日,民政部、国家发展改革委、工信部、财政部、公安部、国家卫生计生委六部委联合印发《关于开展养老服务和社区服务信息惠民工程试点工作的通知》(民函〔2014〕325号)。

79. 2013年7月1日,新修订的《老年人权益保障法》正式实施。其中,对老年人社会保障体系、社会养老服务体系以及老年优待作出原则规定。

80. 2013年12月,中共中央办公厅、国务院办公厅印发《关于党员干部带头推动殡葬改革的意见》,要求充分发挥党员干部带头作用,积极推动殡葬改革,大力营造有利于殡葬改革的良好环境。

81. 2013年9月6日,国务院印发《关于加快发展养老服务业的若干意见》(国发〔2013〕35号),对加快发展养老服务业作了系统安排,将养老服务业外延拓展到广义的生活照料、产品用品、健康、体育健身、文化娱乐、金融、旅游等多领域的老年服务,在我国养老服务发展史上具有里程碑意义。

82. 2012年7月24日，民政部印发《关于鼓励和引导民间资本进入养老服务领域的实施意见》（民发〔2012〕129号）。

83. 2012年12月，民政部印发《关于全面推行惠民殡葬政策的指导意见》，以保障群众基本殡葬需求，鼓励群众主动参与殡葬改革，有效提高遗体火化和骨灰生态安葬水平。

84. 2012年11月8日至14日，党的十八大召开，"提高人民健康水平"被写入党的十八大报告，以习近平同志为核心的党中央以国家长远发展为基点，开启建设健康中国的新征程，也为医改深入攻坚吹响了号角，指明了方向。

85. 2011年9月17日，国务院印发《关于中国老龄事业发展"十二五"规划的通知》（国发〔2011〕28号）。

86. 2011年12月16日，国务院办公厅印发《关于印发社会养老服务体系建设规划（2011—2015年）的通知》（国办发〔2011〕60号）。注：根据《国务院关于宣布失效一批国务院文件的决定》（国发〔2016〕38号），此文件已宣布失效。

87. 2008年1月29日，老龄委办公室、国家发展改革委、教育部、民政部、劳动保障部、财政部、建设部、卫生部、国家人口计生委、国家税务总局印发《关于全面推进居家养老服务工作的意见》。

88. 2006年2月9日，国务院办公厅转发老龄委办公室和国家发展改革委等部门《关于加快发展养老服务业意见的通知》（国办发〔2006〕6号）。

5.3 养老服务主要数据

李超[①] 整理

表1　　历年养老服务发展状况（2000—2020年）

年份	养老机构数（万个）	社区养老机构和设施数（万个）	养老机构床位数（万张）	社区养老床位数（万张）	养老总床位数（万张）	养老机构和设施收养照料人数（万人）	养老床位数增长率（%）	每千老年人口养老床位数（张/千人）	养老护理人员（人）
2000	4.0	—	104.5	—	104.5	78.6	—	—	—
2001	3.9	—	114.6	—	114.6	82.0	10.0	—	—
2002	3.8	—	114.9	—	114.9	85.0	0.0	—	—
2003	3.7	—	120.6	—	120.6	89.1	5.0	—	—
2004	3.9	—	139.5	—	139.5	103.9	15.7	—	—
2005	4.3	—	158.1	—	158.1	116.2	13.3	11.0	—
2006	4.3	—	179.6	—	179.6	138.5	13.6	12.1	—
2007	4.5	—	242.9	—	242.9	191.3	35.2	15.8	—
2008	4.1	—	267.4	—	267.4	211.5	10.1	16.7	—
2009	4.4	—	293.5	—	293.5	227.5	9.8	17.6	24.0
2010	4.5	—	316.1	—	316.1	247.0	7.7	17.8	171.0

① 河北大学副教授。

续表

年份	养老机构数（万个）	社区养老机构和设施数（万个）	养老机构床位数（万张）	社区养老床位数（万张）	养老总床位数（万张）	养老机构和设施收养照料人数（万人）	养老床位数增长率（%）	每千老年人口养老床位数（张/千人）	养老护理人员（人）
2011	4.6	—	369.2	—	369.2	279.7	16.8	20.0	1538.0
2012	4.8	—	416.5	—	416.5	293.6	12.8	21.5	4220.0
2013	4.6	1.1	429.5	64.2	493.7	307.4	18.5	24.4	4072.0
2014	3.7	5.9	390.2	187.5	577.7	320.4	17.0	27.2	5934.0
2015	3.1	8.8	358.2	298.1	672.7	309.2	16.4	30.3	8127.0
2016	3.2	11.1	378.8	322.8	730.2	327.7	8.5	31.2	8528.0
2017	3.2	12.6	383.5	338.5	744.8	317.1	2.0	30.9	11488.0
2018	3.1	14.0	379.4	347.8	727.1	302.9	3.3	29.1	49.0
2019	3.7	16.9	438.8	336.2	775.0	373.8	6.6	30.5	—
2020	3.8	29.1	488.2	332.8	821.0			31.2	

表2　历年养老事业主要项目支出情况（2005—2019年）

年份	60岁及以上老年人口（万人）	60岁及以上老年人口比重（%）	享受高龄补贴的老年人数（万人）	享受高龄补贴老年人增长率（%）	中央彩票公益养老使用情况（亿元）	中央预算内养老项目数（个）	中央预算内养老资金额（亿元）
2005	14408	11.0	—	—	—	—	—
2006	14901	11.3	233.5	—	1.6	—	—
2007	15340	11.6	247.1	5.8	1.5	—	—
2008	15989	12.0	349.3	41.4	4.8	—	—
2009	16714	12.5	430.9	23.4	7.8	63.0	2
2010	17765	13.3	576.4	33.8	5.9	126.0	3
2011	18499	13.7	883.1	53.2	7.9	338.0	9
2012	19390	14.3	1257.7	42.4	10.7	669.0	31
2013	20243	14.9	1557.9	23.9	22.2	357.0	15
2014	21242	15.5	1719.6	10.4	10.2	330.0	25
2015	22200	16.1	2155.1	25.3	24.9	302.0	28
2016	23086	16.7	2355.4	9.3	13.1	206.4	28
2017	24090	17.3	2682.2	13.9	13.2	—	30
2018	24949	17.9	2972.3	10.8	14.8	—	31
2019	25388	18.1	2963.0	-0.3	22.2	—	32

表3　　　　　　　　　　主要年份我国人口基本情况

指标		1990年	2000年	2010年	2020年
年末总人口（万人）		114333	126743	134091	141178
按性别分	男性人口	58904	65437	68748	72334
	女性人口	55429	61306	65343	68844
人口变化（‰）	出生率	21.06	14.03	11.90	8.52
	死亡率	6.67	6.45	7.11	7.07
	自然增长率	14.39	7.58	4.79	1.45
各年龄段（万人）	0~14岁人口	31659	29011	22259	25412
	15~64岁人口	76306	88847	99938	96707
	65岁以上人口	6368	8821	11894	19059
抚养比（%）	总抚养比	49.8	42.6	34.2	45.9
	少儿抚养比	41.5	32.6	22.3	26.2
	老年抚养比	8.3	9.9	11.9	19.7
预期寿命（岁）	平均预期寿命	68.55	71.40	74.83	
	男性平均预期寿命	66.84	69.63	72.38	
	女性平均预期寿命	70.47	73.33	77.37	

注：1. 总人口包括中国人民解放军现役军人，但不包括香港、澳门特别行政区和台湾地区人口。
2. 城镇人口中包括中国人民解放军现役军人。数据来源为中国统计年鉴。

表4　　　　　　　　　　全国各地区人口平均预期寿命（岁）

地区	1990年			2000年			2010年		
	预期寿命	男	女	预期寿命	男	女	预期寿命	男	女
全国	68.55	66.84	70.47	71.40	69.63	73.33	74.83	72.38	77.37
北京	72.86	71.07	74.93	76.10	74.33	78.01	80.18	78.28	82.21
天津	72.32	71.03	73.73	74.91	73.31	76.63	78.89	77.42	80.48
河北	70.35	68.47	72.53	72.54	70.68	74.57	74.97	72.70	77.47
山西	68.97	67.33	70.93	71.65	69.96	73.57	74.92	72.87	77.28
内蒙古	65.68	64.47	67.22	69.87	68.29	71.79	74.44	72.04	77.27
辽宁	70.22	68.72	71.94	73.34	71.51	75.36	76.38	74.12	78.86
吉林	67.95	66.65	69.49	73.10	71.38	75.04	76.18	74.12	78.44

续表

地区	1990年			2000年			2010年		
	预期寿命	男	女	预期寿命	男	女	预期寿命	男	女
黑龙江	66.97	65.50	68.73	72.37	70.39	74.66	75.98	73.52	78.81
上海	74.90	72.77	77.02	78.14	76.22	80.04	80.26	78.20	82.44
江苏	71.37	69.26	73.57	73.91	71.69	76.23	76.63	74.60	78.81
浙江	71.78	69.66	74.24	74.70	72.50	77.21	77.73	75.58	80.21
安徽	69.48	67.75	71.36	71.58	70.18	73.59	75.08	72.65	77.84
福建	68.57	66.49	70.93	72.55	70.30	75.07	75.76	73.27	78.64
江西	66.11	64.87	67.49	68.95	68.37	69.32	74.33	71.94	77.06
山东	70.57	68.64	72.67	73.92	71.70	76.26	76.46	74.05	79.06
河南	70.15	67.96	72.55	71.54	69.67	73.41	74.57	71.84	77.59
湖北	67.25	65.51	69.23	71.08	69.31	73.02	74.87	72.68	77.35
湖南	66.93	65.41	68.70	70.66	69.05	72.47	74.70	72.28	77.48
广东	72.52	69.71	75.43	73.27	70.79	75.93	76.49	74.00	79.37
广西	68.72	67.17	70.34	71.29	69.07	73.75	75.11	71.77	79.05
海南	70.01	66.93	73.28	72.92	70.66	75.26	76.30	73.20	80.01
重庆	—	—	—	71.73	69.84	73.89	75.70	73.16	78.60
四川	66.33	65.06	67.70	71.20	69.25	73.39	74.75	72.25	77.59
贵州	64.29	63.04	65.63	65.96	64.54	67.57	71.10	68.43	74.11
云南	63.49	62.08	64.98	65.49	64.24	66.89	69.54	67.06	72.43
西藏	59.64	57.64	61.57	64.37	62.52	66.15	68.17	66.33	70.07
陕西	67.40	66.23	68.79	70.07	68.92	71.30	74.68	72.84	76.74
甘肃	67.24	66.35	68.25	67.47	66.77	68.26	72.23	70.60	74.06
青海	60.57	59.29	61.96	66.03	64.55	67.70	69.96	68.11	72.07
宁夏	69.94	65.95	68.07	70.17	68.71	71.84	73.38	71.31	75.71
新疆	62.59	61.95	63.26	67.41	65.98	69.14	72.35	70.30	74.86

注：根据人口普查数据计算，不包括中国港澳台地区。

表 5　　　　　　　　　历年全国人口年龄结构和抚养比

年份	总人口（年末）	年龄组						总抚养比（%）	少儿抚养比（%）	老年抚养比（%）
		0~14 岁		15~64 岁		65 岁及以上				
		人口数（万人）	比重（%）	人口数（万人）	比重（%）	人口数（万人）	比重（%）			
1982	101654	34146	33.6	62517	61.5	4991	4.9	62.6	54.6	8.0
1987	109300	31347	28.7	71985	65.9	5968	5.4	51.8	43.5	8.3
1990	114333	31659	27.7	76306	66.7	6368	5.6	49.8	41.5	8.3
1991	115823	32095	27.7	76791	66.3	6938	6.0	50.8	41.8	9.0
1992	117171	32339	27.6	77614	66.2	7218	6.2	51.0	41.7	9.3
1993	118517	32177	27.2	79051	66.7	7289	6.2	49.9	40.7	9.2
1994	119850	32360	27.0	79868	66.6	7622	6.4	50.1	40.5	9.5
1995	121121	32218	26.6	81393	67.2	7510	6.2	48.8	39.6	9.2
1996	122389	32311	26.4	82245	67.2	7833	6.4	48.8	39.3	9.5
1997	123626	32093	26.0	83448	67.5	8085	6.5	48.2	38.5	9.7
1998	124761	32064	25.7	84338	67.6	8359	6.7	47.9	38.0	9.9
1999	125786	31950	25.4	85157	67.7	8679	6.9	47.7	37.5	10.2
2000	126742	29012	22.9	88910	70.1	8821	7.0	42.6	32.6	9.9
2001	127627	28716	22.5	89849	70.4	9062	7.1	42.0	32.0	10.1
2002	128453	28774	22.4	90302	70.3	9377	7.3	42.2	31.9	10.4
2003	129227	28559	22.1	90976	70.4	9692	7.5	42.0	31.4	10.7
2004	129988	27947	21.5	92184	70.9	9857	7.6	41.0	30.3	10.7
2005	130756	26504	20.3	94197	72.0	10055	7.7	38.8	28.1	10.7
2006	131448	25961	19.8	95068	72.3	10419	7.9	38.3	27.3	11.0
2007	132129	25660	19.4	95833	72.5	10636	8.1	37.9	26.8	11.1
2008	132802	25166	19.0	96680	72.7	10956	8.3	37.4	26.0	11.3
2009	133450	24659	18.5	97484	73.0	11307	8.5	36.9	25.3	11.6
2010	134091	22259	16.6	99938	74.5	11894	8.9	34.2	22.3	11.9
2011	134736	22164	16.5	100283	74.4	12288	9.1	34.4	22.1	12.3
2012	135404	22287	16.5	100403	74.1	12714	9.4	34.9	22.2	12.7
2013	136072	22329	16.4	100582	73.9	13161	9.7	35.3	22.2	13.1
2014	136782	22558	16.5	100469	73.4	13755	10.1	36.2	22.5	13.7
2015	137462	22715	16.5	100361	73.0	14386	10.5	37.0	22.6	14.3
2016	138271	23008	16.7	100260	72.5	15003	10.8	37.9	22.9	15.0
2017	139008	23348	16.8	99829	71.8	15831	11.4	39.2	23.4	15.9
2018	139538	23523	16.9	99357	71.2	16658	11.9	40.4	23.7	16.8
2019	140005	23492	16.8	98910	70.6	17603	12.6	41.5	23.8	17.8

表6　　　　　　　　"七普"分地区人口年龄构成　　　　　　　　%

地区	0~14岁	15~59岁	60岁及以上	65岁及以上
全国	17.95	63.35	18.70	13.50
北京	11.84	68.53	19.63	13.30
天津	13.47	64.87	21.66	14.75
河北	20.22	59.92	19.85	13.92
山西	16.35	64.72	18.92	12.90
内蒙古	14.04	66.17	19.78	13.05
辽宁	11.12	63.16	25.72	17.42
吉林	11.71	65.23	23.06	15.61
黑龙江	10.32	66.46	23.22	15.61
上海	9.80	66.82	23.38	16.28
江苏	15.21	62.95	21.84	16.20
浙江	13.45	67.86	18.70	13.27
安徽	19.24	61.96	18.79	15.01
福建	19.32	64.70	15.98	11.10
江西	21.96	61.17	16.87	11.89
山东	18.78	60.32	20.90	15.13
河南	23.14	58.79	18.08	13.49
湖北	16.31	63.26	20.42	14.59
湖南	19.52	60.60	19.88	14.81
广东	18.85	68.80	12.35	8.58
广西	23.63	59.69	16.69	12.20
海南	19.97	65.38	14.65	10.43
重庆	15.91	62.22	21.87	17.08
四川	16.10	62.19	21.71	16.93
贵州	23.97	60.65	15.38	11.56
云南	19.57	65.52	14.91	10.75
西藏	24.53	66.95	8.52	5.67

续表

地区	0~14岁	15~59岁	60岁及以上	65岁及以上
陕西	17.33	63.46	19.20	13.32
甘肃	19.40	63.57	17.03	12.58
青海	20.81	67.04	12.14	8.68
宁夏	20.38	66.09	13.52	9.62
新疆	22.46	66.26	11.28	7.76

表7　"六普"全国分年龄、性别的人口

年龄	人口数（人）			占总人口比重（%）			性别比（女=100）
	合计	男	女	合计	男	女	
总计	1332810869	682329104	650481765	100.00	51.19	48.81	104.90
0~4岁	75532610	41062566	34470044	5.67	3.08	2.59	119.13
5~9岁	70881549	38464665	32416884	5.32	2.89	2.43	118.66
10~14岁	74908462	40267277	34641185	5.62	3.02	2.60	116.24
15~19岁	99889114	51904830	47984284	7.49	3.89	3.60	108.17
20~24岁	127412518	64008573	63403945	9.56	4.80	4.76	100.95
25~29岁	101013852	50837038	50176814	7.58	3.81	3.76	101.32
30~34岁	97138203	49521822	47616381	7.29	3.72	3.57	104.00
35~39岁	118025959	60391104	57634855	8.86	4.53	4.32	104.78
40~44岁	124753964	63608678	61145286	9.36	4.77	4.59	104.03
45~49岁	105594553	53776418	51818135	7.92	4.03	3.89	103.78
50~54岁	78753171	40363234	38389937	5.91	3.03	2.88	105.14
55~59岁	81312474	41082938	40229536	6.10	3.08	3.02	102.12
60~64岁	58667282	29834426	28832856	4.40	2.24	2.16	103.47
65~69岁	41113282	20748471	20364811	3.08	1.56	1.53	101.88
70~74岁	32972397	16403453	16568944	2.47	1.23	1.24	99.00
75~79岁	23852133	11278859	12573274	1.79	0.85	0.94	89.71
80~84岁	13373198	5917502	7455696	1.00	0.44	0.56	79.37
85~89岁	5631928	2199810	3432118	0.42	0.17	0.26	64.09
90~94岁	1578307	530872	1047435	0.12	0.04	0.08	50.68
95~99岁	369979	117716	252263	0.03	0.01	0.02	46.66
100岁及以上	35934	8852	27082				32.69

表8　"六普"分地区年龄结构

地区	总人口（万人）	年龄别人口（万人）			占总人口比重（%）		
		0~14岁	15~64岁	65岁及以上	0~14岁	15~64岁	65岁及以上
全国	133972	22246	99843	11883	16.60	74.53	8.87
北京	1961	169	1622	171	8.61	82.68	8.71
天津	1294	127	1057	110	9.80	81.68	8.52
河北	7185	1209	5384	592	16.83	74.93	8.24
山西	3571	611	2690	271	17.10	75.33	7.58
内蒙古	2471	348	1936	187	14.10	78.34	7.56
辽宁	4375	500	3424	451	11.42	78.27	10.31
吉林	2746	329	2187	230	11.99	79.63	8.38
黑龙江	3831	458	3054	319	11.96	79.72	8.32
上海	2302	199	1870	233	8.63	81.25	10.12
江苏	7866	1023	5986	857	13.01	76.10	10.89
浙江	5443	719	4216	508	13.21	77.45	9.34
安徽	5950	1070	4275	606	17.98	71.84	10.18
福建	3689	571	2828	291	15.46	76.65	7.89
江西	4457	975	3143	339	21.88	70.52	7.60
山东	9579	1507	7129	943	15.74	74.42	9.84
河南	9402	1975	6642	786	21.00	70.64	8.36
湖北	5724	796	4407	520	13.91	77.00	9.09
湖南	6568	1157	4769	642	17.62	72.60	9.78
广东	10430	1762	7965	704	16.89	76.36	6.75
广西	4603	999	3178	425	21.71	69.05	9.24
海南	867	173	626	68	20.00	72.20	7.80
重庆	2885	490	2061	333	16.98	71.46	11.56
四川	8042	1364	5797	881	16.97	72.08	10.95
贵州	3475	876	2300	298	25.22	66.21	8.57
云南	4597	953	3293	351	20.73	71.64	7.63
西藏	300	73	212	15	24.37	70.53	5.09
陕西	3733	549	2865	318	14.71	76.76	8.53
甘肃	2558	464	1883	211	18.16	73.61	8.23
青海	563	118	409	35	20.92	72.78	6.30
宁夏	630	135	454	40	21.48	72.11	6.41
新疆	2181	453	1593	135	20.77	73.04	6.19

5.3 养老服务主要数据

表9　　　　　"五普"全国分年龄、性别的人口

年龄别	人口数（人）			占总人口数的百分比（%）			性别比
	合计	男	女	小计	男	女	
总计	1242612226	640275969	602336257	100.00	51.53	48.47	106.30
0~4 岁	68978374	37648694	31329680	5.55	3.03	2.52	120.17
5~9 岁	90152587	48303208	41849379	7.26	3.89	3.37	115.42
10~14 岁	125396633	65344739	60051894	10.09	5.26	4.83	108.81
15~19 岁	103031165	52878170	50152995	8.29	4.26	4.04	105.43
20~24 岁	94573174	47937766	46635408	7.61	3.86	3.75	102.79
25~29 岁	117602265	60230758	57371507	9.46	4.85	4.62	104.98
30~34 岁	127314298	65360456	61953842	10.25	5.26	4.99	105.50
35~39 岁	109147295	56141391	53005904	8.78	4.52	4.27	105.92
40~44 岁	81242945	42243187	38999758	6.54	3.40	3.14	108.32
45~49 岁	85521045	43939603	41581442	6.88	3.54	3.35	105.67
50~54 岁	63304200	32804125	30500075	5.09	2.64	2.45	107.55
55~59 岁	46370375	24061506	22308869	3.73	1.94	1.80	107.86
60~64 岁	41703848	21674478	20029370	3.36	1.74	1.61	108.21
65~69 岁	34780460	17549348	17231112	2.80	1.41	1.39	101.85
70~74 岁	25574149	12436154	13137995	2.06	1.00	1.06	94.66
75~79 岁	15928330	7175811	8752519	1.28	0.58	0.70	81.99
80~84 岁	7989158	3203868	4785290	0.64	0.26	0.39	66.95
85~89 岁	3030698	1056941	1973757	0.24	0.09	0.16	53.55
90~94 岁	783594	229758	553836	0.06	0.02	0.04	41.48
95~99 岁	169756	51373	118383	0.01		0.01	43.40
100 岁及以上	17877	4635	13242				35.00

表10　　　　　"五普"分地区年龄结构

地区	总人口（万人）	年龄别人口（万人）			占总人口比重（%）		
		0~14 岁	15~64 岁	65 岁及以上	0~14 岁	15~64 岁	65 岁及以上
全国	126583	28979	88793	8811	22.89	70.15	6.96
北京	1382	188	1078	116	13.60	78.04	8.36
天津	1001	168	750	83	16.75	74.93	8.33
河北	6744	1539	4742	463	22.82	70.32	6.86

续表

地区	总人口（万人）	年龄别人口（万人）			占总人口比重（%）		
		0~14岁	15~64岁	65岁及以上	0~14岁	15~64岁	65岁及以上
山西	3297	851	2242	204	25.80	68.00	6.20
内蒙古	2376	506	1743	127	21.28	73.37	5.35
辽宁	4238	749	3157	332	17.68	74.49	7.83
吉林	2728	517	2051	160	18.96	75.19	5.85
黑龙江	3689	697	2792	200	18.90	75.68	5.42
上海	1674	204	1277	193	12.19	76.28	11.53
江苏	7438	1462	5325	651	19.65	71.59	8.76
浙江	4677	845	3418	414	18.07	73.09	8.84
安徽	5986	1528	4012	446	25.52	67.03	7.45
福建	3471	799	2445	227	23.02	70.44	6.54
江西	4140	1076	2811	253	25.99	67.90	6.11
山东	9079	1893	6457	729	20.85	71.12	8.03
河南	9256	2401	6211	644	25.94	67.10	6.96
湖北	6028	1379	4269	380	22.87	70.82	6.31
湖南	6440	1428	4543	469	22.17	70.54	7.29
广东	8642	2089	6030	523	24.17	69.78	6.05
广西	4489	1178	2991	320	26.24	66.64	7.12
海南	787	216	519	52	27.47	65.95	6.58
重庆	3090	678	2168	244	21.93	70.17	7.90
四川	8329	1887	5822	620	22.65	69.90	7.45
贵州	3525	1068	2253	204	30.29	63.92	5.79
云南	4288	1116	2915	257	26.02	67.98	6.00
西藏	262	82	168	12	31.20	64.30	4.50
陕西	3605	902	2490	214	25.01	69.06	5.93
甘肃	2562	692	1742	128	27.00	68.00	5.00
青海	518	138	358	22	26.62	69.05	4.33
宁夏	562	160	377	25	28.38	67.15	4.47
新疆	1925	526	1312	87	27.30	68.17	4.53

注：全国数据包括中国人民解放军现役军人，分省数据未包括。

5.3 养老服务主要数据

表11 "四普"人口普查分年龄、性别的人口数

年龄组	人口数（人）			占总人口数的百分比（%）			性别比（女=100）
	合计	男	女	小计	男	女	
总计	1130510638	581820407	548690231	100.00	51.47	48.53	106.04
0~4岁	116438419	61049130	55389289	10.30	5.40	4.90	110.22
5~9岁	99336743	51630875	47705868	8.79	4.57	4.22	108.23
10~14岁	97226692	50183593	47043099	8.60	4.44	4.16	106.68
15~19岁	120158421	61650589	58507832	10.63	5.45	5.18	105.37
20~24岁	125761174	64233023	61528151	11.12	5.68	5.44	104.40
25~29岁	104267525	53512983	50754542	9.22	4.73	4.49	105.43
30~34岁	83875707	43706133	40169574	7.42	3.87	3.55	108.80
35~39岁	86351812	44568847	41782965	7.64	3.94	3.70	106.67
40~44岁	63707664	33335977	30371687	5.64	2.95	2.69	109.76
45~49岁	49087941	25855900	23232041	4.34	2.29	2.06	111.29
50~54岁	45619559	24110355	21509204	4.04	2.13	1.90	112.09
55~59岁	41709335	21839937	19869398	3.69	1.93	1.76	109.92
60~64岁	33976254	17481948	16494306	3.01	1.55	1.46	105.99
65~69岁	26332520	12917485	13415035	2.33	1.14	1.19	96.29
70~74岁	18050580	8344204	9706376	1.60	0.74	0.86	85.97
75~79岁	10933924	4689104	6244820	0.97	0.41	0.55	75.09
80~84岁	5352690	1993954	3358736	0.47	0.18	0.30	59.37
85~89岁	1907544	605746	1301798	0.17	0.05	0.12	46.53
90~94岁	351602	94520	257082	0.03	0.01	0.02	36.77
95~99岁	57851	14549	43302	0.01	0.00	0.00	33.60
100岁及以上	6681	1555	5126	0.00	0.00	0.00	30.34

表12　　"四普"各地区人口年龄构成

地区	人口数（人）			
	合计	0~14岁	15~64岁	65岁及以上
全国	1130510638	313001854	754515392	62993392
北京	10819414	2181046	7951487	686881
天津	8785427	1994816	6222723	567888
河北	61082755	17736926	39796356	3549473
山西	28758846	8094827	19114582	1549437
内蒙古	21456518	6103718	14492923	859877
辽宁	39459694	9162540	28055096	2242058
吉林	24659790	6450725	17094645	1114420
黑龙江	35215932	9368205	24517289	1330438
上海	13341852	2431834	9658600	1251418
江苏	67056812	15923677	46579283	4553852
浙江	41446015	9652149	28964316	2829550
安徽	56181005	15949555	37194634	3036816
福建	30048275	9456502	19067465	1524308
江西	37710177	11986859	23803600	1919718
山东	84392104	22448366	56709914	5233824
河南	85534200	25048931	55496318	4988951
湖北	53970501	15356696	35646108	2967697
湖南	60657992	16964083	40299256	3394653
广东	62829741	18797313	40306644	3725784
广西	42244884	14101331	25855906	2287647
海南	6558076	2169229	4034344	354503
重庆	—	—	—	—
四川	107218310	24848340	76248034	6121936
贵州	32391051	10584675	20312502	1493874

续表

地区	人口数（人）			
	合计	0~14岁	15~64岁	65岁及以上
云南	36972587	11704111	23456619	1811857
西藏	2196029	781426	1312941	101662
陕西	32882286	9494722	21693594	1693970
甘肃	22371085	6258233	15204293	908559
青海	4456952	1370675	2949509	136768
宁夏	4655445	1570659	2921495	163291
新疆	15156883	5009685	9554916	592282

表13　　　　"三普"人口各年龄组分布状况

年龄别	人口数（人）			占总人口数的百分比（%）			性别比（女=100）
	合计	男	女	合计	男	女	
总计	1003913927	515277505	488636422	100.00	51.33	48.67	105.45
0~4岁	94704361	48983813	45720548	9.43	4.88	4.55	107.14
5~9岁	110735871	57026296	53709575	11.03	5.68	5.35	106.18
10~14岁	131810957	67837932	63973025	13.13	6.76	6.37	106.04
15~19岁	125366344	63804581	61561763	12.49	6.36	6.13	103.64
20~24岁	74363020	37880114	36482906	7.41	3.77	3.63	103.83
25~29岁	92563882	47746258	44817624	9.22	4.76	4.46	106.53
30~34岁	72958237	37930244	35027993	7.27	3.78	3.49	108.29
35~39岁	54221629	28565678	25655951	5.40	2.85	2.56	111.34
40~44岁	48437943	25827570	22610373	4.82	2.57	2.25	114.23
45~49岁	47403331	25073117	22330214	4.72	2.50	2.22	112.28
50~54岁	40815501	21528986	19286515	4.07	2.14	1.92	111.63
55~59岁	33894327	17493925	16400402	3.38	1.74	1.63	106.67
60~64岁	27362204	13709397	13652807	2.73	1.37	1.36	100.41

续表

年龄别	人口数（人）			占总人口数的百分比（%）			性别比（女=100）
	合计	男	女	合计	男	女	
65~69岁	21260370	10171973	11088397	2.12	1.01	1.10	91.74
70~74岁	14348045	6434731	7913314	1.43	0.64	0.79	81.32
75~79岁	8617043	3496703	5120340	0.86	0.35	0.51	68.29
80~84岁	3704605	1350776	2353829	0.37	0.13	0.23	57.39
85~89岁	1088295	343600	744695	0.11	0.03	0.07	46.14
90~94岁	218046	59583	158463	0.02	0.01	0.02	37.60
95~99岁	35294	10729	24565	—	—	—	43.68
100岁及以上	3851	1135	2716				
不详	771	364	407	—	—	—	89.43

表14　"三普"全国各地区人口年龄构成

地区	人口数（人）			
	合计	0~14岁	15~64岁	65岁及以上
全国	1031890000	337250000	617390000	49270000
北京	9230663	2066146	6643387	521130
天津	7764137	1877482	5453611	433044
河北	53005507	16318839	33499895	3006720
山西	25291450	8438516	15591447	1261487
内蒙古	19274281	6845908	11732195	696178
辽宁	35721694	10256594	23748001	1716789
吉林	22560024	7483706	14178535	897783
黑龙江	32665512	11395632	20152924	1116956
上海	11859700	2154289	8821649	883762
江苏	60521113	17537530	39626920	3356663

续表

地区	人口数（人）			
	合计	0~14岁	15~64岁	65岁及以上
浙江	38884593	11394435	25252058	2238100
安徽	49665947	17953031	29684968	2027948
福建	25872917	9444638	15295106	1133173
江西	33185471	12876046	15254709	5054716
山东	74418152	23097114	47153959	4167079
河南	74422573	25974225	44558313	3890035
湖北	47808118	15641025	29778085	2389008
湖南	54010155	18329506	32994046	2686603
广东	59299620	20108509	35969558	3221553
广西	36421421	13638877	19289244	3493300
海南	99713246	15551470	60764879	23396897
重庆	28552942	11672850	15593235	1285857
四川	32553699	12752323	18336640	1464736
贵州	28552942	11672850	15548235	1330857
云南	32553699	12752323	18336671	1464705
西藏	1863623	682257	1095561	85805
陕西	28904369	9556269	18019213	1328887
甘肃	19569191	7106811	11781182	681198
青海	3895695	1580220	2210537	104938
宁夏	3895576	1607135	2163941	124500
新疆	13081538	5175489	7424220	481829

表15　　"二普"全国人口年龄结构

年龄别	人口数（人）			占总人口数的百分比（%）
	合计	男	女	小计
总计	694581759	356517011	338064748	100.00
0~4岁	100141956	51461891	48680065	14.42
5~9岁	94177434	49283349	44894085	13.56
10~14岁	86351645	45005259	41346386	12.43
15~19岁	62115488	32356349	29759139	8.94
20~24岁	50820751	26483045	24337706	7.32
25~29岁	50395408	26798450	23596958	7.26
30~34岁	46706090	24719798	21986292	6.72
35~39岁	41169912	21591224	19578688	5.93
40~44岁	35645215	18438348	17206867	5.13
45~49岁	30852836	15710681	15142155	4.44
50~54岁	26505382	13292133	13213249	3.82
55~59岁	22568247	10749195	11819052	3.25
60~64岁	17671454	8125730	9545724	2.54
65~69岁	11635116	5109214	6525902	1.68
70~74岁	7378249	3002343	4375906	1.06
75~79岁	3757366	1377689	2379677	0.54
80~84岁	1439185	461892	977293	0.21
85~89岁	304375	84486	219888	0.04
90~94岁	50638	13578	37060	—
95~99岁	13505	4541	8964	—
100岁及以上	4900	2134	2766	—

表 16　"二普"全国各地区人口年龄构成

地区	人口数（人）			
	合计	0~14 岁	15~64 岁	65 岁及以上
北京	7568495	3150670	41290124	288701
天津	—	—	—	—
河北	45687781	18712080	25285234	2179927
山西	18015067	7281411	9956092	783858
内蒙古	12348638	5527484	7638567	382798
辽宁	26946200	11473600	13939882	884448
吉林	15668663	7160228	7445596	506169
黑龙江	20118271	9682751	10438669	586532
上海	10816458	4576028	5588430	334519
江苏	44504608	17719659	26298941	1650036
浙江	28318573	11676705	15447761	1186643
安徽	31241657	12005650	18526628	732802
福建	16757223	7088734	9138442	528273
江西	21068019	8423413	11845943	796792
山东	55519038	22678855	30339857	2493604
河南	50325511	20007226	28141297	2140461
湖北	33709344	13479522	19049139	1168703
湖南	37182286	14749607	21179620	1228777
广东	42800849	17685303	23457589	1648595
广西	20845017	8355927	11794307	683663
海南	—	—	—	—
重庆	—	—	—	—
四川	67956490	26188224	38949218	1849687

续表

地区	人口数（人）			
	合计	0~14岁	15~64岁	65岁及以上
贵州	17140521	6653148	10014308	461500
云南	20509525	8014950	11850248	610400
西藏	—	—	—	—
陕西	20766915	8567862	11466651	728798
甘肃	12630569	5075521	7291744	263297
青海	2145604	775602	1276041	44659
宁夏	2107490	913941	1145436	48093
新疆	7270067	2453217	4288301	291319

表17　"一普"人口普查分年龄、性别的人口数

年龄别	人口数（人）			占总人口数的百分比（%）
	合计	男	女	
总计	567446753	291969807	275476951	100.00
0~4岁	89275126	46104886	43170240	15.73
5~9岁	62775537	33264941	29510596	11.06
10~14岁	53790234	29082491	24707743	9.48
15~19岁	51726787	27072984	24653803	9.12
20~24岁	46324595	23718199	22606396	8.16
25~29岁	42316003	21711735	20604268	7.46
30~34岁	38086610	19595040	8491570	6.71
35~39岁	36281374	18778517	17502857	6.39
40~44岁	1654941	16454333	15200608	5.58
45~49岁	28760397	14676352	14084045	5.07
50~54岁	24356677	12435470	11921207	4.29

续表

年龄别	人口数（人）			占总人口数的百分比（%）
	合计	男	女	
55~59岁	20560034	10398207	10161827	3.62
60~64岁	16500186	8006104	8494082	2.91
65~69岁	11775245	5400767	6374478	2.08
70~74岁	7815815	3308199	4507616	1.38
75~79岁	3592488	1368411	2224077	0.63
80~84岁	1428437	473106	955331	0.25
85~89岁	355150	101114	254036	0.06
90~94岁	55903	14278	41627	0.01
95~99岁	11835	3085	8750	
100岁及以上	3384	1590	1794	0.0006

中国养老服务
发展报告
(2021)

6. 后记

2020年7月19日，中国社会保障学会养老服务分会正式成立。分会的宗旨和任务，就是团结养老服务及相关领域专家、学者及养老服务企业和社会组织，开展养老服务理论与实务研究，促进养老服务领域的国内、国际学术交流。分会成立之时，华建敏副委员长寄予我们分会殷切期望。他要求，中国社会保障学会养老服务分会要当好智库，多出好点子、多提好建议，为中国的养老保障体系建设做出更好的贡献。

分会成立以来，始终秉持搭建养老服务学术交流平台、构建养老服务学术共同体，搭建学者与业界交流合作平台、推动养老服务业高质量发展，搭建学术研究向政策转换平台、当好智库的理念，开展学术研究、实务研究和政策研究。定期组织编写《中国养老服务发展报告》，就是分会成立之初就已经列入议程的工作之一。

本书是中国社会保障学会养老服务分会组织编写的第一部养老服务发展年度报告。正因为是第一部，所以其内容并不局限于对2021年养老服务业发展进行总结、分析。许多章节的内容，实际上梳理了2000年以来特别是党的十八大以来，我国养老服务改革发展创新的重大进展。

全书包括总报告、行业篇、地区篇和案例篇，以及附录。总报告对我国养老服务发展进行了总体性分析，剖析了我国养老服务发展面临的新情况和老问题，对养老服务界如何落实应对人口老龄化国家战略提出了相应的建议。行业篇系统地反映了机构养老发展、社区居家养老发展、养老服务创新发展、长期护理保险试点以及曜阳品牌打造的最新进展、存在的问题和改进的建议。地区篇选取了京津冀、长三角、黄河流域三个区域的养老服务发展情况，尤其是区域性养老服务一体化发展的最新动态，进行专题分析。案例篇选取了北京海淀西三旗养老服务中心、江苏扬州国际老年公寓模式、河北滦南县社区居家养老和志愿服务、湖北英山水口村养老模式等四个分别代表社区养老、机构养老、居家养老、农村养老的案例，进行专题研究。附录则分别整理摘编了党的十八大以来养老服务主要政策，整理了 2000 年以来我国养老服务大事记，以及人口普查、民政事业发展统计公报等与养老服务相关的统计数据，目的是为读者提供更加全面、更加充裕的资讯。

本书是集体合作的成果。青连斌、杨立雄设计了全书的框架，统修统校了全部书稿。江丹对全书框架多次提出修改意见，亲自撰写序言，邀约撰稿专家，协调书稿撰写和出版事宜。谢红、吴昂坪、李志明、李超、沈非分别承担了有关篇章的统稿工作。本着文责自负的原则，主编尊重每一位作者的研究成果（许多章还是多位作者的集体研究成果），只是对篇章结构、文字和写作的规范性进行了必要的校订。

衷心感谢中国社会保障学会会长郑功成教授，他为本书的编写多次提出指导性意见，并欣然作序。衷心感谢中国社会保障学会养老服务分会名誉会长、中国红十字会总会事业发展中心主任江丹同志，她作为本书的主编之一，为本书的编写工作付出了大量心血。衷心感谢中国红十字会总会事业发展中心及其工作人员，协调和配合本报告相关课题作了大量实地调研，为本报告的编写、统稿提供了大力支持。衷心感谢中国劳动社会保障出版社副总经理黄卫来同志、责任编辑高尚同志，他们为本书的出版提供了大力支持，付出了辛勤劳动。最后，要衷心感谢本书的每一位作者及参与统稿的同志，他们为本书贡献了智慧、知识和辛劳。

青连斌

2021 年 9 月 11 日